KB274283

FINANCIAL SOCIAL WELFARE

복지재무론

FINANCIAL SOCIAL WELFARE

복지재무론

한만봉 지음

한국학술정보[주]

머리말

이 책은 복지재무에 대한 실증적이고 현실적용적인 측면에서 기록한 책이다. 특히 현재 전 세계를 강타하고 있는 경제위기와 실업자 증가로 인하여 혼란이 야기되고 국민 모두가 불안에 휩싸여 있는 상황을 볼 때, 사회복지와 재무, 재정에 대한 예방 및 치료가 구체적이고 실질적인 측면에서 이루어져야 한다고 생각한다. 국가에서 추진하는 재정건전성만 믿지 말고, 스스로 자립할 수 있는 기회로 삼아야 할 것이다. 이러한 세계경제 문제점을 인식하여 모든 국민들이 행복하게 살 수 있는 방법이 무엇이고 경제적 풍요와 평화 안정을 누리는 길이 무엇인지 연구하게 되었다. 모쪼록 이 책을 통하여 맡은 바 분야에서 진정한 전문가가 되길 바란다. 이 책을 공부함으로써 내적 충실, 외적 충실, 자아실현, 가치관의 성장을 이루며 행복한 삶이 되었으면 한다. 본 책을 출판함에 있어서 전적으로 도움을 주신 한국학술정보(주) 채종준 사장님과, 강태우 과장님께 감사드리며, 늘 지식적인 면에서 도움을 주신 고려대학교 인문대학 학장님이셨던 김동규 박사님, 고려대학교 부총장님이셨던 표시열 박사님, 성균관대학교 정덕희 박사님, 성남기능대학 학장님이셨던 민영오 박사님, 한민

대학교 김두흠 박사님, 한주신학 학술원 한영숙 학장님께 감사를 드
린다. 또한 자료를 찾아주고 도움을 주신 최선월 선생님, 공주대학교
대학원생 조명연 선생님, 당진재가요양기관 이병시 관장님, 강원대학
교 생명공학 석사 이병일 선생님께도 감사를 드린다.

모쪼록 이 책을 통하여 21세기에는 성공하고, 경제적으로 튼튼한
모든 국민이 되기 바란다.

2010년 5월
고려대학교 도서관에서
한만봉 씀

목 차

I. 서론

　사회복지 재무를 이해하기 위해서는 자금의 흐름과 운영에 대한 심도 있는 연구와 분석이 필요하다. 각 국가마다 재정의 어려움을 극복하고자 노력하고 있으며, 국민의 최저생활보장을 위해 힘쓰고 있다. 자본주의이든, 공산주의이든, 사회주의이든, 전체주의이든 막론하고 모두 국민의 질 높은 삶의 안정을 중요시하고 있다.

　오늘날의 정부를 운영함에 있어 막대한 재원을 필요로 한다. 우리나라 정부의 재원은 정치·경제·사회·문화 등의 넓은 영역에 걸쳐 매우 큰 비중을 차지하고 있다. 이러한 정부는 민간 재원에 대해서 간섭하려고 하고 실제로 많은 부분에 걸쳐서 지대한 영향을 끼치고 있는 것도 사실이다. 정부가 시행 중이고 또 계획을 세울 때 가장 고려하는 사안은 그럼 무엇일까? 바로 '재정'이 아닐까 생각한다. 경제가 있어야 윤택한 삶을 누리고 이것이 곧 평화와 안정, 자유를 누릴 수 있는 근원이 되기 때문이다. 자본주의 국가에서만 화폐와 돈, 자본이 중요한 것이 아니다. 공산주의 국가에서도, 사회주의 국가에서도, 전체주의 국가에서도, 군주주의 국가에서도, 왕권주의 국가에서도 모두 일반적으로 중요하게 여기는 것이 재화인 돈인 것이다. 그리고 재무행정에서 가장 중요한 분야는 국가의 예산에 관한 것이다. 예산이란 정부가 일정 기간 동안에 거두어들일 수입과 공공서비스를 공급하기 위해 지출할 경비 내역과 규모에 대한 계획이다. 전자를 세입이라고 하며, 후자를 세출이라고 한다. 이러한 예산은 사회에 대한 국가의 개입이 보다 강조되는 복지국가의 경우 예산을 어떻게 책정하고 어떻게 사용할 것인가는 정당 간의 정치적 문제임과 동시에 정부의 정책과 사업을 제한하는 지레로 작용한다. 한국에서 재무행정의 결정적 권한을 가지는 부처는 재정경제원으로서 정부 각 부처의 예산을 조정·배분·감독하며, 세입의 항목과 수준을 조정·관리한다. 국가 주도의 경제개발을 이루었던 한국의 경우 예산증대에 의한 정부사업을 통해 경제성장과 경기활성화를 도모하는 측면이 강했고 이 과정에서 재무행정을 담당하는 재정경제원의 영향력은 더욱 커졌다. 이런 면에서 조세, 즉 국민들이 내는 세금은 그러한 돈의 주 수입원이 된다. 이러한 재원을 어떻게 동원하고 배분하느냐 하는 것은 행정의 양과 질을 결정할 뿐만 아니라 국민경제에 미치는 영향도 지대하다. 본 보고서에서는 재무행정의 역사와 제도 및 예산과정이 어떠한 기능을 했는가를 이해할 수 있도록 하고, 과거의 재무행정이 오늘날의 재무행정과 어떻게 다른지에 대해 비교 분석해 보도록 하겠다.

1. 과거와 현재 예산의 정의

　전통적인 재무관계는 세금에 의해서 성립된다. 국세, 조세를 얼마만큼 걷고, 활용하느냐에 따라서 국가발전과 국민 안정에 영향을 미친다. 그럼 조세문제부터 알아보도록 하겠다. 일반적으로 세금이라 불리는 조세는 국가 혹은 지방자치단체가 그의 활동에 절대적으로 필요한 수입을 조달할 목적으로 개별적 반대급부를 제공하지 않고 국민으로부터 강제적으로 징수하는 화폐수입을 말한다. 쉽게 말해 국가나 지방자치단체가 조직을 이끌어 나가든지 수요자(즉 국민과 지방민들)에게 서비스를 제공하기 위해서 필요한 돈을 강제적으로 걷는 것을 말한다. "과거 공공수입의 조달은 정치적 집단의 존립에 필수 불가결한 것으로서 가장 단순한 형태의 정치적 집단은 자발적 공물 또는 증여의 형태로 공공수입을 조달하였으나 현대의 재정은 원칙적으로 국가권력에 의해 공공수입을 조달하는 강제획득경제의 특성을 띤다." 과거와 달리 현대는 정부의 예산 규모가 엄청나기 때문에 이를 체계적으로 분류해야만 정부 활동의 내용을 밝힐 수 있으며 예산의 운영을 합리적으로 할 수 있고, 또 각 부처 간에 예산을 비교하기가 쉬워진다. 이와 같이 정부예산의 주된 구성요소인 세입과 세출을 정확하게 파악하고 관리할 수 있도록 일정한 기준에 따라 유형을 나누어 놓은 것을 예산의 분류라고 한다. 쉽게 말하자면, 예산의 종류에 일반회계 예산과 특별회계 예산이 있다면, 일반회계 예산 안에서 예산을 조직, 기능, 품목, 성과 등의 기준 중에서 어떤 기준으로 어떻게 짤 것인가를 분류해 놓은 것이 예산분류이다. 예산분류의 목적은 행정부의 사업계획 수립과 의회의 예산심의를 용이하게 하며, 실제로 사업의 집행대상과 사업을 담당하는 기관을 분명히 함으로써 예산의 효율적 집행을 가능하게 하고 이를 집행한 관료들에 대한 회계책임을 명확히 하려는 데 그 목적이 있다. 또 예산분류는 예산이 국민경제에 미치는 영향의 중요성과 관련하여서 정부활동의 경제적 분석을 용이하게 한다.

2. 전통적인 예산과 현대적인 예산의 분류

1) 전통적 재무행정의 예산원칙

전통적 재무행정의 예산원칙은 주로 입법국가시대에 입법부가 행정부를 통하여 통제하기 위하여 사용한 것으로 구체화되고 그리고 전통재무행정 예산원칙은 행정의 통제적 그 목적에 두고 있다고 할 것이다.

그러므로 국가재무행정 예산공개 원칙에 있어 편성에서부터 회계검사에 이르기까지 공개되어야 하고 예산은 국민의 부담으로 성립하므로 모든 예산의 내용과 과정은 국민을 향하여 열려 있어야 한다고 하는 사실이다.

이러한 재무행정예산의 분류 중 기능별 분류는 국민을 위한 분류로 이해되고 국민에게 예산의 내용을 알리는 방법이며 세출의 재무예산을 기능별로 공개하는 것이다.

따라서 국민에게 명료 원칙의 재무예산을 공개하는데 국민이 이해할 수 있도록 쉽게 정리가 되어야 한다고 하는 것이다. 또한 현실의 국가 기능이 복잡해지면서 재무 예산구조도 전문화되어 가고 일반적인 지식밖에 소유하지 못한 국민들은 전문적 용어와 고도의 수치로 표시된 재무예산을 선명하게 이해할 수가 없다고 한다고 하는 것이다. 그래서 재무예산의 지나친 세분화를 방지하고 국민들이 이해하기 쉽게 편성되어야 할 것이라고 한다는 사실이다. 또한 재무예산의 모든 세입과 세출이 기록되어야 원칙이고 그 재무예산의 통제주의 원칙으로 수지를 예산에 반영함으로써 전체를 분명하게 국민에 의한 재정적 그 감독을 원활하게 하는 데 그 목적이 있어야 한다고 할 것이다.

2) 현대적 재무행정의 예산원칙

현대적 예산원칙들은 행정국가시대에 알맞은 것으로 재무예산의 적극성과 관리성 그리고 계획성을 강조하고 있다. 그리고 현대적 원칙들은 재무예산운영상 절차적인 것으로 이해되고, 그리고 Harold D. smith 학자는 다음과 같은 사실들을 서술하고 있다. 그러므로 재무행정예산의 행정수반이나 그 조직 최고책임자의 계획이나 정책이 반영되어야 한다고 하는 원칙이다. 그리고 재무예산은 유기적인 연결 속에서 편성되어야 하고 계획과 예산을 결합시키는 노력이 구체화되어야 한다고 할 것이다. 또한 행정부는 예산 재무행정의 집행에 주도적으로 개입하여야 하고 행정부의 책임하에 국회가 정해 준 기준과 한도 내에서 가장 능률적으로 재무예산을 집행할 것을 요구한다는 것이다. 그 집행결과에 대한 모든 책임은 행정부가 져야 하고 또한 그 책임의 성격이 형식적이기보다는 실질적이어야 한다고 하는 사실이다. 결국 재무예산에 대한 책임은 행정수반을 비롯한 행정부에 귀착된다고 할 것이다. 그리고 재무예산의 편성, 심의, 결산 등은 보고의 원칙이며, 또 통제하기 위하여 모든 정보에 의한 기초로 하여 국회 및 국민에게 재무예산의 사실을 보고하여야 한다고 할 것이다. 또한 행정부재무예산은 자유 재량권을 인정하여 상황 변화에 신속히 적용할 수 있게 하는 것이 원칙이고 행정부의 재량권을 인정하지 않는다면 그 관리의 효율성은 감소하게 된다.

3. 예산정책의 변천과정

1) 세입통제에서 세출통제까지 확대

예산제도는 처음에 세입통제를 위하여 성립되었다. "동의 없이는 조세도 없다."는 대헌장과 관리청원 등이 모두 그러한 것이었다. 이리하여 18세기에는 의회의 과세동의, 즉 세입통제권이 제도적으로 확립되었다. 이와 같이 세입통제권이 확립된 후에는 통합 기금법의 제정, 세출 위원회의 설치 등을 거치면서 19세기에는 의회의 세출통제권까지 확립하게 되었다.

2) 예산 통제에서 결산 통제까지로의 확대

그 후 19세기 중엽부터 20세기 초까지에는 의회가 예산에 대한 통제뿐만 아니라 결산에 대한 통제까지 행하는 제도가 확립되었다. 영국에서의 하원결산위원회 회계 검사원 설립, 미국의 회계검사원 설립 등이 모두 그것을 의미한다.

3) 정부예산에서 공기업 예산까지의 확대

뿐만 아니라 20세기 전반에는 정부기관의 예산뿐만 아니라 공기업의 예산제도도 발달하여 그에 대한 의회의 간여도 제도화되었다. 미국의 공사통제법의 제정이 그 대표적인 예이다.

4) 입법부 중심 예산제도로부터 행정부 예산제도로의 발전

한편 행정부의 재정 활동에 대한 입법부의 과도한 통제 반성과 입법부통제 한계성의 인식에 따라 예산안의 편성 및 집행을 행정부에 맡기는 행정부 예산제도도 발달하였다. 오늘날 행정국가시대에는 더욱더 그 강도가 심해져 가고 있다.

5) 통제지향 예산제도에서 계획지향 예산제도로의 변천

  행정부예산제도의 발달과 아울러 예산제도의 중점이 20세기 전반부터는 그때까지 의회의 행정부에 대한 통제중심에서 벗어나 예산운영의 능률화, 효율화를 위한 행정부의 자율화를 도모하는 관리중심 내지 계획중심으로 변천하게 되었다. 과거의 품목별 예산제도를 개혁하여 성과주의 예산제도 내지 계획예산제도로 개편해 나가고 있는 것이 그것이다.

4. 예산제도의 역사 및 분석

1) 조선시대

  조선시대에는 우리나라에 근대적인 의미의 예산제도가 없었다. 1895년에 회계법이 제정되고 이어 수입조규 지출조규가 칙령으로 제정되었다. 이 회계법에 따라 1896년 세입·세출 예산안이 처음 편성되었으나, 이것도 또한 의회의 심의·의결을 거친 것이 아니었다. 말하자면 간단한 재무 운영이라고 볼 수 있다. 그러나 이러한 재무 운영이 잘못되었거나 나쁘다고 볼 수 없다. 왜냐하면 그 재무 운영으로 조선이 움직였고, 민생의 안정을 되찾았기 때문이다. 즉 동양 전통적인 재무구조의 특이점이 상존하였다는 말이다.

2) 일제강점기

1910년 9월 조선총독부 특별회계에 관한 건이 공포되고 이어 조선총독부 특별회계 규칙이 공포되었다. 그러나 동 규칙은 전문 11조와 부칙으로 된 짧은 것이었고, 이 회계규칙에 규정되지 않은 사항은 일본의 회계규칙을 준용하도록 되어 있다.

3) 미군정시대

미군정시대에는 미육군성의 예산회계제도를 부분적으로 도입, 실시하였으나 근거법을 따로 제정하지 아니하고 일제강점기의 예산회계법령을 그대로 적용하였다. 1947년 과도정부가 수립된 후에는 미국인 군정장관과 한국인 민정장관의 공동명의로 된 재무부보라는 형식의 통첩이 시달되어 주로 이에 의거하여 예산회계사무가 진행되었다.

이 시대에는 예산이 각 기관의 예산 요구, 재무부 사계국의 사정, 중앙 경제 심의위원회의 심의, 군정장관의 승인 절차를 거쳐 확정되었다.

4) 대한민국

대한민국 수립 이후의 예산제도 발달을 편의상 다음과 같이 3기로 나누어 설명하기로 한다.

(1) 제1기(1948~1960): 이 시기는 건국, 6·25동란 등의 혼란 및 그 수습기로서, 적자재정이 만성화되었던 시기라 할 수 있다.

1948년에 제정된 헌법은 행정부 예산제도를 채택하여 예산안 제출권을 행정부에 부여하고 국회에서는 예산을 심의함에 있어 지출예산 각 항목의 금액을 증가하거나 새 비목을 설치할 수 없다고 규정하였다. 이러한 규정은 조세법률주의, 기채동의권, 결산심사권, 대통령의 긴급재무 처분에 대한 승인권 등에 관한 헌법규정과 함께 의회정적 민주주의에 입각한 예산제도를 밝힌 것이라고 하고 있다.

1951년 일본의 제정법과 회계법을 그대로 모방하다시피 하여 제정법이 제정되었다.

이 시기에는 예산국이 재무부에 소속되어, 재무부는 예산안과 회계업무를 모두 관장하였다.

(2) 제2기(1961~1979): 이 시기는 수차에 걸친 경제개발계획의 성공적 수행을 위하여 정부 조직이 개편되고 예산제도의 개혁이 계속 연구 추진되는 시기였다.

1961년에 경제기획원이 신설되고, 예산실이 경제기획원 소속으로 되어, 예산사무 관장 기관과 회계사무 관장기관이 분리되었다.

1961년에 예산회계법과 기업예산 회계법이, 1962년에 정부투자기관예산 회계법이 각각 제정됨으로써 예산에 관한 3기본법이 완비되었다.

1962~63년도에는 성과주의 예산이 도입되어 농림부의 농지개발사업, 건설부의 각종 건설사업, 보건복지부의 병원사업 등에 적용되었다. 그러나 1964년도에는 이를 폐기하고 말았다.

1970년대에는 기획과 예산의 일치화를 위한 연구와 노력이 부단히 경주되었다. 자본예산제도와 계획예산제도의 도입이 연구되고 중지재정계획, 예산분류 등이 논의되었으며, 총자원예산제도 등도 검토되었다. 아울러 예산절감과 재정운영의 합리화를 위하여 영기준예산제도의 도입도 시도되었으며, 통합예산제도가 실시되기도 하였다.

(3) 제3기(1980~현재) 이 시기는 산업 사회화에 따른 예산 회계제도의 재정비, 국제적 경제질서 속에서 한국 경제의 위기에 따른 예산의 절감 및 정부의 전면적 구조조정에 주력하는 시기라고 하겠다.

1980년대에는 산업화의 전진으로 정부예산의 규모가 커지고 정부가 관리하는 기금도 확대되어, 예산 회계제도를 전면적으로 총정비할 필요가 생겼다. 이에 1983년에 정부투자 기관 관리 기본법이 제정되었고, 1986년에 버저금의 예산 및 관리에 관한 법률이 제정되었으며, 1989년에 예산과 회계에 관한 기본법인 예산회계법이 전문 개정되었다.

1990년대에는 세계질서가 재정립됨과 아울러 U.R., W.T.O., IMF. 시대가 대두됨에 따라 한국경제가 위기를 맞아 예산의 감축과 합리적 사용은 물론 정부의 전면적인 구조조정을 추진하게 되었다. 이에 1991년에 기금 관리 기본법이 제정되고, 1994년에 종래의 조달 기금법에 대신하는 조달사업에 관한 법률이 제정되었으며, 1995년에는 종래에 예산회계법 속에 규정되었던 계약관계 규정을 분리하여 국가를 당사자로 하는 계약에 관한 법률이 따로 제정되었다. 또한 정부의 중앙 재무행정기관이 정부조직의 잦은 개편에 따라 1995, 1998, 1999년에 연속 개편되어 결국 종전에 경제기획원 예산실이 기획예산처로 되고, 재무부가 재정 경제부로 되었다.

1990년대에 또 하나 특기할 사항은 예산 투쟁의 악폐 및 예산 낭비의 고질성을 방지하기 위하여 예산 절감에 기여한 공무원에게 예산성과금을 지급하는 제도가 채택되었다는 점이다.

과거 18세기에 조세라는 제도가 처음 시행될 때의 세입과 세출통제라는 간단한 통제 지향적 제도 틀 아래서 실효성 없는 재무관리가 팽배했지만 시대를 거치며 현대 재무행정 관리에 이르러서 통제 지향적인 제도를 탈피하고 계획 지향적인 정책을 시행하게 되었다. 이로 인해 능률성과 효율성, 또한 자율화가 정착될 수 있게 되었다.

따라서 전통적인 재무행정과 현대적인 재무행정의 특징을 간단히 비교해 보자면 전통적 재무관리 체계에서는 투입위주의 예산관리로 예산이 어떠한 성과를 달성했는지 또는 달성하고 있는지에 대해서는 설명하지 못하고 있다. 현대 재무관리에서는 어떤 사업 또는 활동에 대하여 얼마의 자원이 투입되어 어떠한 성과를 달성했는지를 살펴볼 수 있으며, 이를 통해 재정지출의 효율성을 제고할 수 있게 된다.

우리나라의 경우에도 1985년 회계법이 제정되고 1986년 세입세출이 편성되었으나 입회의 심의와 의결을 거치지 않은 제도였다. 이렇게 일제와 미군정시대를 거치며 우리나라는 제대로 갖춰지지 않은 재무행정으로 인하여 그 당시만 하더라도 세계 최고의 빈곤국 중 하나였다.

1961년부터 재무 정책에 대한 관심이 높아져 정부에서는 기존에 일본의 회계법을 모티프로 한 정책을 탈피하기 위해 예산제도 개편에 대한 끊임없는 연구를 하게 되어 산업화를 지나 90년대에 들어서 비로소 오늘날의 재무 행정이 자리를 잡게 된다. 이렇게 역사적으로 전통적인 재무와 현대적인 재무가 시사하는 바는 한 나라의 경제발전에 있어 예산제도 개편이 얼마나 중요한지를 알 수 있다.

참고문헌

최정호, 『새행정학』, 상영사.
김수영, 『행정개혁론』, 박영사.
박영희, 『재무행정론』, 다산출판사.
이상엽, 『조직론』, 상영사.
신무섭, 『재무행정학』, 대영문화사.
한만봉(2006), 『행정경제교육』, 한국학술정보(주).
한만봉(2009), 『사회복지정책론』, 한국학술정보(주).
한만봉(2009), 『사회복지행정론』, 한국학술정보(주).

5. 예산회계에 관한 법

　예산회계법은 국가의 예산과 회계에 관한 사항을 규정하기 위한 법률을 말한다.

　국가의 회계연도는 매년 1월 1일에 시작하여 12월 31일에 종료한다. 각 회계연도의 경비는 그 연도의 세입으로써 충당하여야 한다. 국가의 세출은 국채 또는 차입금 이외의 세입을 재원으로 하되 부득이한 경우에는 국회의 의결을 얻은 금액의 범위 안에서 국채 또는 차입금으로써 충당할 수 있다.

　국가는 국고금의 출납상 필요할 때에는 재정증권을 발행하거나 한국은행으로부터 일시차입을 할 수 있으나, 재정증권과 일시차입금은 당해 연도의 세입으로 상환하여야 한다. 재정증권의 발행과 일시차입금의 차입 최고액은 필요로 하는 회계별로 매 회계연도마다 국회의 의결을 얻어야 한다. 국가는 특정한 목적을 위하여 법률로써 특별한 기금을 설치할 수 있으며, 기금은 세입·세출예산에 의하지 않고 운용할 수 있다. 국가의 회계는 일반회계와 특별회계로 구분한다. 특별회계는 일반회계와 구분하여 계리할 필요가 있을 때에 법률로 설치한다. 특별회계에 의하여 정부가 운영하는 사업은 기업회계의 원칙에 의하여 계리할 수 있다. 국가 채권의 전부 또는 일부를 면제하거나 효력을 변경할 때에는 법률에 의하여야 한다. 국가의 재산은 법률에 의하지 아니하고는 교환·양여·대부·출자 또는 지급의 수단으로 사용할 수 없다. 각 중앙관서의 장은 그 소관에 속하는 수입을 국고에 납부하여야 하며, 이를 직접 사용하지 못한다.

예산관계법령에 관한 사무는 기획예산처 장관이 관장하고, 회계관계법령에 관한 사무는 재정경제부 장관이 관장한다. 기획예산처 장관은 중기·장기 재정운용계획을 수립할 수 있다. 예산, 결산, 수입, 지출, 기록과 보고에 대하여는 각각 별개의 장으로 자세한 규정을 두고 있다. 금전의 급부를 목적으로 하는 국가의 권리 또는 국가에 대한 권리를 5년간 행사하지 않을 때에는 시효로 인하여 소멸하며, 납입의 고지는 시효중단의 효력이 있다. 한국은행은 국고금출납의 사무를 취급하여야 하며, 출납공무원은 현금을 출납 보관하여야 한다. 국가가 보증채무를 부담하고자 하는 경우에는 미리 국회의 동의를 얻어야 한다. 기획예산처 장관과 재정경제부 장관은 예산의 집행을 감독한다. 세입징수관·재무관·지출관 및 출납공무원은 재정보증이 있어야 한다.

1) 법의 구조

(1) 총칙

제1조(목적)

① 이 법은 국가의 예산과 회계 및 이에 관련되는 기본적인 사항 정함을 목적으로 한다.

② 물품과 국유재산의 관리 및 회계에 관하여는 따로 법률이 정하는 바에 의하되 다른 법률에 특별한 규정이 없는 사항은 이 법이 정하는 바에 의한다.

제2조(회계연도)

국가의 회계연도는 매년 1월 1일에 시작하여 12월 31일에 종료한다.

제3조(회계연도 독립의 원칙)
각 회계연도의 경비는 그 연도의 세입으로써 충당하여야 한다.

제4조(출납기한과 회계연도 소속 구분)
① 한 회계연도에 속하는 세입세출의 출납에 관한 사무는 다음 연도 3월 10일까지 완결하여야 한다.
② 세입과 세출의 회계연도 소속 구분은 대통령령으로 정한다.

제5조(국가의 세출재원의 근거)
국가의 세출은 국채 또는 차입금(외국정부, 국제협력기구 및 외국법인으로부터 도입되는 차관자금을 포함한다. 이하 같다) 이외의 세입을 그 재원으로 하여야 한다. 다만, 부득이한 경우에는 국회의 의결을 얻은 금액의 범위 안에서 국채 또는 차입금으로써 충당할 수 있다.

제6조 삭제<2002. 12. 30>

제7조(기금의 설치)
① 국가는 특정한 목적을 위하여 특정한 자금을 운용할 필요가 있을 때에 한하여 법률로써 특별한 기금을 설치할 수 있다.
② 제1항의 규정에 의한 기금은 세입세출예산에 의하지 아니하고 운용할 수 있다.
③ 삭제<1991. 12. 31>
④ 삭제<1991. 12. 31>
⑤ 삭제<1991. 12. 31>

⑥ 삭제<1991. 12. 31>

⑦ 삭제<1991. 12. 31>

제8조(보조금의 예산 및 관리)

국가 보조금의 예산 및 관리에 관한 사항은 따로 법률로 정한다.

제9조(회계구분)

① 국가의 회계는 일반회계와 특별회계로 구분한다.

② 특별회계는 국가에서 특정한 사업을 운영할 때, 특정한 자금을
  보유하여 운용할 때, 기타 특정한 세입으로 특정한 세출에 충
  당함으로써 일반회계와 구분하여 계리할 필요가 있을 때에 법
  률로 설치한다.

제10조(기업회계의 원칙)

특별회계에 의하여 정부가 운영하는 사업은 따로 법률이 정하는
바와 기업회계의 원칙에 의하여 계리할 수 있다.

제11조(정부투자기관의 예산과 회계)

정부투자기관의 예산과 회계에 관한 사항은 따로 법률로 정한다.

제12조(국가의 채권과 채무)

① 국가 채권의 전부 또는 일부를 면제하거나 효력을 변경함에는
  법률에 의하여야 한다.

② 국가는 법률 또는 계약에 의하지 아니하고는 그 채무의 이행을
  지체할 수 없다.

제13조(국가재산의 처분)

① 국가의 재산은 법률에 의하지 아니하고는 교환·양여·대부·
출자 또는 지급의 수단으로 사용할 수 없다.

② 제1항의 재산은 현금을 제외한 모든 재산으로 한다.

제14조(중앙관서의 장의 정의<개정 2002. 12. 30>)

① 이 법에서 '중앙관서의 장'이라 함은 국회의장, 대법원장, 헌법
재판소장, 중앙선거관리위원회위원장, 헌법 또는 정부조직법 기
타 법률에 의하여 설치된 중앙행정기관의 장을 말한다.

② 국회의장·대법원장·헌법재판소장 및 중앙선거관리위원회위
원장은 국회의 사무총장·대법원의 법원행정처장·헌법재판소
의 사무처장 및 중앙선거관리위원회의 사무총장에게 이 법에
의한 직무를 위임할 수 있다. 이 경우 국회의 사무총장·대법
원의 법원행정처장·헌법재판소의 사무처장 및 중앙선거관리
위원회의 사무총장은 그 위임받은 범위 안에서 제1항의 중앙
관서 장으로 본다. <개정 1991. 11. 30, 1993. 12. 31>

③ 제2항의 규정에 의하여 국회의장·대법원장·헌법재판소장 및
중앙선거관리위원회위원장이 그 직무를 위임하였을 때에는 재정
경제부장관·기획예산처장관과 감사원에 통지하여야 한다. <개
정 1991. 11. 30, 1993. 12. 31, 1999. 2. 5, 1999. 5. 24>

④ 삭제<2002. 12. 30>

제15조(예산 및 회계에 관한 업무의 관장)

① 예산관계법령에 관한 사무는 기획예산처장관이 관장하고, 회계관
계법령에 관한 사무는 재정경제부장관이 관장한다. <개정 1999.
2. 5, 1999. 5. 24>

② 삭제<1993. 12. 31>

제16조(중ㆍ장기계획의 수립 등)

① 기획예산처장관은 재정운용의 효율화와 건전화를 위하여 수년 간의 재정수요와 가용재원을 예측하는 것이 필요하다고 판단하는 경우에는 중ㆍ장기 재정운용계획을 수립할 수 있다. <개정 1999. 2. 5, 1999. 5. 24>

② 각 중앙관서의 장은 예산을 수반하는 중ㆍ장기계획을 수립할 때 미리 기획예산처장관과 협의하여야 한다. <개정 1999. 2. 5, 1999. 5. 24>

③ 지방자치단체가 국가의 재정지원에 의하여 수행되는 사업의 계획을 수립할 때 회계연도 개시 전에 미리 관계 중앙관서 장의 승인을 얻어야 한다.

④ 중앙관서의 장이 제3항의 규정에 의한 승인을 하고자 할 때에도 미리 기획예산처장관과 협의하여야 한다. <개정 1999. 2. 5, 1999. 5. 24>

제17조 삭제<1993. 12. 31>

(2) 예산

제1절 총칙

제18조(세입세출의 정의 및 예산총계주의 원칙)

① 한 회계연도의 모든 수입을 세입으로 하고, 모든 지출을 세출로 한다.

② 세입세출은 모두 예산에 계상하여야 한다. 다만, 국가가 현물로 출자하는 경우 및 외국차관을 도입하여 전대하는 경우에는 이를 세입세출예산 외로 처리할 수 있다.

③ 차관물자대의 경우 전년도 인출예정분의 부득이한 이월 또는 환율의 변동으로 인하여 세입이 예산을 초과하게 되는 경우에는 당해 세출예산을 초과하여 지출할 수 있다.

제19조(예산의 내용)

예산은 예산총칙·세입세출예산·계속비·명시이월비와 국고채무부담행위를 총칭한다.

제20조(예산의 구분)

① 세입세출예산은 필요할 때 계정으로 구분할 수 있다.

② 세입세출예산은 중앙관서의 조직별로 구분한다.

③ 세입예산은 제2항의 구분에 의하여 그 내용을 성질별로 관·항으로 구분하고, 세출예산은 제2항의 구분에 의하여 그 내용을 기능별·성질별 또는 기관별로 장·관·항으로 구분한다.

제21조(예비비)

예측할 수 없는 예산 외의 지출 또는 예산초과지출에 충당하기 위하여 정부는 예비비로서 상당하다고 인정되는 금액을 세입세출예산에 계상할 수 있다.

제22조(계속비)

① 완성에 수년을 요하는 공사나 제조 및 연구개발사업은 경비의 총액과 연 부액을 정하여 미리 국회의 의결을 얻은 범위 안에

서 수년에 걸쳐서 지출할 수 있다.

② 제1항의 규정에 의하여 국가가 지출할 수 있는 연한은 당해 회계연도로부터 5년 이내로 한다. 다만, 필요하다고 인정할 때에는 국회의 의결을 거쳐 다시 그 연한을 연장할 수 있다.

제23조(명시이월비)

세출예산 중 경비의 성질상 연도 내에 그 지출을 끝내지 못할 것이 예측될 때에는 특히 그 취지를 세입세출예산에 명시하여 미리 국회의 승인을 얻어 다음 연도에 이월하여 사용할 수 있다.

제24조(국고채무부담행위)

① 법률에 의한 것과 세출예산금액 또는 계속비 총액 범위 안의 것 이외에 국가가 채무를 부담하는 행위를 할 때는 미리 예산으로서 국회의 의결을 얻어야 한다.

② 제1항에 규정된 것 외에 재해복구를 위하여 필요한 경우에는 매 회계연도마다 국가는 국회의 의결을 얻은 범위 안에서 채무를 부담하는 행위를 할 수 있다. <신설 1993. 12. 31>

③ 제2항의 규정에 의하여 채무를 부담하는 행위를 한 경우에는 그 보고서를 다음다음 회계연도 개시 120일 전까지 국회에 제출하여야 한다. <신설 1993. 12. 31>

제2절 예산안의 편성

제25조(예산안편성지침 및 예산요구서 제출기한)

① 각 중앙관서의 장은 매년 2월 말일까지 다음 연도 신규사업 및 기획예산처장관이 정하는 주요 계속사업에 대한 사업계획

서를 기획예산처장관에게 제출하여야 한다. <개정 1999. 2. 5, 1999. 5. 24>

② 기획예산처장관은 매년 3월 31일까지 국무회의의 심의를 거쳐 대통령의 승인을 얻은 다음 연도의 예산안편성지침을 각 중앙관서의 장에게 시달하여야 한다. <개정 1999. 2. 5, 1999. 5. 24>

③ 각 중앙관서의 장은 제2항의 예산안편성지침에 따라 그 소관에 속하는 다음 연도의 세입세출예산·계속비·명시이월비 및 국고채무부담행위요구서(이하 '예산요구서'라 한다)를 작성하여 매년 5월 31일까지 기획예산처장관에게 제출하여야 한다. <개정 1999. 2. 5, 1999. 5. 24>

④ 제3항의 예산요구서에는 대통령령이 정하는 바에 의하여 예산의 편성 및 예산관리기법의 적용에 필요한 서류를 첨부하여야 한다.

제26조(예산총칙)

예산총칙에는 세입세출예산·계속비·명시이월비와 국고채무부담행위에 관한 총괄적 규정을 두는 이외에 다음 사항을 규정하여야 한다. <개정 2002. 12. 30>

① 제5조 단서의 규정에 의한 국채 또는 차입금의 한도액

② 국고금관리법 제32조의 규정에 의한 재정증권의 발행과 일시차입금의 최고액

③ 기타 예산집행에 관하여 필요한 사항

제27조(국고채무부담행위의 이유 및 금액)

국고채무부담행위는 사항마다 그 필요한 이유를 명백히 하고 그 행위를 할 연도 및 상환연도와 채무부담의 금액을 표시하여야 한다.

제28조(예산안의 편성)

기획예산처장관은 제25조의 규정에 의한 예산요구서에 의하여 예산안을 편성하여 국무회의의 심의를 거쳐 대통령의 승인을 얻어야 한다. <개정 1999. 2. 5, 1999. 5. 24>

제29조(독립기관의 예산)

국회, 대법원, 헌법재판소, 감사원, 중앙선거관리위원회(이하 '독립기관'이라 한다)의 세출예산요구액을 감액할 때에는 국무회의에서 당해 독립기관 장의 의견을 구하여야 한다.

제30조(예산안의 국회제출)

정부는 제28조의 규정에 의한 예산안을 회계연도 개시 90일 전까지 국회에 제출하여야 한다.

제31조(예산안의 첨부서류)

국회에 제출하는 예산안에는 다음 서류를 첨부하여야 한다.

① 제25조 제2항의 규정에 의한 예산안편성지침

② 세입세출예산사항별 설명서

③ 국고채무부담행위 설명서

④ 세입세출예산 총계표 및 순계표

⑤ 국채와 차입금의 상환에 관한 전전년도 말에 있어서의 실적, 전년도 말과 당해 연도 말의 현재액 추정 및 그 상환연차표에

관한 명세서

⑥ 국고채무부담행위로서 다음 연도 이후에 걸치는 것에 있어서는 전년도 말까지의 지출액 또는 지출추정액과 당해 연도 이후의 지출예정액에 관한 명세서

⑦ 계속비에 관한 전년도 말까지의 지출액 또는 지출추정액, 당해 연도 이후의 지출예정액과 사업 전체의 계획 및 그 진행 상황에 관한 명세서

⑧ 예산정원표와 예산안편성기준단가

⑨ 국유재산의 전전년도 말에 있어서의 현재액과 전년도 말과 당해 연도 말에 있어서의 현재액 추정에 관한 명세서

⑩ 독립기관의 예산요구액을 감액하였을 때에는 그 삭감이유와 당해 독립기관 장의 의견

⑪ 기타 재정의 상황과 예산안의 내용을 명백히 할 수 있는 서류

제32조(국회제출 중인 예산안의 수정)

정부는 예산안을 국회에 제출한 후 부득이한 사유로 인하여 그 내용의 일부를 수정하고자 할 때에는 국무회의의 심의를 거쳐 대통령의 승인을 얻어 수정예산안을 국회에 제출할 수 있다.

제33조(추가경정예산안)

① 정부는 예산 성립 후에 생긴 사유로 인하여 이미 성립된 예산에 변경을 가할 필요가 있을 때에는 추가경정예산안을 편성하여 국회에 제출할 수 있다.

② 제32조 및 제1항의 규정에 의하여 수정예산안 또는 추가경정예산안을 제출하는 경우에는 제31조에 규정된 예산안첨부서류

의 전부 또는 일부를 생략할 수 있다.

제34조(예산 불성립 시의 예산집행)

① 국회에서 부득이한 사유로 회계연도 개시 전까지 예산안이 의
  결되지 못한 때 정부는 헌법 제54조 제3항의 규정에 의하여
  예산을 집행하여야 한다.

② 제1항의 규정에 의하여 집행된 예산은 당해 연도의 예산이 성
  립되면 그 성립된 예산에 의하여 집행된 것으로 본다.

제3절 예산의 집행

제35조(예산의 배정)

① 예산이 성립되면 각 중앙관서의 장은 사업운영계획 및 이에 의한
  세입세출예산·계속비와 국고채무부담행위를 포함한 예산배정요
  구서를 기획예산처장관에게 제출하여야 한다. <개정 1999. 2. 5,
  1999. 5. 24>

② 기획예산처장관은 제1항의 예산배정요구서와 국고금관리법 제
  30조 제2항의 월별자금계획에 따라 분기별 예산배정계획을 작
  성하고 재정경제부장관이 제출한 월별자금계획과 함께 국무회
  의의 심의를 거쳐 대통령의 승인을 얻어야 한다. 다만, 기획예
  산처장관은 세출예산배정계획을 작성함에 있어서 재정경제부
  장관이 제출한 월별자금계획을 수정할 필요가 있을 때에는 재
  정경제부장관과 협의하여야 한다. <개정 2002. 12. 30>

③ 기획예산처장관은 각 중앙관서의 장에게 예산을 배정한 때에는
  재정경제부장관과 감사원에 통지하여야 한다. <개정 1999. 2.

5, 1999. 5. 24>

④ 기획예산처장관은 필요할 경우 대통령령이 정하는 바에 의하여
회계연도 개시 전에 예산을 배정할 수 있다. <개정 1999. 2. 5,
1999. 5. 24>

⑤ 각 중앙관서의 장은 예산에 총액으로 계상된 사업으로서 대통령령
으로 정하는 사업에 대하여는 예산배정 전에 사업시행계획을 수립
하여 기획예산처장관과 협의하여야 한다. <신설 1993. 12. 31,
1999. 2. 5, 1999. 5. 24>

제36조(예산의 목적 외 사용금지와 예산이체)

① 각 중앙관서의 장은 세출예산이 정한 목적 이외에 경비를 사용
하거나 예산이 정한 각 기관 간, 각 장·관·항 간에 상호 이용
할 수 없다. 다만, 예산집행상 필요에 의하여 미리 예산으로써
국회의 의결을 얻었을 때에는 기획예산처장관의 승인을 얻어 이
용할 수 있다. <개정 1999. 2. 5, 1999. 5. 24>

② 정부조직 등에 관한 법령의 제정·개정 또는 폐지로 인하여
그 직무와 권한에 변동이 있을 때 기획예산처장관은 당해 중앙
관서 장의 요구에 의하여 그 예산을 상호 이용 및 이체할 수 있
다. <개정 1999. 2. 5, 1999. 5. 24>

③ 기획예산처장관은 제1항 단서와 제2항의 규정에 의하여 예산을
이용 또는 이체한 때 당해 중앙관서의 장·재정경제부장관 및
감사원에 통지하여야 한다. <개정 1999. 2. 5, 1999. 5. 24>

제36조의 2(예산성과금 지급 등)

① 각 중앙관서의 장은 예산의 집행방법 또는 제도의 개선 등으로

수입이 증대되거나 지출이 절약된 경우에는 증대 또는 절약된 예산의 일부를 이에 기여한 자에게 성과금으로 지급하거나 다른 사업에 사용할 수 있다.

② 각 중앙관서의 장이 제1항의 규정에 의한 성과금을 지급하거나 다른 사업에 사용하고자 할 경우에는 예산성과금심사위원회의 심사를 거쳐야 한다.

③ 제1항 및 제2항의 규정에 의한 성과금 지급 및 다른 사업에의 사용, 예산성과금심사위원회의 구성·운영 등에 관하여 필요한 사항은 대통령령으로 정한다.

[본 조 신설 1999. 2. 5]

제37조(예산의 전용)

① 각 중앙관서의 장은 대통령령이 정하는 바에 의하여 각 세항 또는 목의 금액을 기획예산처장관의 승인을 얻어 전용할 수 있다. <개정 1999. 2. 5, 1999. 5. 24>

② 각 중앙관서의 장은 제1항의 규정에 불구하고 회계연도마다 기획예산처장관이 정하는 범위 안에서 각 세항 또는 목의 금액을 전용할 수 있다. <개정 1999. 2. 5, 1999. 5. 24>

③ 기획예산처장관은 제1항의 규정에 의하여 전용의 승인을 한 때 그 전용명세서를 당해 중앙관서의 장·재정경제부장관 및 감사원에 송부하여야 하며, 각 중앙관서의 장은 제2항의 규정에 의하여 전용을 한 때에는 그 전용을 한 과목별 금액 및 이유를 명시한 명세서를 재정경제부장관·기획예산처장관 및 감사원에 송부하여야 한다. <개정 1999. 2. 5, 1999. 5. 24>

④ 제1항 또는 제2항의 규정에 의하여 전용한 경비의 금액은 세입
   세출결산보고서에 이를 명백히 하고 그 이유를 기재하여야 한다.

제38조(세출예산의 이월)

① 매 회계연도의 세출예산은 다음 연도에 이월하여 사용할 수 없
   다. 다만, 세출예산 중 다음 각 호의 1에 해당하는 경비의 금액
   은 다음 회계연도에 이월하여 사용할 수 있다. <개정 1993. 12.
   31, 1999. 2. 5>
   가. 명시이월비나. 연도 내에 지출원인행위를 하고 불가피한
      사유로 인하여 연도 내에 지출하지 못한 경비와 지출원인
      행위를 하지 아니한 그 부대경비
   다. 지출원인행위를 위하여 입찰공고를 한 경비 중 입찰 공고
      후 지출원인행위까지 장기간이 소요되는 경우로서 대통령
      령이 정하는 경비
   라. 공익 · 공공사업의 시행에 필요한 손실보상비로서 대통령령
      이 정하는 경비
   마. 경상적 성격의 경비로서 대통령령이 정하는 경비
② 계속비의 연도별 연 부액 중 당해 연도에 지출하지 못한 금액
   은 제1항의 규정에 불구하고 당해 계속비사업의 완성 연도까
   지 체차로 이월하여 사용할 수 있다.
③ 각 중앙관서의 장은 제1항 및 제2항의 규정에 의하여 예산을
   이월하는 때 대통령령이 정하는 바에 의하여 이월명세서를 작
   성하고 이를 다음 연도 1월 31일까지 재정경제부장관 · 기획예
   산처장관 및 감사원에 송부하여야 한다. <개정 1999. 2. 5,

1999. 5. 24>

④ 각 중앙관서의 장이 제1항 및 제2항의 규정에 의하여 예산을 이월하는 때 그 이월하는 과목별 금액은 다음 연도의 이월예산으로 배정된 것으로 본다.

⑤ 기획예산처장관은 세입징수상황 등을 감안하여 필요하다고 인정할 때에는 재정경제부장관과 협의하여 미리 제1항 및 제2항의 규정에 의한 세출예산의 이월사용을 제한하기 위한 조치를 할 수 있다. <개정 1999. 2. 5, 1999. 5. 24>

제39조(예비비의 관리와 사용)

① 예비비는 기획예산처장관이 관리한다. <개정 1999. 2. 5, 1999. 5. 24>

② 각 중앙관서의 장은 예비비의 사용을 필요로 할 경우에는 그 이유, 금액과 추산의 기초를 명백히 한 명세서를 작성하여 기획예산처장관에게 제출하여야 한다. 다만, 대규모 자연재해의 신속한 복구를 위하여 필요할 때에는 자연재해대책법 제52조의 규정에 의한 피해상황보고를 기초로 긴급재해구호 및 복구에 소요되는 금액을 개산하여 예비비를 신청할 수 있다. <개정 1999. 2. 5, 1999. 5. 24>

③ 기획예산처장관은 제2항의 요구를 심사한 후 필요하다고 인정하는 때 이를 조정하고 예비비사용명세서를 작성하여 국무회의의 심의를 거쳐 대통령의 승인을 얻어야 한다. <개정 1999. 2. 5, 1999. 5. 24>

④ 일반회계로부터 전입받은 특별회계는 필요한 경우에 일반회계

예비비를 전입받아 이를 세입으로 하여 그 특별회계의 세출로
사용할 수 있다.

제40조(예비비 사용명세서의 작성 및 국회제출)

① 각 중앙관서의 장은 예비비로 사용한 금액의 명세서를 작성하
여 재정경제부장관에게 제출하여야 한다. <개정 1999. 2. 5>

② 재정경제부장관은 제1항의 명세서에 의하여 예비비로 사용한
금액의 총괄표를 작성하여 국무회의의 심의를 거쳐 대통령의
승인을 얻어야 한다. <개정 1999. 2. 5>

③ 재정경제부장관은 제2항의 총괄표를 감사원에 제출하여야 한다.
<개정 1999. 2. 5>

④ 정부는 예비비로 사용한 총괄표를 다음다음 회계연도 개시
120일 전까지 국회에 제출하여 그 승인을 얻어야 한다.

제41조(수입대체경비)

① 용역 및 시설을 제공하여 발생하는 수입과 관련되는 경비로서
대통령령이 정하는 경비(이하 '수입대체경비'라 한다)에 있어
서는 중앙관서의 장은 수입이 예산을 초과하거나 초과할 것이
예상되는 경우에는 그 초과수입을 대통령령이 정하는 바에 의
하여 당해 초과수입에 직접 관련되는 경비 및 이에 수반되는
경비에 초과 지출할 수 있다.

② 수입대체경비의 예산초과집행에 관하여 필요한 사항은 대통령
령으로 정한다.

[전문개정 2002. 12. 30]

(3) 결산

제42조(결산보고서 등의 작성 및 제출)

각 중앙관서의 장은 대통령령이 정하는 바에 의하여 매 회계연도마다 그 소관에 속하는 세입세출의 결산보고서, 계속비결산보고서 및 국가의 채무에 관한 계산서를 작성하여 다음 연도 2월 말일까지 재정경제부장관에게 제출하여야 한다. <개정 1999. 2. 5>

제43조(세입세출결산의 작성)

① 재정경제부장관은 세입세출의 결산보고서에 의하여 세입세출의 결산을 작성하여 국무회의의 심의를 거쳐 대통령의 승인을 얻어야 한다. <개정 1999. 2. 5>

② 세입세출의 결산은 세입세출예산과 동일한 구분에 의하여 이를 작성하며 다음 사항을 명백히 하여야 한다. <개정 1993. 12. 31, 2002. 12. 30>

세입

　가. 세입예산액

　나. 이체 등 증감액

　다. 세입예산현액

　라. 징수결정액

　마. 수납액

　바. 불납결손액

　사. 미수납액

세출

　가. 세출예산액

나. 전년도이월액

다. 예비비사용액

라. 전용 등 증감액

마. 제41조의 규정에 의한 초과지출액

바. 세출예산현액

사. 지출액

아. 다음 연도 이월액

자. 불용액

제44조(세입세출결산의 제출과 송부)

① 재정경제부장관은 세입세출결산에 각 중앙관서의 세입세출결산
보고서, 계속비결산보고서 및 국가의 채무에 관한 계산서를 첨
부하여 이를 다음 연도 6월 10일까지 기획예산처장관 및 감사
원에 제출하여야 한다. <개정 1999. 2. 5, 1999. 5. 24>

② 감사원은 제1항의 세입세출결산서를 검사하고 그 보고서를 다
음 연도 8월 20일까지 재정경제부장관에게 송부하여야 한다.
<개정 1999. 2. 5>

제45조(세입세출결산의 국회 제출)

정부는 감사원의 검사를 거친 세입세출결산을 회계연도마다 다음
다음 회계연도 개시 120일 전까지 국회에 제출한다.

제46조(세입세출결산의 첨부서류)

정부에서 국회에 제출하는 세입세출결산에는 세입세출결산보고서,
계속비결산보고서, 국가의 채무에 관한 계산서를 첨부하여야 한다.

제47조(세계잉여금의 처리)

① 매 회계연도 세입세출의 결산상 생긴 잉여금(이하 '세계잉여금'
이라 한다)은 제38조의 규정에 의한 세출예산이월액의 재원으
로서 다음 연도의 세입에 이입하여야 한다.

② 세계잉여금 중 다른 법률에 의하는 것과 제1항의 규정에 의한
이월액을 공제한 잔액은 국무회의의 심의를 거쳐 대통령의 승인
을 얻어 그 세계잉여금이 생긴 다음 연도까지 당해 회계의 세출
예산에 구애됨이 없이 다음 각 호의 용도에 사용할 수 있다.

가. 국채 또는 차입금의 원리금 상환

나. 국가배상법에 의하여 확정된 국가배상금

③ 세계잉여금 중 제1항 및 제2항의 규정에 의한 금액을 공제한
잔액은 다음 연도의 세입에 이입하여야 한다.

제47조의 2(일반회계 세계잉여금 처리에 관한 특례)

① 일반회계 세계잉여금은 제47조 제3항의 규정에 불구하고 국무회의
의 심의를 거쳐 대통령의 승인을 얻어 그 세계잉여금이 생긴 다음
연도까지 당해 회계의 세출예산에 구애됨이 없이 다음 각 호의 용
도에 사용할 수 있다. <개정 1993. 12. 31, 1996. 12. 12, 1999.
1. 21, 1999. 12. 31>

가. 양곡증권정리기금법에 의한 부채의 상환

나. 재정융자특별회계법에 의한 재정융자특별회계의 차입금(예
수금을 포함한다)의 원리금 상환

다. 국채법 제3조 제1항 본문의 규정에 의하여 발행한 국채의
원리금 상환

② 재정경제부장관은 제1항의 규정에 의하여 세계잉여금으로 원
리금을 상환할 필요가 있는 경우에는 원리금상환의 규모 등에
관하여 기획예산처장관과 협의하여야 한다. <개정 1999. 2. 5,
1999. 5. 24>
[본 조 신설 1991. 12. 27]

(4) 삭제〈2002. 12. 30〉

제48조 삭제<2002. 12. 30>

제49조 삭제<2002. 12. 30>

제50조 삭제<2002. 12. 30>

제51조 삭제<2002. 12. 30>

제52조 삭제<2002. 12. 30>

제53조 삭제<2002. 12. 30>

제54조 삭제<2002. 12. 30>

제55조 삭제<2002. 12. 30>

(5) 수입 및 지출〈개정 2002. 12. 30〉

제56조(국고금의 관리)

회계 및 기금의 수입·지출 등 국고금의 관리에 관하여는 따로 법
률이 정하는 바에 의하되, 다른 법률에 특별한 규정이 없는 사항은
이 법이 정하는 바에 따른다.

[전문개정 2002. 12. 30]

제57조 삭제<2002. 12. 30>

제58조 삭제<2002. 12. 30>

제59조 삭제<2002. 12. 30>

제60조(명시이월비의 다음 연도에 걸친 지출원인행위)

① 각 중앙관서의 장은 명시이월비에 대하여 예산집행상 부득이한 사유가 있을 때에는 사항마다 그 사유와 금액을 명백히 하여 기획예산처장관의 승인을 얻은 금액의 범위 내에서 다음 연도에 걸쳐서 지출하여야 할 지출원인행위를 할 수 있다. <개정 1999. 2. 5, 1999. 5. 24>

② 기획예산처장관은 제1항의 규정에 의하여 다음 연도에 걸쳐서 지출하여야 할 지출원인행위를 승인한 때에는 재정경제부장관에게 통지하여야 한다. <개정 1999. 2. 5, 1999. 5. 24>

제61조 삭제<2002. 12. 30>

제62조 삭제<2002. 12. 30>

제63조 삭제<2002. 12. 30>

제64조 삭제<2002. 12. 30>

제65조 삭제<2002. 12. 30>

제66조 삭제<2002. 12. 30>

제67조 삭제<1999. 2. 5>

제68조 삭제<2002. 12. 30>

제69조 삭제<2002. 12. 30>

제70조 삭제<2002. 12. 30>

제71조 삭제<2002. 12. 30>

제72조 삭제<2002. 12. 30>

(6) 삭제〈1995. 1. 5〉

제73조 삭제<1995. 1. 5>

제74조 삭제<1995. 1. 5>

제75조 삭제<1995. 1. 5>

제76조 삭제<1995. 1. 5>

제77조 삭제<1995. 1. 5>

제78조 삭제<1995. 1. 5>

제79조 삭제<1995. 1. 5>

제80조 삭제<1995. 1. 5>

제81조 삭제<1995. 1. 5>

제82조 삭제<1995. 1. 5>

제83조 삭제<1995. 1. 5>

제84조 삭제<1995. 1. 5>

제85조 삭제<1995. 1. 5>

제86조 삭제<1995. 1. 5>

제87조 삭제<1995. 1. 5>

제88조 삭제<1995. 1. 5>

제89조 삭제<1995. 1. 5>

제90조 삭제<1995. 1. 5>

제91조 삭제<1995. 1. 5>

제92조 삭제<1995. 1. 5>

제93조 삭제<1995. 1. 5>

제94조 삭제<1995. 1. 5>

제95조 삭제<1995. 1. 5>

(7) 시효

제96조(금전채권과 채무의 소멸시효)

① 금전의 급부를 목적으로 하는 국가의 권리로서 시효에 관하여 다른 법률에 규정이 없는 것은 5년간 행사하지 아니할 때에는 시효로 인하여 소멸한다.

② 국가에 대한 권리로서 금전의 급부를 목적으로 하는 것도 또한 제1항과 같다.

제97조(소멸시효의 중단과 정지)

금전의 급부를 목적으로 하는 국가의 권리에 있어서는 소멸시효의 중단·정지 기타의 사항에 관하여 적용할 다른 법률의 규정이 없을 때에는 민법의 규정을 준용한다. 국가에 대한 권리로서 금전의 급부를 목적으로 하는 것도 또한 같다.

제98조(시효중단의 효력)

법령의 규정에 의하여 국가가 행하는 납입의 고지는 시효중단의 효력이 있다.

(8) 유가증권〈개정 2002. 12. 30〉

제99조(유가증권보관의 제한)

중앙관서의 장은 법령의 규정에 의하지 아니하고는 공유 또는 사유의 유가증권을 보관할 수 없다.

[전문개정 2002. 12. 30]

제100조 삭제<2002. 12. 30>

제101조(한국은행 또는 금융기관의 유가증권 취급)

국가는 그 소유 또는 보관에 속하는 유가증권의 취급을 한국은행 또는 대통령령이 정하는 금융기관(이하 '금융기관'이라 한다)에 명할 수 있다.

제102조(한국은행에 대한 검사)

한국은행은 제101조의 규정에 의하여 취급한 유가증권의 수불에 관하여 감사원의 검사를 받아야 한다.

[전문개정 2002. 12. 30]

제103조(한국은행의 배상책임)

한국은행이 국가를 위하여 취급하는 유가증권의 출납보관에 관하여 국가에 손해를 끼친 경우 한국은행의 배상책임에 관하여는 민법과 상법을 적용한다.

[전문개정 2002. 12. 30]

(9) 출납공무원

제104조(출납공무원의 직무)

출납공무원은 법령이 정하는 바에 의하여 현금을 출납 보관하여야
한다.

제105조(출납공무원의 임명)

① 출납공무원은 각 중앙관서의 장 또는 그 위임을 받은 공무원이
   임명한다.
② 제1항의 규정에 의한 출납공무원의 임명은 각 중앙관서의 장
   또는 그 위임을 받은 공무원이 소속관서에 설치된 관직을 지정
   함으로써 이에 갈음할 수 있다.

(10) 기록과 보고

제106조(장부의 비치)

재정경제부장관, 기획예산처장관, 중앙관서의 장, 한국은행 및 금융
기관은 대통령령이 정하는 바에 의하여 장부를 비치하고 필요한 사항
을 기록하여야 한다.
[전문개정 2002. 12. 30]

제107조(회계보고와 사업보고<개정 2002. 12. 30>)

① 각 중앙관서의 장은 대통령령이 정하는 바에 의하여 회계에 관한 보
   고서를 재정경제부장관에게 제출하여야 한다. <개정 2002. 12. 30>
② 재정경제부장관은 제1항의 보고서를 분기마다 종합하여 기획예산
   처장관에게 제출하여야 한다. <개정 1999. 2. 5, 1999. 5. 24>

③ 각 중앙관서의 장은 대통령령이 정하는 바에 의하여 분기마다 사업집행보고서와 기타 예산에 관한 보고서를 기획예산처장관에게 제출하여야 한다. <개정 1999. 2. 5, 1999. 5. 24>

④ 기획예산처장관은 제3항의 규정에 의한 보고서 내용을 분석하여 필요한 경우에는 적절한 조치를 취할 수 있다. <개정 1999. 2. 5, 1999. 5. 24>

제108조(보고서와 계산서의 제출)

한국은행과 금융기관은 대통령령이 정하는 바에 따라 국가를 위하여 취급한 유가증권의 수불 등에 관한 보고서와 계산서를 작성하여 재정경제부장관과 감사원에 제출하여야 한다.

[전문개정 2002. 12. 30]

제109조(재정상황에 관한 보고)

정부는 예산이 성립되면 지체 없이 예산, 전년도결산, 국채, 차입금, 국유재산의 현재액 기타 재정에 관한 일반사항을 인쇄물 기타 적당한 방법으로 국민에게 알려야 한다.

(11) 보칙

제110조(보증채무부담행위)

① 국가가 보증채무를 부담하고자 하는 경우에는 미리 국회의 동의를 얻어야 한다.

② 제1항의 보증채무 관리에 관하여 필요한 사항은 대통령령으로 정한다.

제111조(예산 및 회계에 관한 법령의 협의) 각 중앙관서의 장은 예산 및 회계에 관한 법령을 입안할 때에는 예산에 관한 법령은 기획예산처장관, 회계에 관한 법령은 재정경제부장관과 협의하여야 한다. <개정 1999. 2. 5, 1999. 5. 24>

제112조(다른 법령에 관한 협의)

각 중앙관서의 장이 예산 및 회계에 관한 법령 이외의 다른 법령으로서 예산 및 회계에 관한 내용을 규정하고자 할 때에도 제111조의 규정을 준용한다.

제113조 삭제<2002. 12. 30>
제114조 삭제<2002. 12. 30>

제115조(자금의 보유)

국가는 법률로 정하는 경우에 한하여 특별한 자금을 보유할 수 있다.

제116조(특별회계의 특례)

각 특별회계에 있어서 필요한 경우에는 이 법의 규정과 다른 규정을 법률로 정할 수 있다.

제117조(예산집행의 감독)

기획예산처장관과 재정경제부장관은 예산과 회계의 적정을 기하기 위하여 소속공무원으로 하여금 실지 조사하게 하며 필요에 따라서는 국무회의의 심의를 거쳐 대통령의 승인을 얻어 각 중앙관서의 장에 대하여 예산과 회계에 관한 지시를 할 수 있다. <개정 1999. 2. 5, 1999. 5. 24>

제118조(내부통제)

각 중앙관서의 장은 유효한 재정관리·재원사용의 적정 여부와 집행과정에서 보고된 자료의 신빙성을 분석 평가하기 위하여 소속 공무원으로 하여금 필요한 사항에 관하여 내부통제를 하게 하여야 한다.

제119조 삭제<2002. 12. 30>

제120조 삭제<2002. 12. 30>

제121조 삭제<2002. 12. 30>

제122조(회계관계공무원의 책임)

회계관계직원의 책임에 관하여는 따로 법률로 정한다.

제123조 삭제<2002. 12. 30>

제124조(회계관계공무원의 교육)

정부는 회계관계공무원의 자질향상을 하여 대통령령이 정하는 바에 의하여 교육을 실시할 수 있다.

부칙<제4102호, 1989. 3. 31>

① (시행일) 이 법은 공포한 날로부터 시행한다. 다만, 제7조 제7항, 제40조 제4항, 제42조, 제44조, 제45조, 제76조 및 제81조 제3항의 규정은 1990년 1월 1일부터 시행한다.

② (다른 법령과의 관계) 이 법 시행 당시 다른 법령에서 종전의 규정을 인용하고 있는 것은 이 법의 해당 규정을 인용한 것으로 본다.

부칙(헌법재판소법)<제4408호, 1991. 11. 30>

제1조 (시행일) 이 법은 공포한 날부터 시행한다.

제2조 생략

제3조 (다른 법률의 개정) ① 내지 ⑤ 생략

⑥ 예산회계법 중 다음과 같이 개정한다.

제14조 제2항 전단 중 '국회의장과 대법원장'을 '국회의장·대법원장 및 헌법재판소장'으로, '국회의 사무총장과 대법원의 법원행정처장'을 '국회의 사무총장·대법원의 법원행정처장 및 헌법재판소의 사무처장'으로 하고, 동항 후단 중 '국회의 사무총장과 대법원의 법원행정처장'을 '국회의 사무총장·대법원의 법원행정처장 및 헌법재판소의 사무처장'으로 하며, 동조 제3항 중 '국회의장과 대법원장'을 '국회의장·대법원장 및 헌법재판소장'으로 한다.

⑦ 및 ⑧ 생략

부칙<제4445호, 1991. 12. 27>

① (시행일) 이 법은 공포한 날부터 시행한다.

② 삭제<1993. 12. 31>

부칙(기금관리기본법)<제4461호, 1991. 12. 31>

제1조 (시행일) 이 법은 1992년 1월 1일부터 시행한다. <단서 생략>

제2조 생략

제3조 (다른 법률의 개정) ① 예산회계법 중 다음과 같이 개정한다.

제7조 제3항 내지 제7항을 삭제한다.

② 내지 ⑥ 생략

부칙<제4659호, 1993. 12. 31>

이 법은 1994년 1월 1일부터 시행한다.

부칙(국가를 당사자로 하는 계약에 관한 법률)<제4868호, 1995. 1. 5>

제1조 (시행일) 이 법은 공포 후 6월이 경과한 날부터 시행한다. <단서 생략>

제2조 (경과조치) 이 법 시행 전에 예산회계법에 의하여 체결된 계약에 대하여는 이 법에 의하여 체결된 계약으로 본다.

제3조 (다른 법률의 개정) ① 예산회계법 중 다음과 같이 개정한다.

제6장을 삭제한다.

제113조 제1항 중 '재무관 또는 계약관의'를 '재무관의'로 하고, 동조 제3항 중 '·제75조 제2항'을 삭제한다.

제114조 제1항 중 '재무관 또는 계약관의'를 '재무관의'로 하고, 동조 제2항 중 '·제75조 제2항'을 삭제한다.

제120조 제1항 중 '계약 및'을 삭제한다.

제123조 중 ', 계약관'을 삭제한다.

② 내지 ⑥ 생략

제4조 생략

부칙(재정융자특별회계법)<제5170호, 1996. 12. 12>

제1조 (시행일) 이 법은 1997년 1월 1일부터 시행한다.

제2조 생략

제3조 생략

제4조 생략

제5조 (다른 법률의 개정) ① 내지 ⑫ 생략

⑬ 예산회계법 중 다음과 같이 개정한다.

제47조의 2 제1항 제2호 중 '재정투융자특별회계법에 의한 재정투융자특별회계'를 '재정자특별회계법에 의한 재정융자특별회계'로 한다.

⑭ 및 ⑮ 생략

제6조 생략

부칙(양곡증권정리기금법)<제5662호, 1999. 1. 21>

제1조 (시행일) 이 법은 2000년 1월 1일부터 시행한다.

제2조 및 제3조 생략

제4조 (다른 법률의 개정) ① 예산회계법 중 다음과 같이 개정한다.

제47조의 2 제1항 제1호를 다음과 같이 한다.

양곡증권정리기금법에 의한 부채의 상환

② 생략

제5조 생략

부칙<제5742호, 1999. 2. 5>

이 법은 공포한 날부터 시행한다.

부칙<제5982호, 1999. 5. 24>

제1조 (시행일) 이 법은 공포한 날부터 시행한다. 다만, 부칙 제3조 제71항은 1999년 7월 1일부터, 동조 제72항 중 제90조 제4항 제5호의 개정에 관한 사항은 1999년 8월 6일부터 각각 시행한다.

제2조 생략

제3조 (다른 법률의 개정) ① 예산회계법 중 다음과 같이 개정한다.

제14조 제3항, 제15조, 제25조 제3항, 제28조, 제35조 제1항·제2항 본문 및 단서·제3항 내지 제5항, 제36조 제1항 단서·제2항·제3항, 제37조 제1항 내지 제3항, 제38조 제3항·제5항, 제39조 제1항·제2항 본문·제3항, 제44조 제1항, 제47조의 2 제2항, 제57조 제2항, 제60조 제1항·제2항, 제106조 본문, 제107조 제2항 내지 제4항, 제111조 및 제117조 중 '예산청장'을 각각 '기획예산처장관'으로 한다.

제16조 제1항 및 제25조 제2항 중 '기획예산위원회는'을 각각 '기획예산처장관은'으로 한다.

제16조 제2항·제4항 중 '기획예산위원회와'를 각각 '기획예산처장관과'로 한다.

제25조 제1항 중 '기획예산위원회가'를 '기획예산처장관이'로 하고, '기획예산위원회에'를 '기획예산처장관에게'로 한다.

② 내지 <78> 생략제4조 내지 제6조 생략

부칙(국채법)<제6075호, 1999. 12. 31>

제1조 (시행일) 이 법은 2000년 4월 1일부터 시행한다.

제2조 및 제3조 생략

제4조 (다른 법률의 개정) ① 예산회계법 중 다음과 같이 개정한다.

제47조의 2 제1항 제3호를 다음과 같이 한다.

국채법 제3조 제1항 본문의 규정에 의하여 발행한 국채의 원리금 상환

② 내지 <16> 생략

부칙(국고금관리법)<제6836호, 2002. 12. 30>

제1조 (시행일) 이 법은 2003년 1월 1일부터 시행한다.

제2조 내지 제5조 생략

제6조 (다른 법률의 개정)

① 예산회계법 중 다음과 같이 개정한다.

제6조를 삭제한다.

제14조의 제목 "(중앙관서의 장의 정의 및 수입의 직접 사용금지)"를 "(중앙관서의 장의 정의)"로 하고, 동조 제4항을 삭제한다.

제26조 제2호 중 '제6조'를 '국고금관리법 제32조'로 한다.

제35조 제2항을 다음과 같이 한다.

② 기획예산처장관은 제1항의 예산배정요구서와 국고금관리법 제30조 제2항의 월별자금계획에 따라 분기별 예산배정계획을 작성하고 재정경제부장관이 제출한 월별자금계획과 함께 국무회의의 심의를 거쳐 대통령의 승인을 얻어야 한다. 다만, 기획예산처장관은 세출예산배정계획을 작성함에 있어서 재정경제부장관이 제출한 월별자금계획을 수정할 필요가 있을 때에는 재정경제부장관과 협의하여야 한다.

제41조를 다음과 같이 한다.

제41조(수입대체경비)

① 용역 및 시설을 제공하여 발생하는 수입과 관련되는 경비로서 대통령령이 정하는 경비(이하 '수입대체경비'라 한다)에 있어서 중앙관서의 장은 수입이 예산을 초과하거나 초과할 것이 예상되는 경우에는 그 초과수입을 대통령령이 정하는 바에 의하여 당해 초과수입에 직접 관련되는 경비 및 이에 수반되는

경비에 초과 지출할 수 있다.

② 수입대체경비의 예산초과집행에 관하여 필요한 사항은 대통령
령으로 정한다.

제43조 제2항 제2호 마목 중 '제41조 제1항 단서'를 '제41조'로 한다.

제4장(제48조 내지 제55조)을 삭제한다.

제5장의 제목 '지출'을 '수입 및 지출'로 한다.

제56조 앞의 '제1절 총칙'을 삭제한다.

제56조를 다음과 같이 한다.

제56조 (국고금의 관리) 회계 및 기금의 수입·지출 등 국고금의
관리에 관하여는 따로 법률이 정하는 바에 의하되, 다른 법률에 특
별한 규정이 없는 사항은 이 법이 정하는 바에 따른다.

제57조를 삭제한다.

제57조 다음의 '제2절 지출원인행위'를 삭제한다.

제58조 및 제59조를 각각 삭제한다.

제5장 제3절(제61조 내지 제66조, 제68조 내지 제71조) 및 제5장
제4절(제72조)을 각각 삭제한다.

제8장의 제목 '국고금과 유가증권'을 '유가증권'으로 한다.

제99조를 다음과 같이 한다.

제99조(유가증권보관의 제한)

중앙관서의 장은 법령의 규정에 의하지 아니하고는 공유 또는 사
유의 유가증권을 보관할 수 없다.

제100조를 삭제한다.

제102조·제103조 및 제106조를 각각 다음과 같이 한다.

제102조(한국은행에 대한 검사)

한국은행은 101조의 규정에 의하여 취급한 유가증권의 수불에 관하여 감사원의 검사를 받아야 한다.

제103조(한국은행의 배상책임)

한국은행이 국가를 위하여 취급하는 유가증권의 출납보관에 관하여 국가에 손해를 끼친 경우에 한국은행의 배상책임에 관하여는 민법과 상법을 적용한다.

제106조 (장부의 비치)

재정경제부장관, 기획예산처장관, 중앙관서의 장, 한국은행 및 금융기관은 대통령령이 정하는 바에 의하여 장부를 비치하고 필요한 사항을 기록하여야 한다.

제107조의 제목 중 '재정보고'를 '회계보고'로 하고, 동조 제1항을 다음과 같이 한다.

① 각 중앙관서의 장은 대통령령이 정하는 바에 의하여 회계에 관한 보고서를 재정경제부장관에게 제출하여야 한다.

제108조를 다음과 같이 한다.

제108조 (보고서와 계산서의 제출) 한국은행과 금융기관은 대통령령이 정하는 바에 따라 국가를 위하여 취급한 유가증권의 수불 등에 관한 보고서와 계산서를 작성하여 재정경제부장관과 감사원에 제출하여야 한다.

제113조 · 제114조 · 제119조 내지 제121조 및 제123조를 각각 삭제한다.

② 내지 <31> 생략

제7조 생략

예산회계에 대한 우리나라 행정의 문제점은 결산보고서의 양식과 과목구분이 지나치게 복잡하여 이해 가능성을 해친다는 것이다. 또

한 현 우리나라의 회계감사는 효율성이 저해되어 회계정보의 신뢰성
이 떨어진다는 것이다. 앞으로 개선해야 할 부분들은 간단하면서도
국민을 위한 편의 중심으로 행정이 바뀌었으면 한다. 국민 누구나
예산회계를 열람하면 알 수 있도록 편리성이 있어야 할 것이다.

참고문헌

한상운(2002), 『헌법 부속법령집』, 도서출판 광명(구 광명사).
행정고시학원(2001), 『Eduspa.com 9급 행정학』, 박문각.
서상원(2009), 『정책학 원론』, 한국학술정보(주).
국회도서관 http://www.nanet.go.kr/
한국자치행정학회 http://www.kalgas.or.kr/
네이버 지식iN http://kin.naver.com/
한국사회경제연구소 http://kise21.or.kr/

6. 국가발전을 위한 성과주의 예산제도

1) 서론

정부의 예산지출은 국가 경제에 지대한 영향을 미치지만 효율적 운영체제가 구축되지 않고 전근대적인 통제위주의 접근방법을 탈피하지 않고는 효율성 개선에 한계가 있다. 정부도 예산제도개선의 중요성을 인식하여 성과주의 예산제도를 도입하여 운영 중이다.

효율적인 예산운영체계의 구축은 작은 정부로의 전환에 필수적이며 경제위기 이후 정부의 재정수요가 크게 확대되어 적자재정을 피고 있는 현실을 감안할 때에 그 어느 시기보다도 중요성을 더해 가고 있다. 하지만 이러한 성과관리체계의 필요성에 대해서 정부나 학계에서 자주 거론되지만 사실상 충분한 연구가 축적되지는 못한 상황이다. 정부는 작은 정부 혹은 작지만 효율적인 정부로 변모하려는 시도를 하고 있지만 지금까지는 그 효과를 보지 못하고 있다는 것이 지배적인 의견이다. 물론 성과를 묻기에는 시기상조라고 반론할 수 있지만 개혁 노력이 미미하여 국민들을 크게 실망시키고 있음을 간과할 수 없는 입장이다. 지속적으로 효율성 제고가 일어날 수 있는 제도적 뒷받침이 수반되어야 한다.

성과주의 예산제도는 1990년대에 와서 미국의 클린턴 행정부가 정부의 혁신을 단행하였다. 재무행정 분야에서 성과주의 예산제도는 그 내용에 따라서 사명에 따른 예산, 산출물중심의 예산, 결과물 중심의 예산, 고객중심의 예산 등으로 불리고 있다. 이러한 특성을 종합하여 기업가적 접근방법을 정부예산에 적용하고 있다고 보고 있다. Cothran은 기업가적 예산을 상충부의 목표통제, 수단의 분권화, 결과에 대한 책임성 확보로 그 특성을 규명하고 있다.

첫째, 상충부의 목표 통제란 최고 의사결정자가 총지출규모를 결정하는 것을 말하는 것으로 지도부의 거시적 정책결정기능을 말한다. 둘째, 수단의 분권화는 예산을 어떻게 쓸 것인가에 대한 하위의 의사결정으로 집행부서에 일임한다는 것이다. 민간기업의 운영과 마찬가지로, 봉급의 결정, 정부투자, 일반경비에 이르기까지 폭넓은 예산 운영권을 하부로 이양한다. 사업의 성격에 따라서 예산 운영자로 하여금 절약과 예산부문을 보유하게도 하며 신규사업을 위한 착수금으로 사용할 수 있게도 하여 재정의 신축성을 높이자는 것이다. 예산의 신축성 제고를 위한 방안으로는 공동대부 및 출자도 이용할 수 있다. 어떤 방법을 채택하든지 일정 기간 후에 상환을 요구함으로써 자금 운영자로 하여금 민간투자와 같이 사업성을 고려하도록 하게 할 수 있다. 의도한 성과가 나올 수 있는 곳에 자본을 투자하게 동기부여를 하고 그 결과에 책임을 명확히 하자는 발상이다. 즉 책임성을 분명히 하자는 것이다.

2) 성과주의 예산제도의 이론적 배경

(1) 예산제도의 의의

예산제도는 의회 민주주의 제도의 발달과 정부활동의 경제적 중용성의 증대와 더불어 발전되었다. 초기의 예산에 관한 의회통제의 발전은 결과적으로 책임 있는 민주정부의 역할을 강조하였으며 그 후 예산은 정치적 경제적 변동에 대응하여 발전되어 왔다. 예산제도의 발달은 모든 국가에서 동일한 형태로 발전되어 온 것은 아니지만, 일반적으로 다음과 같은 과정을 통해서 이루어졌다. 첫째, 예산은 20세기 초까지는 의회가 행정부를 통제하기 위한 제도로 기능하였으나, 점차 관리중심, 기획중심으로 변천되어 왔다. 둘째, 의회의 예산에 관한 통제는 초기에 세입에 중점을 두었으나 점차 세출에 중점을 두게 되었다.[1]

(2) 성과주의 예산제도의 의의

① 성과

성과주의 예산제도에 대한 많은 논의들을 접할 때 혼돈스러운 부분 중 하나는 학자들마다 사용하는 용어와 개념들이 차이가 있다는 점이다. 내용상 같은 의미를 가지고 있으면서도 연구자의 성향에 따라 선택된 용어가 달라 성과주의 예산제도에 핵심으로 인식되는 '성과'라는 것이 무엇을 의미하는지에 대한 많은 혼란을 가져오고 있다. Rogers(1990)는 성과를 "정부가 설정한 목표를 정부의 활동을 통하여 어느 정도 달성하였는가."로 보고 있다. 그리고 김영기(1991)는 성과를 "정부의 의도된 활동으로서 공공서비스를 통하여 주민들의 욕구충족이나 가치실현에 미치는 결과나 영향의 정도"라고 정의하고 있다. '성과'의 의미를 좀 더 중립적으로 표현한 정부를 비롯한 공공 분야에 있어서의 성과란 '조직 및 그 구성원이 서비스의 생산 및 제

---

1) 유훈(1984), 『재무행정론』, 법문사, pp.74~76.

공을 위해 수행한 업무, 정책 및 활동 등의 현황 또는 정도'를 의미한다고 본다.

② 성과지표

성과를 측정하기 위한 도구를 일반적으로 성과지표라 하는데 엄밀한 의미에서 계량화 가능성 유무를 기준으로 척도와 지표로 구분할 수 있다. 즉 성과척도란 공공기관이 추구하는 목표의 달성과 관련이 있는 직접적인 산출이나 결과를 뜻하며 주로 양적으로 표시할 수 있다. 서비스 고객 수, 병기의 정확도, 유아 사망률 감소, 세무조사를 통한 추정세약, 신설도로의 길이 등이 그 예이다. 반면에 성과지표는 직접적으로 계측하기 곤란하거나 측정이 불가능한 산출이나 결과물에 대한 대리물을 의미한다. 지표의 예로는 자동차 안전설계의 개선으로 인한 교통사고의 감소, 마약단속 정책의 결과를 나타내는 마약 거래가격의 변화 등이 있다. 일반적으로 성과지표는 공공부문의 업무수행과정상 구성요소인 가. 인력, 재원, 장비 등의 조직을 보유하고 있는 요소로 업무수행을 위해 직접 투입된 것을 의미하는 투입물(INPUT), 나. 서비스 제공을 위하여 이루어지는 과정 또는 활동, 다. 생산단계의 결과로 투입물을 통한 생산활동을 통해 완성되어 제공된 서비스나 물건 등 활동의 직접적인 결과물을 의미하는 산출물, 라. 조직 내 업무수행 내지는 생산활동을 통해 생산된 산출물이 궁극적으로 사회 및 수혜자에 미치는 영향을 의미하는 결과이다. 그러나 대부분의 학자와 행정기관은 투입물, 산출물, 영향 등이 이들 요소에 기초한 상관관계를 통해 성과를 나타내고 있다. 그 근본적인 이유는 투입물이나 산출물 및 영향 등은 그 자체만으로 성과의 절대규모는 제시해 줄 수 있지만 상대적인 수준은 제시하지 못하기 때문이다.

③ 성과주의 예산제도의 의의

성과주의 예산제도는 기본적으로 '정부가 무엇을 구매하는가?'보다는 '왜 구매하는가?', '정부가 무엇을 하는 데 그만큼의 돈이 드는가?' 하는 것을 보여 주려는 것이다. 품목별 예산제도를 이용하며, 우리는 정부가 무엇을 구매하는지 그 지출대상을 명확히 알 수는 있지만 그것이 왜 필요한지는 알 수 없다. 이러한 관점에서 개발된 예산제도가 성과주의 예산제도이다. 여기서 '성과'란 위에서 언급한 것과 같이 정부가 하는 일의 범주를 기능 사업 활동 산물 최종효과 등으로 구체화할 때, 활동 및 산출물을 초래하는 업무 수행을 말한다. 이 업무 수행은 활동들로 구성되고 또는 업무수행의 결과로 유형, 무형의 산출물이 얻어진다. 성과주의 예산제도는 품목별 예산을 이용할 때보다 업무수행에 소요되는 비용을 정확히 산출함으로써 예산통제와 관리의 능률을 기할 수 있다. 이것은 복식부기, 발생주의 회계 원칙, 업무 측정 단위, 단위원가를 통하여 달성된다. 이와 같이 성과주의 예산제도는 투입요소에 대한 통제중심이 아니라 성과중심의 예산을 운용하는 제도이다. 성과주의 예산에서는 예산집행결과로 얻은 산출물과 성과를 측정하여 책임을 묻고 성과에 따라 보상하는 결과 중심의 예산체계이다. 즉 성과주의 예산은 각 사업마다 업무측정단위를 선정하여 업무를 양적으로 표시하게 하고 예산은 원가를 기초로 해서 편성하게 하여, 정부사업에 소요되는 경비의 최소화를 기하는 동시에 그 집행의 성과를 객관적인 척도에 의하여 측정, 평가하여 효과적으로 재정통제를 가능하게 해 주는 제도라고 볼 수 있다. 거리청소사업비의 경우 현행 예산집행은 투입요소인 청소부 인건비, 청소차량 구입비 및 유지비가 예산대로 집행되었는가에 초점이 맞추어지고 있으나 성과주의 예산에서는 거리청소사업의 성과목표인 청결도 및 주민만족도 등을 평가하여 재원배분에 방영한다.

④ 성과주의 예산의 장점

첫째, 예산이 사업계획별, 활동별로 분류된 다음 또 세부사업이 구분되어 있고 거기에 사업성과가 계량적으로 표시되어 있기 때문에 일반국민이 정부 각 기관의 사업이나 목적을 이해하는 데 크게 도움이 된다. 둘째, 예산편성에 있어서 절약과 능률을 실현하게 할 수 있다. 따라서 행정기관이 의회나 감사원과 같은 외부의 통제를 의식하기에 앞서 스스로 최소의 비용으로 사업을 수행하려고 하는 자세를 갖게 되어 능률적인 행정관리를 내재적으로 통제에 의해서 기할 수 있다. 셋째, 예산의 집행에 있어서도 신뢰성을 가지게 된다. 넷째, 예산 집행 후의 실적을 정확하게 측정할 수 있고 실적을 평가하여 얻은 자료를 다음 연도의 예산 운영에 반영할 수 있다.

결론적으로 말하자면 성과주의 예산제도는 행정부의 사업계획 및 집행조정, 입법부의 예산 심의, 그리고 사업집행의 책임을 명백히 할 수 있는 장점이 있다.

(3) 성과주의 예산의 특징

Schick는 "PPB로의 길: 예산개혁 단계"라는 논문에서 '통제, 관리, 계획'이라는 예산의 세 가지 기능을 제시하고 있다. 그리고 Schick는 모든 예산제도가 이들 세 가지 기능을 내포하고 있지만 어떤 예산제도는 상대적으로 특정 기능을 강조하는 경향이 있다고 주장한다. 성과주의 예산제도도 역시 계획 관리 통제라는 예산제도의 세 가지 기능을 모두 내포하고 있으나 종전의 예산제도가 각각 지향하는 특정기능을 때로는 흡수하고 때로는 변형하여 수용하고 있다.

① 계획 기능

계획기능은 장기적 기획과 단기적 예산편성을 유기적으로 연계시켜 효율적인 자원배분 결정을 하는 데 목적이 있으며 예산의 장기적 시계(視界)를 갖고 정보의 정책목표와 연계하여 파악하는 것이 특징이다. 이러한 계획기능을 성과주의 예산제도에서는 성과계획서의 중장기 전략 목표 및 추진계획을 포함시킴으로써 수행하고 있다. 즉 계획은 조직의 목표를 달성하는 최적대안의 선정이기 때문에 목표가 예산에 반영된다는 것은 계획과 예산의 연계를 의미하는 것이다. 그런데 계획은 중장기적인 기획이니 반면 예산은 단기적이므로, 계획과 예산의 연계는 한계를 가질 수 있다. 이러한 한계를 성과조의 예산제도는 성과계획서의 중장기 전략 목표는 물론 중장기목표와 긴밀히 연계되는 연도별 성과목표를 포함시킴으로써 극복하고 있다.

② 관리 기능

관리는 이미 승인된 목표를 세부적인 사업계획으로 나누어 작성하고 이를 집행하기 위해 조직 단위를 설계하며 인사배치를 실시하고 필요한 자원을 획득하는 것이다.

관리과정에서 중요시되는 이념은 효율성과 효과성인데 성과주의 예산제도는 공공부문의 정책이나 사업, 서비스의 효율성과 효과성을 제고시키는 데 가장 큰 의의가 있다고 해도 과언이 아니다. 성과주의 예산제도는 관리기능을 수행하기 위한, 즉 행정의 효율성, 효과성을 제고시키기 위한 여러 요소가 있다. 첫째로, 예산집행 시 중앙부처에 재정권을 위임하고 자율성을 부여하는 것을 들 수 있다. 기존 예산제도하에서는 목표 및 성과의 달성보다는 내부 규칙 준수에만 치중하는 '목표전도' 현상을 보였다. 이는 국민이라는 주인의 위임을 받아 국민의 뜻에 부합하는 행정을 구현한다는 취지에서 이루어지는 많은 세부적이고 경직적이며 엄격한 통제 때문이다. 하지만 갈수록 빨리 변화하는 현대 행정에 있어서 규칙이 설정된 그 순간에는 유효했으나, 짧은 시간 안에 환경이 급변함으로써 그 유효성을 상실하게 되고 오히려 효과적인 행정을 발목 잡게 된다. 따라서 성과주의 예산제도에서는 더 이상 유효하지 않은 사전통제를 해체하고 정책, 사업의 효과성을 위해 자율성을 부여해야 한다. 둘째로는 인센티브 부여를 들 수 있다. 성공을 보상하지 않는 것은 실패를 보상하는 것이다. 기존 행정 체제에서는 성공에 대한 보상체계가 미흡했다. 높은 성과를 달성한 조직에 보상을 하지 않는 것은 앞으로의 조직 성과제고를 위해 아무 유인을 주지 못하는 것에 그치지 않고 오히려 악영향까지 미치게 된다. 그러면 왜 지금까지 조직의 성공에 대해서 보상을 하지 못하였는가? 그 주된 이유는, 보상을 하기 위한 전제인 성과나 결과에 대한 평가가 미흡했기 때문이다. 성과주의 예산제도에서는 사전에 설정된 성과지표를 통해 사후에 성과를 측정함으로써 보상을 위한 토대를 제공한다. 셋째, 유사경쟁체제의 형성을 들 수 있다. 공공부문의 생산성이 낮은 근본원인은 서비스의 독점적 성격 때문에 경쟁체제가 형성되지 않기 때문이라고 본다. 따라서 경쟁 요소의 도입이 필요한데, 성과주의 예산제도에서는 성과평가와 이를 통한 보상을 통해서 유사 경쟁체제를 형성한다. 특히 이는 동종의 서비스를 공급하는 부서 간에 부합하는데, 성과평가를 통해서 양 부서의 성과를 비교하고 그 비교결과 효율적이었다고 평가받은 부서에게 보상을 함으로써, 경쟁의식을 유발하고 있다. 마지막으로 조직 구성원에게 구체적인 성과목표를 제시함에 있다.

③ 통제 기능

통제란 행정의 책임성을 확보하기 위한 과정인데 재정 책임성, 관리 책임성, 프로그램 책임성으로 구분 제시된다. 기존의 예산제도에서는 재정 책임성 확보를 위한 통제에 치중하여 품목별 분류방식을 취하고 결산 시 예산집행의 합법성에 초점을 두었다. 그러나 이러한 통제를 통해 조직의 자율성, 신축성을 상실하게 되어 오히려 관리 책임성 및 프로그램 책임성을 소홀하게 되었다. 성과주의 예산제도는 예산집행의 자율성을 부여하면서도 결산 시 성과평가를 통해 관리 책임성과 프로그램 책임성을 확보함으로써 통제의 방향을 전환한다.

(4) 도입의 필요성

① 성과의 제고

성과주의 예산제도는 정부를 비롯한 공공부문의 본질적 특징으로부터 제기되는 성과 향상을 유인부족의 문제를 해결하기 위해 그 도입이 반드시 필요하다. 즉 공공조직이 민간기업과 비교해 봤을 때 나타나는 중요한 차이 중의 하나는 '시장에 대한 노출 정도가 낮다.'는 점이다. 시장에 대한 노출 정도가 낮다는 것은 바로 '가격, 이윤 등 시장지표와 정보에 대한 부재'를 의미하는데 이는 다시 말해 시장기구에 활동하는 기업과 달리 공공조직의 관리에 대한 평가의 기준이 되는 지표가 없다는 것을 보여 준다. 민간 기업에 비해서 시장에 대한 노출 정도가 낮고 평가지표가 부재한 공공조직은 결국 행정관리상 비용절감을 통한 효율성의 제고와 효과성 제고를 위한 유인이 매우 낮을 수밖에 없는 실정이다. 따라서 먼저 성과주의 예산제도를 도입함으로써 제시된 성과목표에 대하여 결산기에 성과평가를 하고 이를 예산에 연계하여 성과향상 유인을 제공해야 한다. 둘째로는 공공부문의 비효율적인 근본원인 중의 하나로서 시장구조에는 존재하지 않지만 정부에는 없는 경쟁의 부재가 제시된다. 따라서 공공부문 생산성 제고의 핵심은 경쟁적 요소의 도입에 있다고 할 수 있다. 하지만 공공부문에는 경쟁요소 도입이 불가능하거나 곤란한 부문이 있다. 이러한 부문에서는 각 사업, 정책의 성과를 사후에 철저하게 평가한 후 그 결과를 예산 등과 연계시킴으로써 생산성 제고의 유인을 제고해야 한다. 셋째, 성과주의 예산제도가 성과를 향상시킬 수 있는 이유 중의 하나는 정책 또는 예산 집행과정상에 자율성, 재량권을 부여함에 있다. 특히 성장형 인간관에서 인간은 자아실현욕구를 가지는 것으로 전제하는데, 자아를 실현하려면 업무가 적절한 정도로 다양하고 또 자율성이 보장되어야 한다고 본다. 그리고 여러 연구들도 자율성이 보장될 경우 조직몰입도가 증가하는 것으로 보고하는 사례가 많다. 그 밖에도 성과주의 예산제도를 통해 특정조직의 상급자는 조직의 노력을 알게 되고 또한 추진하는 사업이나 정책, 그리고 내부관리상의 문제점을 파악할 수 있다.

② 자원배분의 합리성 제고

　예산과 인력 등 자원의 효과적인 배분은 바로 서비스 및 재화에 대한 소비자의 수요와 선호를 파악하고 그에 따라 적정한 공급수준을 결정하는 것이다. 하지만 자원의 확보가 성과 및 수요와 전혀 연계되지 않는 예산의 배정을 통해 이루어지는 상황하에서 자원배분의 합리성은 떨어질 수밖에 없다. 업무성과에 대한 지표 및 기준의 부재로 인한 공공분야에 있어서의 효과적인 자원배분의 실패는 정부가 본질적으로, 효율적으로 작용할 수 없다는 소위 '정부의 실패' 원인으로 규명되고 있다. 더군다나 예산의 배정이 차년도 예산의 배정 및 지출 수준에 의해 절대적인 영향을 받는 점증주의 모형하에서 비용과 예산의 절감을 통한 효율성 제고 노력은 거의 기대할 수 없다. 따라서 성과정보를 예산편성에 있어서 의사결정 시 자료로 활용할 필요가 있다.

③ 책임행정의 구현

　종전에는 행정책임을 재정적 책임에 중점을 두어 사전에 지출비용을 엄격히 세분화하여 책정함으로써 사전통제에 치중하고, 사후에는 재정지출이 사전에 정해진 규칙대로 이루어졌는지를 주로 심사함으로써 합법성을 강조하였다. 그러나 이러한 사전통제는 집행상 자율성을 제한하였으며, 효율성과 효과성을 유인하지 못했는바, 성과주의 예산제도에서는 집행상 재량권을 하부에 위임하는 대신 사후에는 성과목표를 실제로 달성하였는지를 평가함으로써 성과책임을 강조한다. 즉 성과주의 예산제도는 내부관리 측면에서 성과목표를 명확히 제시하여 조직 구성원들이 목표의식을 명확하게 하고 핵심업무에 역량을

집중케 함으로써 자율성을 확대해 나가되, 성관에 대해서는 명확한
책임을 지도록 하여 책임행정을 가능하게 한다.

④ 행정에 대한 신뢰성 제고

기존 예산서는 정부의 기능과 지출비목만이 표시되어 있을 뿐, 임
무, 목표, 전략, 사업, 활동이 배제되어 있다. 따라서 국민은 정부가
발표하는 예산서를 통해서 과연 정부가 금년에는 어떤 사업을 수행
하는지 그리고 결산서를 통해서는 정부가 일을 잘했는지 못했는지를
판단하기가 매우 어렵다. 그러므로 성과주의 예산제도를 통하여 행
정이 무슨 활동을 하는지, 그리고 그 활동은 구체적인 행정수요와
문제에 부합하는 것인지, 활동의 성과는 어떠한지를 국민에게 공개
해야 한다. 이를 통해서 재정지출의 투명성은 재고될 것이며, 이는
정부의 효율성에 대한 국민들의 회의적 시각을 불식시키고, 행정에
대한 신뢰성을 제고시킬 것이다. 다시 말하면 재정운영의 민주성을
제고시킨다는 측면에서 성과정보는 국민시각에서 이해할 수 있게 객
관화하고 간편하게 공개되어야 한다.

3) 성과주의 예산제도 현황 및 문제점

(1) 외국의 성과주의 예산제도

① 영국

영국은 1979년 대처 정부 이후 공공부문 개혁의 차원에서 중앙정부
에 의한 지방정부의 통제가 진행되어 왔다. 특히 지방정부를 현대화시

키고 지역주민에게 보다 나은 서비스를 원하는 가격으로 제공하도록 하기 위해서 지방정부의 성과관리체계를 구축하고 있다. 지방정부의 성과관리를 위한 주요 장치로는 가. 감사위원회의 공통성과지표에 의한 지방정부성과공시제도, 나. 환경교통부, 다. BEST VALUE제도를 들 수 있다.

감사위원회는 1983년 지방정부재정법에 의해 설치되어 동년 4월부터 지방정부에 대한 감사업무를 수행하고 있다. 1990년부터는 사회보장서비스와 관련된 기관 및 자금운영에 대한 회계감사업무도 수행하고 있다.

환경교통 지역부는 1997년에 노동당정부가 출범한 후에 환경부와 교통부가 통합하여 환경교통 지역부로 발족시켰다. 조직 및 인력은 본부 및 8개의 책임운영기관과 9개의 지방청을 두고 있다.

가. 지방정부성과공시제도

1992년부터 지방정부법에 근거하여 지방정부 감사를 담당하는 감사위원회는 공통성과 지표에 의한 지방정부들의 행정서비스 수준과 성과에 대한 측정결과를 공시한다. 절차는 첫째, 감사위원회의 성과지표 결정, 둘째, 지방정부의 성과측정 및 결과의 공시, 셋째, 감사위원회의 지방정부별 성과실적 비교책자 발간 등의 순서로 볼 수 있다. 지방정부의 역할과 기능에 따라서 구체적인 성과지표를 책정하고 있다.

나. Beacon Council scheme(BCS)

이 제도는 1999년에 제정된 지방정부법에 의해서 지방정부는 기존의 강제경쟁입찰을 대신하여 소위 최상의 가치를 추구하는 것을 의무화하도록 하고 있다. 이 제도는 2000년 4월부터 시행되었는데 모든 지방정부는 경제성, 효율성, 효과성을 중시하여 행정기능을 수행하도록 규정하고 있다. 대상기관은 연간 재정수입이 50만 파운드 이상인 지방자치단체로 성과계획을 매년 수립, 점검하고, 5년 주기로 모든 기능에 대해 평가를 하도록 하였다. 중앙정부는 국가적 이해가 걸려 있는 부분에 대해서만 감사위원회와 협의하여 성과지표를 상호 조정하도록 하고 있다. 또 지방자치단체의 성과에 대한 평가가 부진한 경우는 중앙정부가 개입하고 있다. 지방정부 성과관리는 지방행정서비스의 수준이 전체 국민의 삶의 질을 좌우한다는 점을 인식하고 제도개선을 하려는 것이다.

② 미국

미국도 성과주의 예산제도를 도입하고 있는데 이는 1990년대 초 클린턴 행정부 개혁의 핵심부문으로 볼 수 있다. 미연방정부는 1993년에 정부성과관리법(GRPA)을 통과시켜 제도적 정비를 갖추었는데 이 GRPA는 연방정부기관으로 하여금 예산집행에 대한 성과를 책임지게 하고 있는 그 내용을 보면 전략계획서의 구축, 성과계획서의 작성, 성과보고서 제출, 정부조직 운영상에 자율성의 확대, 시범사업 실시, 교육훈련 등으로 요약할 수 있다. 전략계획서는 각 부처가 관리예산처(OMB)와 의회에 제출하도록 하고 있는데 각 부처의 임무, 주요 기능, 주요 업무 및 업무에 대한 기관목표, 사업목표는 물론 목표달성 방법 및 절차 등을 포함하고 있다. 전략계획서는 5년 단위로 작성하고 최소 3년마다 수정하도록 하고 있다.

성과계획서는 연방정부의 연간성과계획서로서 OMB가 총괄하며 사업단위별 성과목표를 설정하도록 하되 보다 객관적이고 계량화가 가능한 목표로 업무절차, 업무수행에 필요한 전문지식, 기술, 인적

자원, 재원, 정보 등을 기술하고 있다. 성과보고서는 성과지표, 성과목표, 전년도 사업성과 등을 명시하여야 할 뿐만 아니라 미달성하게 된 사유, 향후 성과목표 달성을 위한 추진 계획을 기술하여야 하며 성과목표가 비현실적일 경우에는 조치요망사항을 포함하여야 한다. 연방정부는 조직을 운영함에 있어서 자율성을 확대 보장하고 있는데 각 부처는 성과목표의 달성에 필요하다고 인정할 경우에는 기존 행정절차 및 예산 관련 규정의 적용면제 또는 자율성 확대를 요구할 수 있다. 성과계획서에 이력배치규정, 이용, 전용 관련 규정 등에 관한 구체적 개선사항을 포함하여야 한다. 또한 요구서에는 자율성 확대로 인한 성과개선효과가 계량적으로 명시하여야 한다. 특히 보수나 수당 관련 규정의 적용 면제를 요구할 경우에는 성과달성 여부에 따른 성과급 등 보상체계를 명확히 제시한다.

국가별 성과관리체계 도입 현황

국가별	주요 내용
미국	• 정부성과관리법제정(93) - 각 부처별 전략계획 수립, 성과계획서 작성, 성과목표 및 지표 개발, 추진실적 회의 보고 - 94~98년간 시범사업 추진 - 99예산부터 연차성과 계획을 예산안에 포함, 국회제출 - 감사원(GAO)은 성과감사 실시계획
뉴질랜드	• 공공재정법 제정(89) - 산출예산제도를 도입하여 예산과 산출물을 직접 연계 • 장관과 사무차관 간 산출물 구매계약을 체결하여 달성 여부에 따라 계약 연장 여부 결정 • 감사원은 성과감사 실시
호주	• 84년부터 시작된 예산개혁의 일환으로 '88년부터 성과주의 예산제도 도입(각 부처의 성과측정결과는 예산편성의 기초자료로 활용)
영국	• 넥스트스텝 에이전시도입(88) • 사업소조직을 설치하고 동 조직에 대해 성과주의 예산의 개념 적용

(2) 성과주의 예산제도의 문제점

① 측정상의 문제

가. 공공부문 목표의 문제

성과주의 예산제도에서는 관리적 측면에서 조직 구성원들에게 동기부여를 하고, 계획적 측면에서 기획과 예산을 연계하기 위하여 중·장기적인 전략목표 및 연도별 성과목표가 설정된다. 그리고 성과목표는 결산 시 성과측정 및 평가의 기준 역할을 한다. 하지만 정부는 민간기업이 이윤추구라는 분명한 목표를 가지고 있고 그 활동을 금전적으로 측정할 수 있어 성과라는 개념이 비교적 분명한 것과는 달리 정부의 그것은 포착하기 어렵고 추상적인 목표를 가지고 있다. 그래서 목표의 구체화 과정에서 다양한 목표로 변환되며, 때로는 이들 간에 상충적이기도 하다. 또한 다양한 목표가 존재함에 있어서 각 목표의 중요도가 동일하지 않기 때문에 어떤 가중치를 부여하느냐에 따라 조직의 목표달성도가 다르게 측정될 수 있다. 이와 같이 목표가 모호하기 때문에 산출이나 결과를 정확히 규정하기가 어렵다. 게다가 비록 하나의 목표가 존재한다거나 또는 목표에 모두 합의를 한다고 해도 정부는 미간부문과 달리 자기들이 생산한 산출을 돈 받고 제공하는 거래를 하는 것이 아니므로 그 산출에 대한 가치를 금전적으로 직접 측정할 수도 없다. 이와 같은 특성 때문에 정부활동으로서의 정책이나 사업의 성과를 평가하기란 민간부문과 달리 극히 어려운 작업이다.

나. 측정지표의 문제

성과주의 예산제도 도입에 있어서 가장 핵심적인 사항은 성과에 대한 평가와 판단인데 성과에 대한 평가 및 판단을 위해서는 우선 성과를 측정할 수 있어야 하고 성과측정을 위해서는 올바른 성과지표가 설정되어야 한다.

a. 올바른 성과지표의 요건

첫째, 올바른 성과지표란 타당성과 신뢰성이 높아야 하며, 지표는 성과를 제대로 측정할 수 있도록 동질성과 일관성을 지녀야 한다. 둘째, 확실성과 실용성이 있어야 한다. 셋째, 정확성과 민감성을 지녀야 한다. 넷째, 비교 가능성을 지녀서 벤치마킹을 할 수 있어야 한다. 마지막으로 성과지표는 사업부서의 통제 가능성을 지녀서 성과와 무관한 외부요인에 의한 영향을 최소화하여야 한다.

b. 효과성 지표에 대한 평가

성과주의 예산제도에서 핵심적 성과지표로 삼고 있는 효과성 지표는 위의 올바른 성과지표의 요건 중 실용성과 관리자의 통제 가능성 측면에서 취약하다. 즉 효과성은 기관 활동 내지는 서비스를 통해 행정기관이 의도한 목적에 대한 실현 정도 또는 조직활동의 결과물인 산출물이 목표로 제시한 상태를 실질적으로 성취한 정도를 의미하는바, 공공부문의 업무수행과정 중 최종요소인 영향 또는 결과를 기초로 하는데, 그 의미와 같이 규범적으로 올바르게 설정된다면 공공부문의 성과를 보다 분명하고 올바르게 제시하여 타당성과 정확성을 높일 수 있다. 하지만 공공부문의 서비스는 그 결과의 정확한 규정이 용이하지 않다. 그리고 그 결과의 지표를 설정하기 위해서는 많은 비용이 들거나 이해하기 어렵게 되는 문제점이 발생할 수 있다. 또한 잘못 설정될 위험성이 높아 오히려 타당성과 정확성까지 떨어질 여지가 있다.

c. 효율성 지표에 대한 평가

효율성 지표의 경우 투입물이 행정기관에서 구체적으로 사용한 생산요소로 인력 및 재원으로 그 파악이 비교적 분명하며, 산출물 역시 행정기관의 업무를 통해 직접 산출하거나 제공한 서비스로 그 파악이 비교적 어렵지 않음에 따라 효율성의 측정은 용이하여 실용성이 높다. 하지만 정부가 생산하여 공급하는 산출물은 정부활동의 목표를 달성하는 데 있어 중간매개물에 지나지 않아 타당성과 정확성이 낮다. 즉 산출물이 성과를 보장하지 못한다. 그리고 효율성은 투입의 측정과 관련하여서도 문제점이 있다. 효율성은 산출의 달성을 위해 투입의 특정과 관련하여서도 문제점이 있다. 효율성은 산출물의 달성을 위해 투입된 재원의 식별을 요구한다. 즉 효율성을 측정하기 위해선 진정한 투입을 측정할 수 있어야 하고, 진정한 투입이란 직접 투입된 자원만이 아니라 간접적으로 산출의 달성을 위해 공헌한 모든 간접 자원도 투입에 포함하여 완전원가를 계산해야 함을 의미한다. 그러기 위해선 발생주의 회계에 의하여 자산가치 감소, 연금비용, 우발채무비용, 공통원가를 반영해야 하는데 현재 정부의 회계제도는 현금주의에 기반하고 있는바 사실상 진정하고 완전한 원가계산은 불가능하다. 그리고 효율성을 강조할 경우 공무원이 소외되는 경향이 있다. 만약 그들의 상급자가 오직 그들의 효율성만을 강조하면, 즉 단위당 일을 얼마나 빨리 마치는가에 대해서만 강조하면 그들은 자신들이 마치 생산공정라인 위에 있다고 느끼기 시작할 것이다.

② 운영상의 문제

가. 성과와 예산 연계의 어려움

성과와 예산 연계의 어려움과 그에 대한 비판은 주로 사전적 연계 및 그중에서도 직접적 연계에 집중된다. 무엇보다도 직접적 연계를 위해서는 투입과 인과관계가 뚜렷해야 하는데 정책이나 사업의 결과는 말할 것도 없고 산출 역시 문제가 된다. 즉 산출도 정부목표의 모호성과 다양성으로 인해 정확히 규정하기 어려운 경우가 있고, 이 경우에 추상적인 정부서비스와 투입 간의 관계를 일치시키기 어렵다. 그리고 성과 – 예산 연계의 어려움은 많은 비용소모에 있다. 즉 성과를 측정하고 평가하여 이를 예산사정 시 활용될 수 있을 정도로 축적하기 위해서는 많은 시간과 비용, 노력이 든다. 마지막으로 예산의 정치적 성격이다. 예산의 이득을 누가 얼마나 향유하는가의 가치선호 문제와 관련되어 이해집단 간의 협상과 타협을 특징으로 하는 정치과정을 통해 이루어지는 측면이 강하다. 특히 민주적인 사회에서 예산은 본질적으로 정치적이므로 성과주의 예산제도라도 성과측정을 통해 얼마나 많은 돈이 특정사업에 지출될 것인가를 일의적으로 결정되기란 쉽지 않다. 또한 성과측정 자체도 오히려 정치적일 수 있다.

나. 외부적 영향 요소

성과에는 조직구성원의 노력과 무관한 외부요소가 영향을 미칠 수 있으므로 성과측정 결과의 차이가 곧 노력의 차이를 의미하는 것이 아니다. 외부적 영향 요소로는 a. 정치적 이념, 분위기, 정책담당자의 특성, 정치체제의 구조, 입법부와 행정부 간의 관계 등 정치체제의 특성, b. 소득 수준, 산업화, 도시화, 인구밀도, 내재화된 가치체계나 문화적 특성 등 사회경제적 환경, c. 서비스관리체계상의 특성, d. 자원의 수준 등의 여러 요인에 의해 영향을 받는다. 문제는 위와 같은 외부적 영향요소로 인해 측정되는 성과가 조직구성원들의 통제 가능성을 벗어난다는 데 있다. 조직 구성원들이 성과목표 달성을 위해서 열심히 노력하더라도 부정적인 외부요소로 인해 성과가 저조하게 나와 보상을 받지 못하거나 벌칙이 가해질 수 있다. 이때 조직 구성원들은 심정적인 억울함에 그치는 것이 아니라, 성과주의 예산제도 전반에 대한 불신감을 가지고 반발할 것이다.

나. 하부조직의 반발

성과주의 예산제도에서는 더 많은 자원을 요구하기 위해서 반드시 향상된 성과를 보고해야 하고, 현행수준의 유지는 성과목표의 달성에 기반을 두어야 하며 정당화될 수 없는 성과하락은 자원감소를 야기하게 되는데 기존 예산환경하에서 실제로는 재량권을 가졌으면서도 책임은 수반하지 않았던 하부조직들은 새로운 환경에 적응하지 못하고 성과자료 제출 거부 또는 왜곡 자료제출 등 반발이 있을 수 있다. 하부조직을 반발하게 만드는 원인이 다음과 같다. 첫째, 행정정보 공개가 아직은 충분하지 않은 상황에서 성과평가 결과의 공개가 야기할 예측할 수 없는 파급효과에 대해 해당 공무원은 막연한 두려움을 가질 수 있다. 둘째, 성과평가 결과의 객관성 및 공정성에 대한 의구심으로 인해 반발할 수 있다. 그리고 성과평가가 비록 공정하게 이루어졌다 하더라도 성과측정이 벌을 주기 위한 수단으로 전락한다면 여러 가지 부작용을 초래할 것이다. 즉 성과측정이 바람직하지 못한 결과로 제시되면 공무원들은 책임을 다른 곳에 전가시키기에 바쁠 것이고 좀 더 열심히 일하기보다는 가능한 한 책임을 극소화하는 방향으로만 노력하게 되어 근로의욕과 사기는 저하되고 직장분위기도 악화될 것이다.

4) 성과주의 예산제도의 정착방안

(1) 다양한 성과측정지표의 활용

올바른 성과지표의 요건을 완전히 만족하는 지표가 사실상 존재하기 어렵지만 좀 더 나은 성과지표 설정을 위한 노력은 필수적이다. 이론적 차원에서 대부분의 학자들은 성과지표 설정문제의 해결방안으로서 다양한 성과 지표의 개발과 활용을 제시하고 있다. 현실적 차원에서도 이 지표설정의 문제점을 극복하기 위한 노력의 결과로서 선택된 지표는 일률적이지 않다. 즉 뉴질랜드와 같은 나라에서는 '산출예산제도'를 도입하여 성과측정을 효과성보다는 효율성을 근거로 한 산출의 측정에 초점을 맞추고 있는 반면, 미국 GPRA의 경우 성과측정은 산출과 결과라는 양 측면을 모두 고려하고 있으며 영국은 산출보다는 결과에 중점을 두고 있다.

뉴질랜드의 경우처럼 산출기반 성과지표는 외부적 요소가 미치는 영향이 적어 노력-산출 간의 인과관계가 명확한 반면 결과는 외부요소가 미치는 영향의 정도가 상대적으로 커서 사업부서의 통제 가능성이 미약하다고 본다. 결국, 산출지표는 사업부서의 노력 정도를 상대적으로 잘 반영하는 반면 목표대비 성과와의 연계성은 상대적으로 약하며 결과지표는 노력 정도와의 연계성은 상대적으로 약하지만 목표대비 성과는 상대적으로 잘 반영한다.

따라서 산출기반 성과지표는 사업부서의 사후적 책임확보를 통한 생산성 제고 등 내부 관리 향상의 목적으로 활용되고 투입과 보상의 인과관계가 명확하여 조직구성원들의 위험부담을 감소할 수 있고 이를 통한 기대성과는 더욱 증대될 수 있다. 반면 결과기반 성과지표의 활용은 의사결정의 향상 목적에 활용되어야 한다. 그리고 사업분석 평가 시에도 결과에 기반을 둔 성과지표에 의해 측정결과를 심도 있게 분석함으로써 인과관계를 규명하고 사업의 지속 확대 종료, 수정 등에 관한 결정을 돕는 데 활용하여 공공서비스의 궁극적 목적 달성에 기여하도록 한다.

(2) 정보관리 시스템의 완비

정보관리 시스템이란 예산의 편성, 집행과정에서 발생하는 모든 경제적 사건뿐만 아니라 성과평가에 사용되고 또한 성과평가로부터 얻게 되는 제 정보를 기록하고 보고하는 시스템을 의미한다. 성과주의 예산제도를 성공적으로 운용하기 위해 정보관리시스템 완비가 필요한 이유는 두 가지 측면에서 제기된다. 우선 행정 정보화의 향상을 통해서 업무의 효율성이 제고될 때 사업부서의 효율적 집행에 따른 노력수준이 감소할 수 있다. 둘째, 책임추궁을 위한 성과측정 및 평가를 하기 위해선 다양한 정보를 대량으로 처리할 수 있는 정교한 정보관리시스템이 갖추어져야 한다. 이는 예산부서와 사업부서와의 도덕적 해이를 줄이기 위한 방편으로 양장의 정보비대칭을 줄이려는 노력의 일환이다.

(3) 참여와 협의 확보

성과주의 예산제도를 성공적으로 정착시키기 위해서는 조직구성원들의 참여와 협의를 확보할 필요가 있다. 첫째, 내부조직원들이 성과목표와 관련 추진계획을 이해할 수 있어야 그에 부합하는 방향으로 노력함으로써 성과목표 달성에 소요되는 비용을 줄일 수 있다. 둘째, 조직 내부의 적극적인 지지와 협조가 없을 경우 성과지표가 현실적으로 실용화되지 못하고 배척당하는 등 저항 및 반발을 유발할 수 있기 때문에 평가지표 개발에 조직원들을 참가시켜야 한다. 그리고 공공부문에서는 의사결정주체에 있어 다양한 관계집단이 존재하며 이들 간의 관계집단은 성과정보 용도가 서로 다른 만큼 지표를 통해 제시될 성과에 대해 각기 다른 관점을 지니고 있기 때문에 일반적인 성과지표가 없다.

따라서 성과에 대한 서로 다른 관점을 지니고 있고 서로 상이한 성과지표를 요구하는 집단들이 성과지표를 결정하는 과정에 참여하고 협의하여 목표를 설정하고 성과지표를 설정해야 공공부문의 본질에 비추어 타당하고 정당한 성과관리체제 및 성과주의 예산제도가 될 수 있다.

(4) Incentive 제도

성과주의 예산제도를 도입한다고 해서 자동적으로 성과가 제고되는 것이 아니라 인센티브제도와 결합해야만이 도덕적인 해이를 극복하고 성과가 제고된다. 예산성과금제도, 즉 인센티브제도는 예산의 집행방법 또는 제도의 개선 등으로 수입이 증대되거나 지출이 절약된 경우에 증대 또는 절약된 예산의 일부를 이에 기여한 자에게 지급함으로써 예산의 효율성을 높이기 위한 방안으로 도입되었다. 이 제도는 1999년부터 중앙관서 및 그 소속기관을 대상으로 시작되었는데 지방재정법 및 시행령의 개정에 따라 2000년 1월부터는 지방자치단체에도 적용되기 시작했다.

하지만 성과에 따른 인센티브 부여로 인해 경쟁상황이 구현되어 성과 또는 생산성이 제고되는 긍정적인 점이 있지만 반대로 나쁜 것도 야기할 수 있는 파괴적 경쟁 상황도 가능하다. 그렇기 때문에 우리나라처럼 평등의식이 높은 경우에는 인센티브를 개인 단위로 제공하기보다 집단보상이 타당하다고 생각된다. 조직단위로 보상하는 경우 조직 내 정보가 공유되어 함께 일하는 분위기로 사기도 높아지고 창의성도 제고될 것이기 때문이다. 여러 각국에서는 정부 행정에 효율성을 제고 및 국민의 만족도를 확보하기 위해 1980년대 후반 이후 성과주의 예산제도를 적극 도입하는 추세를 보이고 있다. 전면적인 제도도입보다는 단계적인 도입을 추진하고 있음을 알 수 있으며 상당 기간 시범사업을 실시한 이후 추진경과를 보고 확대하는 계획을 가지고 있다. 성과와 예산을 직접 연계시키기보다는 우선 성과정보를 예산편성을 보조지표를 활용하면서 단계적으로 적용하는 접근방법을 제시하고 있다. 사실 성과주의 예산제도를 도입한다는 것은 객관적 평가지표가 마련될 수 있다는 가정에서 시작되는데 이는 상당한 시일이 요구되며 예산결정 시 성과 이외에도 비경제적 요인 등이 종합적으로 고려되어야 하므로 서두르기보다는 충분한 시간을 두고 적용해야 한다.

또한 성과주의 예산제도의 도입은 제반 제도개선과 병행하여 추진하여야 한다. 궁극적으로 정부운영을 성과관리체계로 전환해야 그 장점을 극대화할 수 있어 조직, 인사, 보수, 감사제도의 개선 등이 동시에 고려되어야 한다. 현행의 국가재정의 기본 틀인 예산제도는 1960년대 경제개발을 위해 도입한 제도로서 지나치게 통제위주임을 고려할 때 지속적인 평가와 비판을 수용하여 장기적 관점에서 고려한 예산회계제도를 확립하여야 한다. 개방화 등 시대적 여건 변화에 부응하는 예산제도는 보다 민주적이고 자율적인 예산제도로서 정부개혁추진 방향과도 부합되는 모두가 참여하는 재정민주화를 이루어야 한다. 새로운 예산제도는 부처의 자율성을 확대하고 예산집행의 효율성을 제고할 수 있고 투명성이 보장되어야 한다. 그리고 단년도 예산을 경제, 사회 여건의 변화에 따라 장기적 재정계획과 연계시킴으로써 현 품목별 예산제도의 문제점을 개선해야 한다. 물론 정부의 주요 사업에 대한 성과를 예산편성과정에 반영할 수 있도록 환류장치가 보장되어야 한다. 영국과 미국의 사례는 우리나라 정책적 시사점을 제시하고 있다.

첫째, 구체적이고 치밀한 전략과 프로그램을 수립하고 그것을 과감하고 일관성 있게 추진해 나아가야 한다는 것이다.

둘째, 성과주의 도입에 따른 효율성 증진부분과 예산절약액이 투명하게 공개되어 정부신뢰를 회복하여야 한다. 미국의 지방자치단체 중에 행정개혁의 성공사례로 꼽히는 써니베일 시의 경우 어느 자치시보다도 재정상태가 건전함에도 불구하고 효율성 제고방안을 정책입안자들이 지속적으로 연구하고 있으며 여러 루트를 통하여 시민들의 의견수렴을 하고 있다.

성공적인 재무행정개혁의 제일 전제조건은 국민들과의 상호 신뢰라고 볼 수 있다. 한국이 IMF체제를 극복하는 과정에서 정부정책의 일관성과 신뢰도에 크게 문제가 있다는 지적이 일고 있음을 간과해서는 안 될 것이다. 뉴질랜드 정부는 우정사업 관련 공무원 수를 대폭 삭감하고 예산 절감하겠다고 공약하였다. 우편사업은 뉴질랜드 정부사업 중 예산을 잡아먹는 공룡으로 전락하게 되었고(1987년 약 1백80억 적자 기록) 국민들은 정부서비스에 대해서 극도의 불신을 가지게 되었다. 정부는 민영화 계획을 발표하고 실질적인 우편사업의 파트너로 문방구 사업자들과 연계하여 우편사업을 민영화시켰다. 10년 동안의 지속적인 노력의 결과로 만년적자의 우정사업이 정부의 흑자사업으로 전환되었고 공무원 수는 이전의 60% 수준으로 정부직영의 우체국 수는 700개 이상에서 190개 정도로 줄었으며 우편배달률은 무엇보다도 우정사업에 쓰이는 예산의 효율성을 극복하게 되었다. 여기서 주목할 점은 정부정책의 신뢰회복이 거의 10년이 걸렸다는 것에 주목할 필요가 있다.

셋째, 성과주의 예산제도의 도입은 자율성 확대를 전제조건으로 제시하고 있지만 궁극적으로는 공공부문의 창의성 위에 정착되도록 하여야 한다. 여기서 창의성은 정부예산을 확충하여 목표달성을 하는 방법을 넘어서 다양한 접근방법을 이용하여 정책목표를 달성하도록 하는 것을 말한다. 예를 들어, 정부예산으로만 의존하였던 정부서비스를 민간의 자원봉사단체나 조직의 지원으로 대체한다든지, 정부사업을 예산투입에만 의존하지 않고 초기의 정부투자로 장기적으로는 자립하게 하여 그 사업을 존속하게 한다든지 근본적 문제해결에 초점을 맞추어야 한다. 이는 우수한 공무원들의 잠재력을 발휘하도록 해야 가능한 일이다. 마지막으로 새로운 제도의 도입은 사회적 합의를 전제로 진행되어야 한다. 예산은 정치과정으로 한국사회 각계각층의 이익이 연계되어 있는 만큼 행정부와 의회 간, 정부와 국민 간에 합의가 형성되어야 한다.

우리나라의 성과주의 예산제도는 본격적으로 도입하기 위해 시범단계인 만큼 그 추진 정도가 미약함에도 불구하고 분석해 보면, 중장기 전략목표 달성을 위한 추진계획의 미비, 조직 내 외부인사들의 참여와 협의 구조 미비, 성과목표의 추상성과 성과지표의 산출물 치중 등의 문제점이 있으며 사업부서 예산담당자들에 대한 지속적인 훈련 및 정보시스템의 확충 등 제반 여건의 조성이 필요하다. 하지만 아직까지는 성과주의 예산제도에 많은 한계가 존재하는 것이 사실이기 때문에 신중한 접근이 필요하다. 우선 외부적 영향 측면에서 효율성과 효과성 지표는 각각 장단점이 있으므로 성과측정 목적에 따라 구별하여 함께 활용되어야 한다. 즉 효율성 지표는 사업부서의 사후적 책임 확보를 통한 생산성 제고 등 내부관리향상 목적을 위해 활용되어야 하고, 효과성 지표는 목표와의 연계성이 강하므로 의사결정 향상 목적 및 국민에의 공개를 통한 신뢰성 확보 목적을 위해 활용될 필요가 있다. 이 경우 양 지표의 결과가 상반될 수 있고 보상 여부가 불분명해지는 인센티브 딜레마가 나타날 수 있다. 이러한 인센티브 딜레마는 여러 기법을 통해 외부적 영향 요소를 통제한 후 사업의 재평가를 통해서 해결할 수 있다. 그리고 성과-예산의 연계에 있어서는 주로 사후적 연계에 치중해야 할 것이며, 인센티브를 부여할 때도 개인단위보다는 조직단위가 바람직하며, 완전원가의 산정과 산출물의 객관화, 합리성 제고를 위해서 타당한 제도가 도입되어야 할 것이다.

참고문헌

김성철(1999), 「성과주의예산제도의 도입에 관한 비교연구」, 중앙행정논집, 제13권 제2호.

김병섭·박광국(1999), 「행정조직의 조직발전에 관한 사례연구: MBO를 중심으로」, 행정논총, 제37권 제1호.

류재준(2000), 「성과주의 예산제도 정착방안에 관한 연구」, 석사학위 논문, 서울대 행정대학원.

서울시정 개발연구원(1999), 「성과지향 예산제도 도입방안」, 서울시정개발연구원.

유훈·김동진(1993), 「새정부의 재정계획」, 서울대 행정대학원.

윤성식(2000), 「예산의 효과성과 효율성: 측정성과 보고」, 한국행정학보, 제34권 제1호.

황윤원(1996), 『재무행정론』, 법문사.

한만봉(2006), 『행정경제교육』, 한국학술정보(주).

한만봉(2009), 『사회복지정책론』, 한국학술정보(주).

한만봉(2009), 『사회복지행정론』, 한국학술정보(주).

기획예산처(1999), 「성과주의 예산제도 추진방안」

국회도서관　http://www.nanet.go.kr/

행정안전부　http://www.mopas.go.kr/

학술연구정보서비스　http://www.riss4u.net/

7. 국채 사채 국공채와 재무행정

　IMF구제금융 이후 금융기관들의 부실이 중요한 문제가 되면서 금융기관에 대한 안전성이나 수익성의 문제가 사회 전반적으로 대두되었고, 이에 따라 금융기관들의 수익성 판단이 예금자나 투자자들에게 중요한 분석자료로 활용되게 되었다. 이러한 금융기관의 수익성 판단은 당해 금융기관이 보유하고 있는 부실채권이 과연 얼마나 될지 또는 이러한 부실채권에 대하여 어느 정도의 대손충당금을 적립하고 있느냐에 따라 결정되고 있다고 하여도 과언이 아니다. 즉 채권에 대한 관리나 회수방안이 중요시되고 있으며 이들이 금융기관의 수익성과 직결되는 상황에까지 이르게 되었다는 것이다. 따라서 채권과 관련한 대손상각 및 대손충당금의 설정이 중요 사안으로 등장하게 되었고 이로 인하여 과거에 행하여지던 대손상각방법이나 대손충당금 설정방법들을 다시 한 번 생각해 보아야 할 과제가 되었다. 이처럼 금융기관에까지도 IMF구제금융의 여파가 미치다 보니 금융기관들의 자사의 재무건전성을 위하여 많은 노력을 해야 했으며, 그 일환으로 채권관리가 더욱 중요시하게 되었다.

　일반기업들에의 대출과 관련하여 상대방이 계약 조건상의 의무를 이행하지 못할 신용위험을 안을 수밖에 없다. 따라서 금융기관들은 대출에 따른 계약조건에 따라 원리금을 회수하여야 하고, 이에 대한 회수 불가능성이 존재하거나 회수할 확신이 없을 경우에는 당해 대출채권에서 발생할 부실을 식별하여 인식하여야 하는 것이 타당하다. 이러한 문제에 대응하기 위한 것이 바로 대손충당금의 적립이다.

그럼, 우선 채권을 알아보도록 하겠다. 채권이 필요한 것은 받을 돈이기 때문이고 제대로 받으면 충당금으로서의 역할을 톡톡히 할 수 있기 때문이다.

채권이라 함은 「특정인이 다른 특정인에 대하여 특정한 행위(지급·급부)를 청구할 수 있는 권리」를 말한다. 그리고 이 채권에 대응하는 의무, 즉 특정의 행위(지급·급부)를 하여야 할 의무가 채무이다. 따라서 이러한 채무를 가지는 자를 채무자라 한다. 채권·채무의 목적인 특정의 행위는 보통 이를 급부 또는 지급이라고 일컫는다. 채권은 급부(지급), 즉 「채무자의 행위」를 목적으로 한다. 채권은 채무자라는 「특정인」에 대한 권리이다. 본래 채권·채무자라는 특정인 사이의 법률관계이므로 채권자가 그의 권리를 주장할 수 있는 상대는 오직 채무자뿐이다.

▣ 채권의 종류

1) 발행주체에 따른 분류

(1) 국채

먼저 정부가 발행한 국채가 있다. 정부는 국민을 대상으로 징수하는 각종 세금이 주 수입원인데 이러한 세금이 정부가 자금을 필요로 하는 시기에 적절하게 징수되지 않을 수도 있고 아니면 너무 많은 세금을 거두어들일 수도 있다. 또한 정부의 자금 수요가 늘 일정한 것도 아니다. 따라서 일정 규모의 안정적인 부채를 조달하여 자금수요에 충당할 필요가 있는데 이를 위해 정부가 발행하는 것이 국채이다. 우리나라에서는 국채 발행 업무를 재경부에서 관장하고 있다. 이러한 국채는 만기가 3년, 5년, 10년, 20년으로 구성되어 있으며 올해는 대략 월 4조 원 내외에서 발행될 계획이다. 국채가 지나치게 많이 발행되면 정부의 부채가 급격하게 증가하여 재정이 불건전하게 되는 결과를 가져올 수 있고 지나치게 적게 발행되면 정부 소요 자금의 원활한 공급이 이루어지지 않을 수도 있으므로 재경부는 적정 규모를 예측하여 발행 규모나 시기를 정하고 이는 국회의 인준을 거쳐야만 한다. 현재 4가지 만기로 발행되는 국채는 매 월말 다음 달의 발행 규모를 재경부가 발표하고, 매주 월요일마다 입찰을 통해 시장 가격을 반영하여 발행되는데 첫 주는 만기 3년, 둘째 주는 만기 5년, 셋째 주는 만기 10년, 넷째 주는 만기 20년물이 입찰된다. 이러한 정기적으로 발행되는 채권 이외에 부정기적으로 발행되는 국채도 있다. 부정기적으로 발행되는 채권으로는 외평기금(외국환 안정 기금) 마련을 위한 국채 발행이 있다. 이는 재경부가 환율 안정을 위해 사용하는 기금의 적립을 위해 발행하는 채권으로 채권의 명칭이나 형태는 정기 입찰을 통해 발행되는 국채와 동일하고 또 특별한 상황이 발생하지 않으면 정기 입찰의 규모를 결정할 때 사전적으로 포함시키지만 환율 급변동으로 인하여 기금의 즉시적 사용으로 기금 안정성이 훼손될 우려가 있을 경우에는 연간 발행 규모 안에서 발행 시기를 유동적으로 조절할 수 있다. 부정기적으로 발행되는 국채에는 또한 국민주택 채권이라는 것이 있다. 국민주택 채권은 정부가 국민주택기금의 재원 마련을 위해 발행하는 채권으로 주택 매매 시에 매입하는 채권(만기 5년)이 대표적이며 또한 아파트 청약 시에 입찰하는 채권(과거 존재하다가 폐지, 판교 신도시부터 부활, 만기 10년)도 여기에 속한다. 이러한 국민주택 채권은 앞서 이야기한 국채와는 조금 다르다. 국채는 입찰 당시의 시장 가격이 반영되어 이자율이 정해지지만 국채는 미리 정해진 이자율에 의해 의무적으로 매입해야 한다. 한편 국채나 국민주택 채권은 비교적 만기가 긴 채권들인 데 반해 정부가 일시적으로 자금 부족을 겪을 경우 이를 해결하기 위하여 만기가 3개월 이내인 채권을 발행하기도 하는데 이 채권을 재정증권이라고 한다. 결국 정부가 발행하는 국채는 정기적으로 발행하는 국채, 부정기적인 국채, 부정기적인 국민주택 채권, 재정증권의 종류가 있다.

(2) 공채

공채는 넓은 의미에서는 국가, 공공단체와 정부투자기관을 포함하는 정부부문의 금전적 채무 전부를 말하지만, 좁은 의미에서는 그 금전적 채무 중에서 재원조달을 목적으로 하는 재정공채만을 뜻한다. 통상적으로는 공채의 개념을 좁은 의미로 사용하며, 따라서 재원조달 이외의 목적을 가진 정부부문의 행정상 채무인 행정공채는 공채론의 범주에 포함되지 않는다. 그리고 공채는 일반적으로 국채와 같은 개념으로 사용된다. 공채는 중요한 재정수입의 수단이 되고 있을 뿐만 아니라, 자원배분·소득분배·경제안정 등의 경제효과를 가진다. 그리고 공채는 이자율과 상환기간을 필수조건으로 하는 증권으로서 그 발행규모에 따라 재정수입을 결정하여 주는 재정적 효과(fiscal effect)와 만기구성에 따라 유동성을 조절하는 금융적 효과(monetary effect)를 통하여 국민경제의 순환과정에 커다란 영향을 미친다.

공채는 재정수입을 목적으로 한다는 점에서는 조세와 같다. 그러나 공채는 민간구매력을 임의적으로 흡수하므로 민간소비를 침해하지 않으나 조세는 민간구매력을 강제적으로 흡수하므로 민간소비를 위축시킨다. 조세는 그 수입의 확보가 경직적이지만 공채는 자금의 조달이 탄력적이고, 공채는 원금의 상환과 이자의 지급을 전제로 하지만 조세는 반대급부 없이 이루어진다는 점 등에서 조세와 구별되는 특징을 가진다. 그러므로 공채에 의한 재원조달은 조세에 의하는 경우보다 국민의 저항을 줄일 수 있어서 상대적으로 유리하지만, 자칫하면 방만한 공채의 관리로 인플레이션이 초래될 수 있다는 우려와 경계를 갖게 한다.

(3) 지방채

지방자치단체가 지방재정의 건전한 운영과 공공의 목적을 위해 재정상의 필요에 따라 발행하는 공채(公債)이다. 발행기관은 특별시·광역시·도 등 광역자치단체와 시·군 등 기초자치단체이다. 법적 근거는 지방재정법에 규정되어 있다. 보통 대규모 공공시설사업, 공영사업, 재해복구사업 등 지방재정 투자 수요에 대처하고, 각종 지역개발사업을 효율적으로 추진하기 위해 적정 규모로 발행한다. 발행 절차는 지방자치단체의 회의·의결을 거쳐 행정자치부장관의 승인을 받아야 한다. 발행계획 수립 주체와 승인 주체가 달라 경직적이라는 비판도 일고 있는데, 한국의 경우 채무상환부담과 재정건전성을 기준으로 승인 여부를 결정하는 경우가 많다. 국가가 발행하는 국채보다 발행 액수가 적고, 신용도 역시 국채보다 떨어지기 때문에 유동성도 낮은 편이다. 5년 만기 지역개발채권이 많고, 주로 보험회사와 은행권에서 소화하지만, 표면금리가 낮고 세후 수익률이 높아 개인투자가들도 많이 매입한다. 종류는 일반회계채와 공기업채, 건설지방채와 비건설지방채, 정부자금채와 민간자금채, 증권발행채와 증서차입채, 영구공채 등이 있다. 대표적인 지방채로는 서울특별시 · 부산광역시 지하철공채, 지역개발채권, 도로공채, 상수도공채 등을 들 수 있다.

(4) 특수채

공공단체나 공적 기관 등 특별법에 의해 설립된 특별법인이 발행하는 채권이다. 한국토지공사 · 한국도로공사 등과 같이 특별법에 의해 설립된 특별법인이 특별법에 따라 자금조달을 목적으로 발행하는 채권을 말한다. 특별법에 의해 발행된다는 점에서 특정 금융기관이 장기융자를 위한 자금을 흡수할 목적으로 발행하는 채권인 금융채권도 크게는 특수채에 포함된다. 정부가 원리금의 지급을 보증하는 정부보증채권으로, 공채와 사채(회사채)의 성격을 모두 가지고 있다. 회사채에 비해 안정성이 높고, 국채에 비해 수익성이 높다. 한국의 경우 대표적인 특수채로는 토지개발채권 · 한국가스공사채권 · 한국도로공사채권 · 한국전력공사채권 · 한국수자원공사채권 · 기술개발금융채권 · 예금보험공사채권 · 서울특별시지하철공사채권 등이 있다. 그 밖에 리스회사가 자금조달을 위해 발행하는 무보증 리스채, 신용카드회사가 발행하는 카드채, 벤처캐피털회사가 발행하는 캐피털채권 · 할부금융채권 등 여신전문 금융기관이 발행하는 채권도 특수채에 속한다.

(5) 금융채

특별법에 의해 특정 금융기관이 장기융자를 위한 자금을 흡수할 목적으로 발행하는 채권이다. 금융채를 발행하는 주체(主體)를 채권발행은행이라 한다. 일반금융기관의 예금수입(預金受入)은 단기융자를 위한 자금을 흡수하는 수단으로 행하여지나 금융채의 발행은 장기융자를 위한 자금을 흡수하는 수단으로 이용되는 점에 차이가 있다. 상환방법은 상환기가 미리 정해져 있는 것, 매입매각에 의하여 수시 상환되는 것 혹은 추첨에 의해 기한 전에 상환되는 것 등 여러 가지가 있다. 일반적으로는 무기명채권으로 발행되는 것이 보통이다. 한국산업은행이 발행하는 산업금융채권, 국민은행이 발행하는 국민주택채권 등의 금융채가 있는데, 이자율은 일반예금에 비하여 매우 높다.

(6) 회사채(사채)

주식회사가 자금을 조달하기 위하여 회사가 일반공중으로부터 비교적 장기의 채권이라는 유가증권을 발행하여 부담하는 채무를 말한다. 사채의 법률적 의의는 첫째, 주식회사가 사채의 발행자이며, 유한회사는 발행할 수 없다(상법 제600조 제2항 · 제604조 제1항 단서). 둘째, 사채는 회사의 채무이므로 사채권자는 회사에 대하여 볼 때 개인법상의 채권자이다. 셋째, 사채는 채권발행형식에 의한 것이므로 차용증서나 어음에 의한 차입금과는 다르다. 넷째, 사채는 주식회사가 일반대중으로부터 집단적 · 대량적으로 조달하는 채무이다.

계약에 따라 일정한 이자를 지급함과 동시에 만기에 원금을 상환할 것을 약속하는 증권이며, 이에 따라 만기와 지급할 이자, 만기일에 지급할 원금 등을 반드시 표시하도록 되어 있다.

회사채를 나누는 기준은 다양하나 일반적으로 다음과 같이 나눌 수 있다.

▣ 이자지급방법에 따른 분류

1) 이표채

이표채는 채권의 만기 이전에 정해진 기간마다 사전에 확정된 이자를 지급한다. 지금은 채권의 현물 발행이 없어지고 증권예탁원에 서류상으로 등록시킨 등록채가 대세를 이루고 있지만 과거에는 채권의 현물이 실제 발행되었고 이때 이자를 지급받을 수 있는 쿠폰이 채권현물 하단에 첨부되어 있어 이 쿠폰을 이자지급일에 제시하고 이자를 지급 받았다.

대부분의 국채, 회사채, 공사채 등이 만기 3년 이상으로 발행될 경우 이표채로 발행되고 있으며 국채는 6개월 이표채, 나머지는 3개월 이표채의 형태로 주로 구성되어 있다.

2) 할인채

할인채는 발행 시에 확정된 이자를 발행시점에 차감하여 발행하는 채권이다. 예를 들어 A라는 기업이 만기 3년의 채권을 발행하는 데

5% 이자 지급을 조건으로 할인채를 발행한다.

3) 복리채

복리채는 발행 시에 확정된 이자를 정해진 기간에 따라 복리로 계산하여 만기에 이자를 지급하는 채권이다. 위에서의 예와 동일하게 A라는 기업이 3년 만기의 채권을 5% 이자를 매 3개월 복리채로 발행한다.

결국 이표채는 만기 이전에 정해진 이자를 실제로 지불하는 채권이며 할인채는 미리 이자만큼을 차감하고 차입된 상태에서 만기 때 차입금과 이자를 일시에 상환하는 것이고, 복리채는 만기에 차입금과 복리 계산된 이자를 일시에 상환하는 것이다.

◾ 채권의 장점 및 관리

1) 채권의 장점

(1) 수익성

채권의 수익성이란 투자자가 어떤 특정한 채권을 보유함으로써 얻을 수 있는 투자수익의 획득을 의미한다. 투자자가 채권을 보유함으로써 얻을 수 있는 수익으로 이자소득과 자본소득이 있다. 이자소득은 채권을 보유함으로써 약속된 발행이율만큼 이자를 지급받는 것을

말한다. 이 발행이율은 금융시장의 환경이 어떻게 변하든지 그리고
발행자의 영업실적이 어떻게 되든지 간에 전혀 변경되지 않는다. 또
한 자본소득은 채권가격의 변동으로 인하여 투자자가 구입한 채권의
가격보다 시장가격이 높을 때 발생하는 수익이다. 자금여유가 있는
투자자들은 채권을 낮은 가격으로 구입해서 높은 가격으로 유통시장
에 팔면 자본이득을 올릴 수 있는 반면 그 반대의 현상은 자본손실
을 의미한다.

(2) 안정성

보통 투자자가 채권에 투자함으로써 손실이 발생할 가능성의 경우
를 그 채권의 위험이라 한다. 채권투자에는 보통 채무불이행(비체계
적 위험)위험과 시장위험(체계적 위험)과 같은 위험이 따른다. 채무
불이행위험은 채권에 약속된 원금의 상환과 이자의 지급이 약속대로
지켜지지 않을 가능성이 존재하는 위험을 말하나, 다른 금융상품보
다 안정성이 매우 높다. 시장위험은 투자자가 채권을 매입했을 때
채권의 시장가격이 매입가격보다 낮아질 가능성을 말한다. 이는 시
장 전체 위험으로 시장수익률 변화에 대한 투자자의 정확한 예측과
분산투자로서 위험을 경감할 수 있으나 완전한 위험 회피는 어려운
실정이다.

(3) 유동성

채권의 유동성이란 투자자가 돈이 필요할 경우 화폐가치의 손실
없이 즉시 채권을 현금으로 전환할 수 있는 정도를 말한다. 화폐는

완전 유동적이어서 언제든지 소비 지출이나 채무의 변제에 이용될 수 있으며 계속해서 일정한 가치를 유지하고 있다. 채권은 어음이나 수표 등의 유가증권과는 달리 채권유통시장에서 거래되고 있으며 당일 결재로 현금화할 수 있다.

채권의 유동성은 채권유통시장이 발달하면 할수록 커진다. 일반적으로 채권은 다음과 같은 두 가지 특성을 갖는 경우에 유동성이 크다고 할 수 있다. 첫째, 채권 발행자의 신뢰도가 높아 채무이행이 완전히 보장될 때. 둘째, 만기가 비교적 단기여서 채권수익률이 변화하여도 채권가치에 미치는 효과가 크지 않을 때이다.

2) 채권관리

(1) 채권관리의 의의

채권관리라 함은 법률적으로 정의된 용어는 아니다. 즉 금융기관 등에서 실무적으로 통용되고 있는 실무상의 용어이다. 이에 대하여 구체적으로 규정하고 있는 법률은 없고 다만, 농업협동조합 채권관리규정 제3조에서 이를 채권의 보전, 회수, 정리 및 유입 취득한 비업무용자산의 취득, 보존, 처분과 이에 부수되는 업무라고 하고 있다.

(2) 사전적 채권관리

채권관리에 있어서 가장 중요한 사안은 바로 채권금액의 회수이다. 따라서 이러한 채권금액을 정확한 기한 내에 정확한 금액을 회수하기 위해서는 채권상환일자가 도래한 후에 취하여지는 일련의 업무들도 중요하지만, 채권이 부실화되는 것을 막기 위한 일련의 조치를 상환일 이전에 취함으로써 채권이 부실화된다 하더라도 최대한 피해를 입지 않도록 하는 것이 보다 중요하다 할 수 있겠다. 이를 위하여 몇 가지의 방법이 있을 수 있다. 먼저 당해 채무자에 대한 신용조사가 선행되어야 할 것이며, 다음으로는 채무자의 상환을 약속하는 담보나 보증의 설정이 있을 수 있다. 그리고 부실채권화될 수 있는 부분에 대하여 사전에 대손충당금을 설정함으로써 미래에 있을 부실에 대비할 수 있다.

(3) 사후적 채권관리

언급한 사전적 채권관리 기법들과는 달리 사후적 채권관리 기법들은 채권이 행상일 이후에 발생할 수 있는 채권의 회수 또는 채권이 부실화되었을 경우에 당해 채권의 소지자가 취할 수 있는 법률적인 방법 및 기타의 방법이다. 현행 금융실무에서 사용되는 채권관리의 법률적 방법들로는 가압류, 가처분, 압류, 채권의 양도, 채권자 대위권, 채권자 취소권, 강제집행면탈, 비밀표시무효, 채무명의에 대한 획득, 재산관계명시명령, 채무불이행자 명부에의 등재 등이 있다. 어음이나 수표는 대표적인 통화대용증권으로서 신용의 창출 및 대금지급을 목적으로 고안되었다. 이러한 어음 및 수표는 권리의 발생 및 행사, 이전에 대하여 권리증서가 반드시 있어야 하는 완전유가증권이다. 즉 발행자와 지급자, 금액 및 지급기일이 규정되어 있는 권리증서이다. 따라서 이러한 권리는 발행자가 직접 작성을 함으로써 발생하게 되며, 어음이나 수표의 발생원인의 무효 또는 취소로 인해 그

계약이 해제되었다 하더라도 어음 또는 수표의 발행에 의해 발생된 권리는 그대로 유지되며 이 권리에 대한 행사 및 이전에 대하여도 직접적인 원인관계에 대한 입증이 필요하지는 않다.

▣ 효율적인 채권관리 방안

1) 채권관리실무상의 문제점

금융기관들은 여신 업무에 있어서 채무자에 대한 철저한 사전의 신용조사가 없는 상태에서 대여를 함으로써 과다한 채권을 보유하게 되는 결과를 초래하였으며, 이들 채권에 대하여도 당해 채권액에 상당하는 보증 또는 담보를 설정하여 만일의 사태에 대비하여야 하나 이 또한 소홀히 하여 결과적으로는 채권가액을 완진히 회수하지 못하는 상태에 이르렀다. 또한 채권의 부실화를 대비하여 부실의 징후가 보이거나 신용도의 저하, 보증 및 담보에 대한 가치의 하락 등 그 가능성들을 적절히 반영하여 대손충당금을 설정함으로써 부실채권에 대한 대비를 하는 것이 타당하였다고 할 수 있다. 그러나 금융기관들은 과거 이러한 일련의 사전적인 채권관리를 소홀히 하고 법적인 규제장치에만 의존하여 채권이 부실화된 이후에야 비로소 채권회수에 대한 행동을 취함으로써 적극적인 회수활동이 되지 못하였고 이들이 궁극적으로 금융기관의 재무적 건전성과 수익성 자체까지도 위협하는 요소가 되었으며 그 결과 다수의 금융기관들이 부실로 인하여 합병이 되고, 제2금융권의 경우에 있어서는 법적인 회사정리나화의 등 법률적인 희생장치에 의하여 운영되는 상황에까지 이르렀다.

2) 새로운 대손충당금 설정방안

언급한 바와 같이 금융기관에서의 채권관리는 다양한 방법들로 이루어지고 있으며, 실무에서 사용되어 오던 다양한 채권관리 방안, 즉 부실채권을 최소화하고자 하는 노력들이 지속적으로 시행되고 있다. 그러나 이러한 일련의 방안들은 법적인 절차라든지 또는 강제적인 집행들과 같이 모두 채권에 대한 사후적인 관리절차이어서 궁극적인 채권관리방안이 되지는 못하고 있다. 그러나 대손충당금의 적립을 통하여 대출 채권에 대한 부실화를 사전에 대비하여 당해 채권이 실제 부실이 되었을 경우에는 물론 언급한 바와 같은 다양한 방식의 사후 채권관리가 이루어져야 하겠으나 회계적으로 자산의 건전성과 수익성을 유지할 수 있도록 하는 방향으로 관리가 이루어져야 한다. 이에 따라 기존의 대손충당금 적립방식 또한 인과관계가 높고 최적의 대손액을 추산할 수 있는 방식의 사용이 필요할 것이다. 이에 따라 기존의 대손충당금 설정방식 중 가장 인과관계가 높고 합리적으로 설정하고 있는 방식인 대출채권에 대하여 개별적으로 신용위험 분석을 통한 방식의 일종인 자산건전성 분류에 의한 대손충당금 적립방식이 대두되고 있다. 이와 같은 방식은 거액의 대손액이 발생할 수 있는 은행이라든지 종합금융회사 등에서 시행되어 오던 방식으로 IMF구제금융 이후 국제적인 관심도와 국내 금융기관들에 대한 재무적 객관성 및 투명성에 대한 제고의 요구에 따라 1998년 12월 이후 금융기관별 회계처리기준과 감독기관별 규정이 개정되면서 여러 금융기관들로 보급, 확산되고 있다. 이 방식은 금융기관이 자산 건전성 분류기준인 대출채권의 신용위험을 정상, 요주의, 고정, 회수의문, 추정손실의 5단계로 구분하고, 각 단계별로 대손충당금 요적립률을 설정함으로써 각 단계별 채권금액을 단계별 요적립률을 곱하여 요적립액을 산정한 후 각 단계별 요적립액들을 합산함으로써 적정 대손충당금을 설정하는 방식이다.

3) 새로운 대손충당금 설정방법의 효용

이 제도는 자산건전성 분류와 대손충당금의 적립에 있어서 각 금융기관의 자율성을 최대한 확대하고 있다는 데 그 특징이 있으며, 금융기관을 감독하는 금융감독원 등은 금융기관이 당해 채무자의 미래 채무상환능력을 반영하여 채권에 대한 건전성을 분류하고 해당 대출채권에 내재된 손실발생위험을 충분히 반영할 수 있는 적정수준의 대손충당금을 적립하도록 하는 최소한의 기준을 제시하고 있다. 그러므로 각 금융기관들은 해당 채무자들의 채무상환 능력을 평가하기 위하여 새로운 신용평가모형을 개발하고 자산건전성 분류에 관한 세부적인 기준과 대출채권이 안고 있는 손실위험을 충분히 반영하고 이에 따라 적정한 대손충당금을 설정할 수 있는 기준을 설정하여 운용토록 하여야 한다. 이처럼 금융감독원 등에서 제시하고 있는 최소한의 기준은 먼저 자산건전성 분류기준에 있어서 자산건전성에 대한 분류는 채무자의 채무상환능력에 대한 평가를 기초로 하여 연체기간,

신용도 등 채무자의 금융거래실적을 종합적으로 파악하고 판단함으로써 분류가 이루어져야 한다.

대손충당금의 설정에 있어서도 인과관계에 의하여 명확한 근거가 있는 것이 아닌 단순히 실무적용의 편의상 용이한 방법을 적용하여 대손충당금을 설정하고 있는 실정이다. 대손충당금의 설정에 있어 새로운 측정방식인 자산건전성 분류기준하에서의 대손충당금 적립방식을 파악함으로써 기존의 대손충당금 설정방식들에 대한 대안으로 제시하였다. 따라서 추후의 금융기관에서 부실채권에 대한 대손충당금의 설정기준을 보다 인과관계가 명확하게 파악될 수 있고 실질이 반영될 수 있는 새로운 방식의 자산건전성 분류에 따라 대손충당금이 설정되어야 할 것이며, 금융기관별로는 이러한 자산건전성 분류에 대하여 향상되고 정확하게 분류를 할 수 있는 기준을 지속적으로 개발해야 할 것이며, 자체적인 신용평가를 할 수 있는 체계를 갖추어야 할 것이다. 이로써 금융기관의 재무적 건전성을 강화하고 수익성을 강화시킬 수 있는 방안을 구체화해야 할 것이며, 해당 금융기관의 경영진들은 대손충당금의 적립에 대하여 올바른 시각을 가져야 할 것이다.

채권관리에 있어서 가장 중요한 점은 돈을 떼이지 않기 위한 한 가지의 방법이 담보를 설정하는 것이다. 담보의 범위 안에서 거래를 하고, 당사자의 지불능력이 안 되면, 담보물을 처분하여 손해를 최소화하는 것이다. 그런데 담보물의 가치는 계속 변한다는 것이다. 부동산 가격이 변하고, 환율이 변하고, 이자율이 변하고, 때로는 Fund가 무너진다. 관리 주체인 업체들에 따라 사용하는 용어는 조금씩 다르지만, 여신의 한도 내에서 '정상', '주의', '경계', '위험' 등으로 그

단계를 구분한다는 것은 대체적 공통점이다. 그러므로 상황에 따른 변화를 쉽게 적용하여 계산하도록 Computer 등을 이용하기도 한다. 미래의 예측을 위하여 나름 'Modeling'을 하고 있다는 설명에도 고개를 끄덕인다. 그런데 거기에 반영하지 못하는 것들 중의 하나가 사람의 '감성(感性)'이다. 특히, 경영자의 개인 신용평가가 크게 작용되는 신규, 소규모 업체는 그 감성적 요인의 영향력이 커지게 되므로 무시할 수도 없게 된다. 그래서 소위 경험 있는 사람의 노하우가 중요하다고 할 수 있다. 그럼에도 불구하고, 많은 채권관리의 사고가 표준화시키지 못하는 일회성에서 발생한다고 한다. 작전계획의 수립 시 적용하는 '적군에게 유리하게, 아군에게 불리하게'라는 원칙이 생각난 것이다.

참고문헌

조병우(1994), 「채권시장의 효율성에 관한 연구」, 서울대학교 석사학위논문.
손상호(1999), 『자산건전성 분류기준 및 대손충당금 제도 개편방안』, 한국금융연구원.
염기부(1997), 『새로운 채권관리』, 아세아 협동조합연구소.
강전(2004), 『국내 증권회사의 바람직한 전문화 방향』, 금융감독원.
송종용(1999), 『채권관리 회수의 모든 것』, 청림출판.
김석진 외(2002), 『한국증권시장론』, 삼영사.
한만봉(2006), 『행정경제교육』, 한국학술정보(주).
한만봉(2009), 『사회복지정책론』, 한국학술정보(주).
한만봉(2009), 『사회복지행정론』, 한국학술정보(주).
국회도서관 http://www.nanet.go.kr/

8. 예산에 관련된 변화하는 상황이론 법률

1) 전통적인 예산개념

경제행위의 주체들, 즉 가계·기업·국가는 각기 자신의 예산을 갖고 있으나 경제행위의 목적이 서로 다르기 때문에 예산의 개념 역시 다르다. 사적 예산과 공적 예산은 모두 조직체의 목표를 정하고 그것을 성취하기 위하여 여러 수단을 열거한다는 점에서 공통점이 있다. 그러나 사적 예산의 주종을 이루는 사기업의 예산은 그 추구하는 목표가 최대의 이윤을 얻기 위한 것이고, 공적 예산은 공공의 복리증진을 위하여 존재하는 것이다. 예산의 개념은 예산기능의 변화에 따라 지난 1세기 동안 시대적으로 변화되어 왔다. 먼저 19세기 말에 정의된 개념부터 고찰한다.

독일의 경제학자 바그너(Adolph Wagner)는, "예산은 숫자적인 개관"이라고 정의하였다. 이러한 정의는 예산규모가 크지 않고 근대적인 예산제도가 확립되지 않았던 시기에 통제기능만을 고려한 것이다. 1920년대 말의 예산개념은 예산의 관리적 기능을 중심으로 하였다. 즉 미국의 재정학자 버크(Arthur E. Buck)는 1929년에, "예산은 국가의 재정정책이 수립되고 채택되며 그리고 집행되는 과정"이라고 정의하였다.

2) 현대적인 예산개념

예산의 기능이 통제중심에서 관리중심을 거쳐 계획중심으로 변화됨에 따라 예산의 개념도 그 강조점이 달라졌다. 예산의 기능이 관리기능으로 옮겨지던 1920년대 말 시크(Allen Schick)는, "예산이란 계획된 목표들을 성취할 수 있도록 자금지출을 체계적으로 연관시키는 과정"이라고 정의하였다. 이러한 개념은 계획적인 자금지출을 강조한 반면, 자금수입에 대하여는 언급하지 않았다는 약점이 있다. 그 후 세입과 세출을 동시에 강조하는 개념들이 등장하게 되었다. 디목(Gladys O. Dimock)은, "예산이란 다음 1년 동안에 정부가 어떤 사업에 얼마를 지출할 것인가를 나타내는 문서이며, 수입과 지출의 균형을 어떻게 이룩할 것인가를 예견하는 문서이며, 또한 이러한 조치들이 과거와 미래에 어떻게 연관되는가를 보여 주는 문서"라고 정의하였다. 이때부터 수입에 대해서도 관심을 보이기 시작하였다. 영국의 경제학 사전은, "예산이란 한 회계연도의 계획된 세입과 세출을 명기한 재정기록"이라고 정의하였다.

린치(Thoms D. Lynch)는, "예산이란 일정 기간 내에 있어서 국가의 목표를 성취하는 데 필요한 사업들을 수행하기 위한 자금계획으로서, 전후 연도의 수요를 감안하면서 소요자원과 가용자원의 추세를 포함하는 것이어야 한다."고 하였다. 이 개념은 예산이 1년 단위로 편성되지만, 한 해의 예산은 자원의 효과적인 활용을 위하여 중장기계획에 입각하여 편성되는 것임을 강조하고 있다. 예산개념의 변천과정을 종합하여 보면, 초기에는 공공자금으로 무엇을 구입하는가에, 그 다음에는 무엇을 이룩하는가에, 그리고 현대에 와서는 어떤 목표를 성취하는가에 초점을 두고 있다.

3) 예산의 함축적 개념

예산은 정부가 수행하고자 하는 사업에 각각 얼마를 지출할 것인가를 나열하거나 그것들을 뒷받침할 재원을 어떻게 조달할 것인가를 단순히 기록하는 문서만은 아니다. 예산은 다음과 같은 내용을 함축하고 있다. 첫째, 예산규모와 재원조달방법은 국가 전체의 생산·고용·인플레이션 등에 영향을 미친다. 둘째, 예산은 자원배분의 수단으로서, 공공수요와 민간수요 간, 국방비와 국내소비 간의 배분비율을 결정한다.

셋째, 세입을 충당하기 위하여 조세에 관한 결정을 내림으로써 국민 각 계층 간의 조세부담률을 결정한다. 넷째, 예산은 공공정책의 모든 국면을 실질적으로 점검하는 가장 종합적인 수단이다. 예산이 국민경제의 활동수단에 미치는 가장 중요한 요인은 세입과 세출 간의 차이, 즉 적자와 흑자의 크기이다. 적자예산은 경제활동을 자극하지만 결국 인플레이션을 유발한다.

국가의 회계는 일반회계와 특별회계로 구분한다. 특별회계는 일반회계와 구분하여 계리할 필요가 있을 때에 법률로 설치한다. 특별회계에 의하여 정부가 운영하는 사업은 기업회계의 원칙에 의하여 계리할 수 있다. 국가의 채권의 전부 또는 일부를 면제하거나 효력을 변경할 때에는 법률에 의하여야 한다. 국가의 재산은 법률에 의하지 아니하고는 교환·양여·대부·출자 또는 지급의 수단으로 사용할 수 없다. 각 중앙관서의 장은 그 소관에 속하는 수입을 국고에 납부하여야 하며, 이를 직접 사용하지 못한다.

예산관계법령에 관한 사무는 기획예산처 장관이 관장하고, 회계관계법령에 관한 사무는 재정경제부 장관이 관장한다. 기획예산처 장관은 중기·장기 재정운용계획을 수립할 수 있다. 예산, 결산, 수입, 지출, 기록과 보고에 대하여는 각각 별개의 장으로 자세한 규정을 두고 있다. 금전의 급부를 목적으로 하는 국가의 권리 또는 국가에 대한 권리는 5년간 행사하지 않을 때에는 시효로 인하여 소멸하며, 납입의 고지는 시효중단의 효력이 있다. 한국은행은 국고금출납의 사무를 취급하여야 하며, 출납공무원은 현금을 출납 보관하여야 한다. 국가가 보증채무를 부담하고자 하는 경우에는 미리 국회의 동의를 얻어야 한다. 기획예산처 장관과 재정경제부 장관은 예산의 집행을 감독한다. 세입징수관·재무관·지출관 및 출납공무원은 재정보증이 있어야 한다.

그럼 다음에서 한국의 예산회계 관련 법률, 영국의 예산회계 관련 법률, 미국의 예산회계 관련 법률, 일본의 예산회계 관련 법률을 차례대로 살펴보고자 한다.

(1) 한국의 예산회계 관련 법률

예산에 관한 기본적인 사항은 「헌법」에 규정하고 있다. 우리나라의 「제헌헌법」에서도 예산과정을 넷으로 구분하고, 예산의 편성권과 집행권은 행정부에, 심의권은 입법부에, 그리고 회계검사권은 심계원에 부여하였다. 그 후 개정된 「헌법」들은 주로 예산안의 국회 제출일과 예산의 심의 기간 등을 수정하였으며, 그리고 준예산과 계속비 및 추가경정예산 등에 관하여 수정하였다(헌법 제54~59조).

예산안의 편성과 집행의 구체적인 내용과 절차에 관하여는 1951년에 제정된 「재정법」에 규정하였는데, 이것은 196년에 「예산회계법」으로 바뀌었다.

정부예산과 기금에 관한 기본법이었던 「예산회계법」과 「기금관리기본법」은 폐지(2006. 10. 4)되고, 두 법률이 통화되어 「국가재정법」이 제정(2006년 10월 4일 법률 제8050호)되었다.

그리고 국가회계의 처리기준과 재무보고서의 작성 등에 관한 사항을 규정한 「국가회계법」이 2007년 10월 17일(법률 제8636호, 시행은 2009. 1. 1.)에 제정되었다.

예산안의 심의기구와 절차에 관하여는 「국회법」에, 그리고 회계검사의 내용과 절차에 관하여는 「감사원법」에 각각 규정하고 있다.

행정부 내에 있어서 예산안은 편성하고 예산을 집행할 업무를 담당할 행정조직에 관하여는 「정부조직법」에 구체적으로 규정하고 있다.

(2) 영국의 예산회계 관련 법률

예산의 편성 · 집행 · 회계검사에 관하여는 1866년에 제정된 「국고 및 회계검사원법」(Exchequer and Audit Department)에, 그리고 예산안의 심의기구와 절차는 「의회의 의사규칙」에 규정되어 있었다. 1891년에는 「결산 및 부담법」이 제정되었다(경제기획원, 1929:3).

「국고 및 회계검사원법」의 회계검사원에 관한 조항들은 1983년에 「회계검사법」(National Audit Act)으로 승계되었다.

이 법은 국가회계검사원(National Audit Office)에 관한 규정 외에도 재무행정에 관한 광범위한 규정을 담고 있다.

(3) 미국의 예산회계 관련 법률

1921년에 제정된 「예산회계법」(Budget and Accounting Office)은 국가재정에 관한 총칙법으로서 예산안의 편성과 집행과정, 나아가서 회계검사원(General Accounting Office)[2]의 설치와 회계검사과정 등을 구체적으로 규정하였다.

예산안의 심의기구와 절차는 「의회조직법」과 「의회의사규칙」에 규정되어 있다.

대통령의 예산정책 수립을 돕기 위하여 1946년에 「고용법」(Employment Act)이 제정되었는데, 이 법은 행정부로 하여금 미국 경제정책 사상 처음으로 예산정책을 수립할 것을 규정한 것이다.

그 밖에도 1945년의 「공사통제법」(Government Corporation Control Act)은 공기업의 예산회계에 관하여 규정하고 있는데, 여기에서 공사의 예산안도 관리예산처를 거쳐 의회의 의결을 얻도록 하였다.

1950년에는 「예산회계절차법」(Budget and Accounting Procedures Act)을 제정하고 여기에 예산서의 서식, 회계절차, 검사절차 및 예산서의 공개 등에 관하여 규정하였다.

---

2) 미국 연방회계감사원(GAO: Government Accountability Office)은 미국 의회 산하의 회계, 평가, 수사를 하는 기관이다. 처음에는 설치근거법령 Budget and Accounting Act of 1921에 의해 설치된 General Accounting Office였다. 현재의 이름인 Government Accountability Office는 그 설치근거법령이 GAO Human Capital Reform Act이다. 몇 년 전 미국의 국가기관들 중 가장 영향력이 막강한 곳을 묻는 여론조사에서 미국 국방부, CIA, FBI, 미국 국세청 등을 제치고 미국 의회, 백악관, 미국 연방 대법원에 이어 4위에 올랐다. GAO는 미국 의회조사국(CRS), 의회예산처, 기술평가원과 함께 미국 의회의 4대 입법보조기관 중 하나이다.

1974년에는 예산에 관한 대통령의 권한을 제한하고 의회예산절차를 강화하기 위하여 「의회예산 및 지출거부통제법」(Congressional Budget and Impoundment Control Act), 일명 「의회예산법」(Congressional Budget Act)을 제정하였다.

1985년에는 재정적자를 줄이기 위하여 「균형예산 및 긴급적자통제법」(Balanced Budget and Emergency Deficit Control Act)을 제정하였다.

그 후 여기에 「그램 – 루드먼 – 홀링스법」(Cramm – Rudman – Hollings Act)이 추가되었다. 이 법은 설정된 적자목표에 일치시키지 못하면 집행 중인 예산에 대하여 강제적 또는 자동적으로 삭감(Sequestration)을 하도록 하였다.

그리고 1990년에는 「예산집행법」(Budget Enforcement Act)을 제정하여 재정적자를 해소하려고 하였다.

1997년에는 지출감축규모를 감세규모보다 크게 하여 재정적자를 줄인다는 「예산균형법」(Balanced Budget Act)[3]을 제정하였다.

(4) 일본의 예산회계 관련 법률

1886년에 제정된 명치헌법이라고 불리는 일본 최초의 「헌법」은 제6장(회계)에 11개 조문을 두었다. 명치헌법을 제정할 당시에는 회계라는 용어가 재정 전반을 의미하였다(유훈, 2004:84).

---

3) The Balanced Budget Act of 1997(Pub. L. 105 – 33, 111 Stat. 251), was signed into law on August 5, 1997. It was an omnibus legislative package enacted using the budget reconciliation process and designed to balance the federal budget by 2002. Among many other things, the Act contained major Medicare reforms.

1974년 5월 3일에 제정된 일본의 민주주의적인 신헌법은 그 제7장 (재정)에 9개 조문을 두고 있으며 이에 의거하여 「재정법」과 「회계법」이 1947년 4월 1일에 동시에 공포되어 일본의 국가재정의 법적 기초를 이루었다(경제기획원, 1979:113~160).

참고문헌

박영희 · 김종희(2008), 『신 재무행정론』, 다산출판사.
윤영진(1998), 『새 재무행정론』, 대영문화사.
신무섭(1989), 『재무행정학』, 대영문화사.
최창호(2004), 『새 행정학』, 삼영사.
한만봉(2006), 『행정경제교육』, 한국학술정보(주).
한만봉(2009), 『사회복지정책론』, 한국학술정보(주).
한만봉(2009), 『사회복지행정론』, 한국학술정보(주).
네이버 백과사전 http://100.naver.com
위키피디아 미국 온라인 백과사전 http://www.wikipedia.org
우송정보대학 경찰행정법무계열 www.wsi.ac.kr/dept/police

1. 영기준예산제도란

1940년 이래 과거와 다른 새로운 성격을 지닌 예산이론이 전개되었다. 그것은 종래의 전통적인 품목예산 중심의 점증적 결정이론과 방법을 지양하고 계획과 예산을 유기적으로 관련시킴으로써 한정된 자원을 합리적으로 배분하기 위한 방법이 연구되고 적용되는 것이다. 이와 같은 목적을 지닌 획기적인 예산지향이 1960년대에 미연방정부가 도입한 PPBS[4]인 것이다. 그러나 PPBS는 운영상 여러 가지 문제점이 발견되어 공식적인 적용에 종지부를 찍게 되었고 1970년대에 영기준예산제, 즉 Zero - Base Budgeting, ZBB가 출현하였다. '전년도예산의 답습이 아니라 백지상태로 돌아가서 현행사업을 재검토해 보고 불필요한 것은 과감히 정리를 하자.'라는 생각으로 적용해 본 것이 큰 효과를 얻게 된 것이다. 이러한 영기준예산제라는 것이 무엇인지 어떠한 방식으로 예산을 선정하는지 장단점이 무엇인지 이제 알아보고자 한다.

---

4) 계획예산제도(Planning - programming - budgeting system): 예산 배분에 관한 의사결정을 합리적으로 일관성 있게 행하려는 예산제도.

1) 영기준예산제의 의의

영기준예산제(ZBB)란 예산의 감축기능에 적합한 것으로, 예산안 편성 시 현 연도기준을 적용하여 점증적이거나 점감적으로 예산액을 배정하는 폐단을 시정하려는 데서 나온 새로운 예산제인 것이다. 이런 뜻에서 볼 때 영기준예산제란 예산을 편성할 때 전년도예산을 기준으로 하여 점증적으로 예산을 책정하는 종래의 증액식 예산제와는 대조적으로 신규사업이나 계속사업을 막론하고 그 기관의 모든 사업이나 활동에 대하여 영기준을 적용하여 각각의 효과성과 효율성 및 중요성 등을 체계적으로 분석하고 그에 따라 우선순위가 높은 사업, 활동을 선택하여 실행예산을 결정하는 예산제를 말한다. 이런 의미에서 ZBB는 전통적인 예산결정박식과 같이 전년도의 예산을 기준으로 하여 점증적 혹은 누증적으로 예산을 편성하고 결정하는 것이 아니라 비록 그것이 계속사업이라 하더라도 마치 신규사업과 같이 새로이 분석하고 평가하여 우선순위를 정하게 되는 것이다.

영기준예산제는 입법부와 행정수반 그리고 각 기관에서 이용할 수 있는 것이며 예산요구서를 작성하는 기관이나 부처는 여러 대란을 강구하여 가장 적합한 예산요구를 함에 있어서 이를 정당화하는 근거를 제시해야 한다.

영기준예산제는 가장 최근에 주장되고 채택되는 예산제도 개혁의 한 방식이다. 이 영기준예산제의 발전과정은 본래 1969년 미국 텍사스 주 댈러스 시에 있는 Texas Instrument Company에 근무하는 Pyhrr에 의하여 연구ㆍ개발되어 이듬해인 1970년에 이 회사의 참모 및 연구부의 예산에 적용되었고, 1971년에는 영기준예산제를 회사전반에 적용하였다. 영기준예산제를 미연방정부에 도입하게 된 직접적인 동기는, 1970년 Pyhrr가 영기준예산제에 관한 논문을 하버드 비즈니스 공청회에 발표한 것이다. 논문발표 당시 조지아 주 지사에 당선된 Jimmy Carter가 이 논문을 읽고 주 정부의 만성적인 재정적자를 극복하고 건전재정의 기틀을 확립하여 행정의 능률을 향상시키기 위해 영기준예산제의 도입을 결심하고, Pyhrr를 토대하여 조지아 주 정부 내에 영기준예산제를 실시하였다. 이리하여 조지아 주는 1973년 회계연도의 예산편성에 영기준예산제를 적용하게 된 것이다.

우리나라도 예산의 감축기능을 최대한으로 살리기 위하여 1983년도 예산편성 시부터 영기준예산제를 채택하고 있다.

2) 영기준예산제의 특징

(1) 전통적인 예산과 영기준예산제

① 품목별 예산 및 성과주의 예산으로 대표되는 점증적 예산은 전년도 예산수준에서 출발하나, 영기준예산제는 전년도 예산의 수준 · 기준을 영기준으로 간주한다.

② 점증적 예산은 신규사업에 대해서 비용 · 편익분석을 행하나, 영기준예산제는 모든 활동에 대해서 비용 · 편익분석을 행한다.

③ 점증적 예산은 화폐중심인 데 비하여 영기준예산제는 목표와 활동 중심이다.

④ 점증적 예산은 조직총체적으로 새로운 운영방법을 개발하지 않지만, 영기준예산제는 새로운 운영방식을 개발하고 시도한다.

⑤ 점증적 예산에서는 해당사업에 관한 예산을 전부 받아들이거나
전부 기각한다. 그러나 영기준예산제는 사업목표를 달성하는 수
준에 따라 수행하는 방법이 여러 가지일 수 있다.

(2) 계획예산제도와 영기준예산제

앞서 말한 바와 같이 영기준예산제는 예산편성 과정에서의 효율과·
합리화에 의해 조직관리의 효율화에 기여하는 수법이라고 할 수 있다.
그러나 예산편성에 과학적 또는 체계적인 접근방법의 사고방식을 적
용하려는 수법을 이미 계획예산제도가 1960년대 후반에 미국예산편
성에 사용되었다는 사실도 개관하였다. 그런데 미국에서 계획예산제
도는 닉슨 대통령이 1973년도 예산요구에 관한 1971년의 예산요구
지침서에서 계획예산제도에 의한 기본문서의 제출을 제외함으로써
연방정부 내에서의 계획예산제의 제도적인 운용은 끝났다고 보겠
다.5) 연방정부 내에서 계획예산제도운용이 단명으로 끝난 원인에 대
하여 Peter A. Pyhrr는 다음과 같이 지적하고 있다. 즉 계획예산제
도가 예산요구에 지나치게 집착한 나머지 집행 중 프로그램의 간단
없는 재평가에 태만하였고, 의사결정이 관리자 단계에서가 아닌 예
산편성 과정에서 이루어졌으며, 각종 프로그램 간의 우선순위가 고
려되지 아니한 점 등 몇 가지 치명적인 결함을 지적하고 있으며, 영
기준예산제는 이 같은 결함·결점을 보완하는 것이라고 말하고 있
다. 이를 조금 더 구체적으로 기술한다면 계획예산제도나 영기준예
산제가 다 같이 예산편성에 과학적 혹은 조직적인 사고방식을 응용

---

5) 미연방정부 내에서 계획예산제도의 제도적인 운용은 1971년 이후 사실상 끝났다고 보겠으나
   국방성만은 그 후에도 계속 활용하고 있는 실정에 있다.

하려는 방법이나, 계획예산제도나 영기준예산제를 비교하면 기본적으로 다음과 같은 상이점을 발견할 수 있다.

① 계획예산제도에서는 최고관리자가 먼저 계획을 입안하고 그 실시 프로그램을 작성하고 마지막으로 예산이 편성되는 것으로서 낙하산방식을 취하고 있다. 따라서 이 경우에는 최고관리자의 방침은 명확히 표명되나 반면에 하위 실무자의 의사는 무시되는 결과를 초래한다.

② 그러나 영기준예산제에서는 하위의 실무자가 먼저 의사결정 package를 작성하고 상위의 관리자가 그 채용 여부를 결정하여 예산이 편성되는 것으로서 밑에서부터 위로의 적첩방식을 취하고 있다. 따라서 이 경우에 하위의 실무자가 프로그램 작성에 참가할 수 있고 예산의 편성에 그들의 의사를 반영한다. 이상과 같은 상의점을 분석해 볼 때 계획예산제도는 최고관리자를 중심으로 한 집권적인 경영관리가, 영기준예산제는 중립 또는 하위 실무자를 중심으로 한 분권적인 경영관리가 행하여진다고 말할 수 있다. 그러므로 영기준예산제는 계획예산제도의 비판에 입각하여 계획예산제도를 대신한다든지 혹은 그것을 개선·보완한 것이라도 할 수 있다.[6]

---

6) 황하현, 『재정학강의』, 박영사, p.120.

계획예산제도와 영기준예산제의 특징 비교

특징 예산제도	기능 면	내용 면	체계관	조직적 측면	행정관	필요 전문지식
계획예산제도	계획중시	정책	개방체계	집권적 상의하달적	적극적·합리적 정책 중요시	경제정책
영기준예산제	합리적 조정중시	사업	폐쇄체계	분권적 하의상달적	적극적·합리적 조정 통합 중요시	관리능력

3) 일몰법과 영기준예산제

최근 미국을 비롯한 일본 등에서 영기준예산제와는 별도로 예산의 효율화를 위한 방식의 하나로 일몰법이 각광을 받고 있다. 일몰법이란 특정한 사업이나 기관이 일정 기간 경과되면 자동적으로 폐지되는 법률을 말한다. 이는 매년 증가하는 세출규모와 이에 따라 감세를 요구하는 세출제한방식으로 대두된 것으로써 행정활동을 정기적·종합적으로 의회가 감시하는 것을 제도화한 행정관리법의 하나이며, 그 기본적인 방식은 예정한 기일로 사업을 폐지하는 것이다. 그러나 만일에 예정기일 후에도 사업을 계속할 필요가 있으면 재검토하여 존속게 한다. 이와 같이 일몰법은 오래되어 효용이 없거나 낭비적 사업과 기관에 대해서 엄격한 제한을 과하는 것을 목적으로 하기 때문에 영기준예산제와 유관한 것으로 보겠으나 영기준예산제보다는 어느 의미에서는 한 걸음 너 나아간 것이라고 하겠다. 영기준예산제와 일몰법과 유사점·차이점을 개관해 보면, 정부가 이미 실시하기로 약속한 사업을 재심사하는 과정이라는 면에서 동일하다고 하겠다. 이런 점에서 볼 때 일몰법은 영기준예산제와 동일한 결과를 달성하기 위한 상호 관련된 과정이라고 할 수 있다. 따라서 의회의 예산심의에 관한 일몰법 절차와 근본적으로 다른 것이 없다 하겠다. 그러나 영기준예산제가 행정부의 각 계층을 통하여 형성되는 행정적 과정이라고 말할 수 있으나 일몰법은 예산에 관한 심의, 통제를 위한 입법적 과정으로서 행정부의 사업에 유효기간을 인정하여 법률로 규정한다는 점에서 차이가 있다. 일몰법은 각 행정기관들로 하여금 당 행정기관이 왜 존재하지 않으면 안 되는가, 그리고 그들 자신의 기존사업계획·신규사업계획을 왜 시행하지 않으면 안 되는가를 명확히 설명할 수 있도록 하려는 데 그 목적이 있는 것으로서, 1976년 미국 콜로라도 주에서 처음으로 재정 통과된 후 현재에는 미국의 과반수의 주에서 법제화되어 서서히 확대·실시되고 있다.

4) 영기준예산제의 절차

영기준예산제를 운영하는 조직은 어느 조직에서나 동일한 절차로 적용하여서는 안 되며 각 사용자 특징의 필요에 적응해야 하며 실제로 그것을 도입한 조직체의 기구와 관리방식은 상의하지만 다음과 같은 네 가지 기본단계로 나누어 설명할 수 있다.

(1) 의사결정 단위의 확인

의사결정 단위란 조직이 당해 회계연도에 수행하여야 할 활동을 상호 비교·평가할 수 있도록 구분한 몇 개의 활동 및 기능단위를 말한다. Peter A. pyhrr는 "의사결정 단위란 조직의 활동을 상호 비교하고, 평가할 수 있도록 나눈 개개의 황동 및 기능단위"라고 하였다. 각 조직체는 우선 이 같은 결정단위의 확인·인정을 통해서 조직의 주요 활동요소가 무엇인가를 확인·결정할 수 있는 것이다. 어느 정도의 규모를 가진 조직체가 의사결정단위가 될 수 있느냐에 정설은 없으나, Dooskin은 "정부수준에서의 의사결정 단위는 규모가 작은 기관은 약 50명, 규모가 큰 기관은 조직상으로 독립된 회계단위가 하나의 의사결정 단위로 간주될 수 있다."고 한다. 그런데 하나의 조직 내에 몇 개의 의사결정 단위가 설정되어야 할 것인가는 어디까지나 조직의 규모, 개발 가능한 대안의 존재, 의미 있는 결정이 내려질 수 있는 결정능력의 수준 및 가용시간 등에 달려 있다 하겠다.

(2) 의사결정 패키지의 개발·작성

의사결정 단위가 확인된 후에는 현재 하고 있는 활동의 규모를 축소하거나 삭제하면 어떤 결과를 초래하며, 결정단위의 목표를 보다 더 효과적이고 경제적으로 수행하기 위해서는 어떻게 하여야 하는가에 관한 일연의 분석과 문제해결방법이 구상되며 이 같은 분석과 구상을 통하여 결정단위의 책임자는 최후의 결정을 위한 모든 정보를 한데 묶은 의사결정 패키지를 개발한다. 그런데 의사결정 패키지의 내용에는 결정책임자에게 각 결정단위를 평가하는 데 필요한 정보를 제공할 수 있도록 다음과 같은 사항이 포함되어야 한다.

- 목적 또는 목표
- 무엇을 어떻게 할 것인가 하는 활동기술
- 비용과 편익

- 업무량과 실적측정 단위
- 목표달성을 위한 선택적 수단
- 얼마만큼의 금액으로 어느 정도의 편익을 얻을 것인가 하는 노력의 수준

(3) 우선순위의 결정

다음 절차는 우선순위의 결정과정(ranking process)이다. 이는 관리자가 모든 의사결정군을 사정하여 우선순위가 높은 것부터 의사결정 패키지를 배열하는 과정이다. 바꾸어 말하면 모든 사업계획을 중요한 것부터 서열을 매기는 것을 의미한다. 즉 자원을 효율적으로 사용할 수 있는 순위를 결정하는 과정이다. 이를 위하여 '순위표'가 작성되고 모든 의사결정 패키지의 우선도가 높은 것부터 낮은 것 순으로 열거된다. 예산요구와 누적합계액이 선행의 고순위 패키지의 합계액에 각 패키지의 요구액을 더하여 표기한다. Robert N. Anthony 는 이 순위결정이 영기준예산제에서 가장 중요하고도 어려운 과정이라고 말한다. 영기준예산제를 비판하는 사람들은 이 과정에 많은 문제가 있다는 것을 지적한다.[7]

(4) 실행예산의 편성

영기준예산제 절차의 최종단계는 실행예산(operation busget)의 편성단계이다. 즉 우선순위의 결정에 의하여 의사결정 패키지의 채택

---

7) Robert N. Anthony, "Zero-Base Budgeting is a Fraud", rep. Hyde and Shafrity, op.cit., pp.321~323.

여부가 결정되면 그것을 기초로 하여 예산을 편성하게 된다. 예산안은 예산편성과정에서 많은 제약을 받는다. 예산심의과정에서 예산이 삭감되었을 때 전통적인 예산편성방법에 의존하였다면 어느 부분에서 예산을 삭감할 것인지를 찾기 위해 예산편성을 다시 해야 한다. 그러나 영기준예산제에서는 정책결정 패키지와 순위에 의하여 삭감의 위치를 명백하게 결정할 수 있다. 따라서 실행예산편성이 가능한 것이다.[8]

5) 영기준예산제의 장단점

본래 영기준예산제는 국가예산의 효율적인 이용을 위하여 연구·개발된 제도로서 전통적인 예산제도의 결함을 보완·개선하는 장점이 있는 반면에 이에 따르는 단점도 있다.

(1) 영기준예산제의 장점

① 재원의 합리적인 배분을 기할 수 있다.

이는 모든 사업을 매년 '영'에서 검토케 함으로써 불필요한 항목을 제거하여 자원의 낭비를 막을 수 있다. 다시 말해서 재원을 우선운위가 낮은 사업에 우선순위가 높은 사업으로 전환할 수 있다.

② 경직성의 타파를 들 수 있다.

영기준예산제의 이론상의 최대 장점은 전년도답습주의로 인한 국

---

8) 김운태(1985), 『행정학개론』, 박영사, p.754.

가재정의 경직성을 타파할 수 있다.

③ 사업진행의 적극성과 실효성을 기할 수 있다.

즉 의가결정 단위나 정책결정 패키지 작성에 일선책임자나 중간관리층이 직접 참여하게 됨으로써 사업진행의 적극성과 실효성을 기할 수 있다.

④ 예산이 신축성 있게 현실에 적응될 수 있다.

영기준예산제는 성과주의예산이나 계획예산제와는 달리 어떠한 예산제도와도 공존할 수 있다는 장점을 가지고 있어 국가에서 저항 없이 영기준예산제의 도입을 환영하고 있다.

⑤ 보다 더 상세한 정보를 제공한다.

영기준예산제는 최고관리자에게 각 국·와나 산하기관의 업무수행에 관한 보다 더 상세한 정보를 제공할 수 있을 뿐만 아니라 중앙예산기관으로 하여금 각 기관의 예산요구에 대한 더 많은 자료와 질적으로 향상된 정보를 입수할 수 있게 한다.

(2) 영기준예산제의 단점

① 많은 기산과 노력이 소요된다.

모든 사업을 재평가하기 위하여서는 각 사업마다 결정단위와 정책결정 패키지를 작성해야 하기 때문에 너무 많은 시간과 노력이 소요된다. 이와 같은 결점을 보완하기 위하여 Logan M. Cheek는 시간과 노력의 절약을 위하여 의사결정 패키지의 수를 적정한 수준으로 감축하는 방안과 영기준예산제의 절차를 매년 반복할 것이 아니라 2

~3년에 한 번씩 이를 적용하는 방안 등을 제시하고 있다.9)

② 신규 사업에 대처하기 어렵다.

영기준예산제의 주요 관심은 전년도 예산을 중심으로 하여 현행 재원의 수준 아래서 기존사업을 재검토하고 있기 때문에 신규 사업에 대하여는 민감하게 대응하지 못한다.

③ 영기준예산제의 과정에 참여하는 관리자에 대한 훈련이 요청된다.

모든 사업에 결정단위와 정책결정패키지를 작성하는 것이 그렇게 쉬운 일은 아니다. 프로그램활동의 분석·평가·대안의 개발 등에 고도의 전문적인 지식과 기술을 요하기 때문이다.

④ 사업의 우선순위를 결정하는 데 곤란하다.

즉 정치적으로 인기가 있는 사업은 우선순위가 낮아도 채택될 공산이 큰 까닭에 관리자들 중에는 중요성이 크며 인기가 있는 사업의 순위를 낮게 매기고 인기가 없는 사업의 순위를 높게 매길 사람도 있을 수 있다.

⑤ 모든 업무단위를 전면적으로 '영'의 상태에서 분석하기란 극히 어렵다.

영기준예산제의 기본적인 이론상의 원리는 모든 사업과 활동이 금년이나 내년에 처음 시작한다는 가정 아래서 출발하는 것이다. 그러나 국민생활의 연속성이라는 견지에서 볼 때 방대한 조직이나 활동에서 모든 업무단위를 '영'의 상태에서 분석·평가한다는 것은 사실상 어렵다.

---

9) Logan M. Cheek, Zore-Base Budgeting Comes of Age, New York: AMA-COM, 1977, pp.158~161.

⑥ 소규모 조직은 사업의 우선순위를 결정 과정에서 희생되기가 쉽다.

⑦ 영기준예산제를 정부예산편성에 적용할 경우 정부예산은 경제적 요인 이외에 정치적 지도이념과 국민의 의사를 반영하는 국가기능의 총체적 활동이므로 정책판단의 차원이 다른 부문 간의 우선순위 비교는 무의미하다.

특히 오늘날의 국가재정은 인건비를 비롯하여 공채비, 지방교부세 등 상당 부분이 경직화 현상을 보이며 그중에서도 국방비나 교육비 등은 정치적 판단에 의하여 그 규모가 결정될 수 있고 또한 투자효과측정의 경우 외교활동이나 홍보활동 등 일반행정부문 및 연구개발 사업 등은 그 효과를 단기간에 계량화하기 불가능하기 때문에 영기준예산제는 국가예산에 전면적으로 도입할 수 있는 것이라고 할 수 없다. 그러므로 영기준예산제는 사업효과의 측정이 가능한 부문에 선별적으로 도입할 수밖에 없다는 견해도 있다.[10]

6) 영기준예산제의 전망

이와 같이 영기준예산제의 장단점을 개관해 볼 때 관리도구로서의 영기준예산제의 운명을 전망해 보는 것도 의미 있는 일이라 하겠다.

일찍이 미국에서는 장기적인 기획수립과 단기적인 예산편성을 실시기획을 통하여 유기적으로 관련시킴으로써 자원배분에 관한 의사결정을 합리적으로 일관성 있게 행하기 위하여, 1965년 8월 Lyndon B. Johnson 대통령이 모든 성과 대부분의 독립기관이 PPBS를 적용

---

10) 심정근(1983), 『재무행정학』, 조세정보사, p.426.

하도록 지시하였고 이어 주와 시 등의 지방정부에서도 채택하게 되었다. 그러나 PPBS도 그 자신이 가지고 있는 한계와 문제점이 많다. 즉 ① 지나치게 많은 권한이 장관이나 대통령에게 집권되었고, ② 달성되는 성과의 계량화가 어렵고, ③ 예산편성과 집행에 막대한 환산작업이 필요하고 정확성을 결하며, ④ 목표설정이 곤란하다는 것 등이다. E 또한 PPBS는 목표를 명확히 할 것이 요구되나 민주국가에서의 목표는 다원적이고, 목표설정에서 정치적 성격 · 사업계획의 다목적성 · 의견대립은 주로 국방성에 국한된 문제이나 PPBS가 국방보다 절약을 중요시하며 결국은 값싼 무기가 선택되는 것이 아니냐는 문제도 있다. 그리하여 1969년에 와서는 연방정부의 보건교육복지성이 MBO를 도입할 준비를 시작하였고, Nixon 행정부가 들어서자 PPBS는 폐기되었으며 1973년 Nixon 대통령의 21개 주요 기관에 대한 지시각서로 MBO를 본격적으로 도입 실시하게 되었다. MBO는 PPBS와 같이 복잡한 대개혁을 요구하지는 않았으나 PPBS와 비슷한 결점들이 있고, MBODML 주역인 Frederic Malek와 Roy Ash가 관리예산처를 떠났고 Nixon 대통령도 사임했으며 아무도 MBO를 강화할 전망이 없어 문제가 되었다. 그 후 Carter 대통령의 취임으로 역시 MBO를 폐기하고 ZBB를 도입하게 되었다. 물론 ZBB도 한계와 문제점이 없는 것은 아니나 앞서 살펴본 바와 같이 ZBB는 어떤 예산제도와 공존할 수 있고, 예산의 합리적 감축에 이바지할 수 있는 제도인 까닭에 아직까지도 지지를 받고 있다. 지금까지 영기준예산제에 대해서 알아보았다. 영기준예산제는 정부의 예산편성에 있어서 신규예산의 편성 때마다 전년도 예산을 기준으로 잠정적인 예산을 책정하는 종전의 예산제도와는 달리, 전년도 예산에 구애됨이 없이 결정단위인 조직체의 기획 및 예산작성과 관련하여, 계속사업이나 신규 사업을 막론한 정부의 모든 사업계획과 활동에 대하여 법정경비 부분을 제외하고 영기준(zero‑base)을 적용하여 목표·방법·자원의 기본적 재평가에 의거해, 사업과 정책의 타당성을 검토, 대안(代案)의 개발을 통하여 전체적·체계적으로 재평가하고, 이에 입각하여 사업계획과 활동의 우선순위를 결정하여 보다 효율적인 방향으로 예산을 편성·심의·결정하는 새로운 기획 및 예산제도로 정의할 수 있겠다. 우리나라의 경우 1980년대 초 제5공화국의 물가안정시책에 따른 정부예산감축의 필요 때문에 1983년도 예산에 영기준예산제를 적용한 적이 있다.[11] 미국연방정부에서 영기준예산제가 급속하게 사라져 버리는 바람에 이 제도를 한국에 도입해 보자는 얘기만 무성하였지 실제로 적용될 기회가 없어졌다. 그러나 최근까지도 영기준예산제에 대한 매력은 남아 있다. 한 연구에 의하면 국가 전체적으로 영기준예산제를 적용할 수는 없지만, 정부기관들에게 예산자율성을 준다면 기관별로 영기준예산제를 운영해 보겠다는 의욕이 살아 있다. 사회복지관에 실습을 나가면서 복지사 분들께 많이 들었던 말이 예산이 부족하다는 말이었는데 영기준예산제를 이용하여 예산을 측정하여 요청한다면 일의 효율성은 물론 아쉬운 소리를 안 하게 되지 않을까 생각해 보았다.

---

11) 구체적인 것은 당시 기획원예산실 예산심의관이었던 강봉균 씨가 기고한 "영점기준방식에 의한 국가예산계획" 최광 편, 국가예산과 정책목표(1983), 서울: 한국개발연구원, pp.203~243.

참고문헌

김수영(1993), 『재무행정론』, 청림출판.
김운태(1989), 『행정학신론』, 박영사.
심정근(1983), 『재무행정론』, 조세정보사.
이계탁(1998), 『재무행정학』, 나남출판.
황하연(1992), 『재정학강의』, 박영사.
한만봉(2006), 『행정경제교육』, 한국학술정보(주).
한만봉(2009), 『사회복지정책론』, 한국학술정보(주).
한만봉(2009), 『사회복지행정론』, 한국학술정보(주).
네이버 백과사전 http://100.naver.com/100.nhn?docid＝113606
네이버 블로그 http://blog.naver.com/milkyoz?Redirect＝Log&logNo＝
      120004380801
다음 블로그 http://blog.daum.net/100su_gundal/13788581

2. 예산과정의 이론

글로벌 경제위기에 처한 세계 각 정부는 각종 예산편성 및 그 운영의 극대화를 통하여 경제위기를 극복하려 하고 있다. 예산과정이란 예산[12])이 편성되어 심의를 거쳐 확정된 후 일정한 절차를 거쳐 집행되면 그 집행이 제대로 집행되었는가를 검사하여 결산하는 일련의 과정을 말한다. 예산과정은 정치적 과정, 의사결정 과정, 주기적 과정의 성격을 가진다. 이러한 예산과정은 다음과 같은 기능을 수행한다.

첫째로, 예산과정은 정부가 목적을 설정하고 그 목적을 달성하기 위한 수단을 선정하게 한다. 뿐만 아니라 기대했던 결과를 산출하도록 많은 사람들의 노력을 결집·유도하게 한다.

둘째로, 예산과정은 또한 재원의 바람직한 배분방식을 선정하여 제한된 재원의 효율적 활용을 가능하게 하고, 그것을 통하여 국가적 사업을 효율적으로 수행하게 하며, 국민 복리의 최대한의 향상을 가능하게 한다.

셋째로, 예산과정은 또한 국가 활동을 국민에게 공개하고 국가 활동에 대한 국민의 견제를 가능하게 한다.

○ 예산과정의 성격과 미치는 환경요인

예산과정은 환경요인에 의하여 영향을 받는데, 그 환경요인에는 크게 예산운영체계 외부적 요인과 내부적 요인이 있다.

---

12) 예산이란 재정에 관한 예정계획서임과 동시에 정부가 국회에 바라는 승인요구서이다. 국회의 의결을 거쳐서 성립된 예산은 영국이나 미국의 경우 법률이라는 형태를 취하며, 한국의 경우에는 법률과 상이한 특수한 의결이라는 형태를 취하는데, 어느 것이나 정부를 구속하는 힘을 갖는 문서이다.

외부적 환경요인으로는 정치적 요인, 경제적 요인, 사회적 요인, 재정적 요인이 있다. 내부적 환경요인에는 법률체계, 예산제도, 사업성격, 행정관리 구조 등이 있다.

○ 예산과정의 참여자

예산과정은 그 과정에 관여하는 사람들에 의하여 달라질 수 있는 바, 주요 참여자로는 행정수반, 중앙예산기관, 행정 각부, 회계검사기관, 입법부, 정당, 이익단체 등을 들 수 있다.
그 외에 언론, 전문가, 국민도 예산과정에 참여할 수 있다.

○ 예산과정의 단계

예산과정은 일반적으로 다음과 같이 4가지 단계로 나누어 구분할 수 있다. 첫째, 행정부[13] 담당으로 예산의 편성(budget preparation)과정, 입법부[14] 담당으로 예산의 심의(budget approval)과정, 행정부 담당으로 예산의 집행(budget execution)과정, 검사기관·입법부 담당으로 예산의 결산·회계검사(accounting closing and audit) 과정이다.
이하에서 예산과정의 4단계에 대하여 차례로 고찰하고 한다.

○ 예산편성

① 예산편성의 개념
예산편성이란 다음 회계연도[15]에 정부가 하고자 하는 시책이나 사

---

13) 넓은 의미로는 입법·사법·행정 등 한 나라의 통치기구 전체를 가리키며, 좁은 의미로는 내각 또는 행정부 및 그에 부속된 행정기구만을 가리킨다.
14) 법률을 제정하거나 수정 또는 폐기하는 국가 기관이다. 행정부, 사법부와 함께 국가의 주요 기능을 담당한다.

업계획을 재정적인 용어와 금액으로 표시하여 예산안을 작성하는 것으로서, 우리나라에 있어서는 예산편성지침의 작성으로부터 예산안의 확정에 이르는 모든 과정을 포함한다.

예산편성과정은 가장 전형적으로 정치적 성격을 띠고 있다. 각 행정관서는 보다 많은 예산을 확보하려는 복잡한 정치적 압력·교섭·투쟁을 전개한다. 따라서 예산은 예산편성에 참여하는 사람 간의 권력관계나 또는 동원된 정치권력·영향력에 의하여 크게 좌우되는 것이다.

② 한국 예산편성의 절차와 문제점

한국의 예산편성 절차는 다음과 같이 구분할 수가 있다. 사업계획서의 제출, 예산안편성지침의 시달, 중앙관서의 예산요구서의 제출, 예산의 사정, 국무회의의 심의와 국회제출, 독립기관의 예산편성으로 나눌 수 있다.

한국 예산편성상의 문제점으로 예산단가의 비현실성, 예산요구액의 가공성, 예산사정의 전년도답습주의를 들 수 있다.

○ 예산심의

① 예산심의 개념

예산안이 의회에 제출되면 이에 대한 심의를 하게 된다. 예산의 심의는 국민의 대표기관인 의회에 의하여 행해진다는 의미에서 민주주의를 그 이념으로 하는 국가에 있어서는 가장 중요한 예산과정으로 이해되고 있다.

입법의 예산심의의 기능은 프로그램 및 프로그램수준의 결정, 총

---

15) 한국의 예산회계법은 회계연도를 매년 1월 1일에 시작하여 12월 31일에 종료한다고 규정하고 있다.

액의 결정, 행정부에 대한 감시, 자금의 배분, 국가발전 정책결정 등으로 나타난다.

예산 심의의 변수, 즉 예산심의에 영향을 미치는 중요한 요인에는 정부형태, 국회구성, 국회의원, 심의자료 및 환경 등이 있다.

② 한국 예산심의의 절차와 문제점

한국의 예산심의 절차를 살펴보면 다음과 같다. 차례대로 살펴보면 시정연설, 예비심사, 종합심사, 본회의 의결이 있다.

예산심의에 있어서 전문지식의 부족과, 지역구이해에의 관심집중, 예ㆍ결산의 특별위원회제, 민중통제의 미약 등이 문제점으로 나타난다.

○ 예산집행

① 예산집행의 개념

예산의 집행이란 국회의 심의를 거쳐 예산이 확정된 후, 그 예산에 따라 국가의 수입 및 지출을 실행하는 모든 행위를 말한다.

이에는 단순히 예산에 정하여진 금액을 국고[16)에 수납하고 국고로부터 지출하는 행위만이 아니라, 국고 채무부담행위와 지출원인행위도 포함된다. 그리고 이에는 예산에 계상된 세입ㆍ세출뿐만 아니라 예산이 성립한 후에 일어나는 세입ㆍ세출의 실행행위가 모두 포함된다.

예산의 집행에 있어서는 의회가 정하여 준 재정적 한계(financial limitations)를 엄수와, 융통성 유지(financial flexibility)가 중요한 요소로 작용한다.

---

16) 국가를 사법(司法)ㆍ일반 행정 등 기능의 주체와는 구별하여 국가를 재정활동의 주체 혹은 재산권의 주체로서 볼 때도 국고라고 한다.

② 한국 예산집행의 절차와 문제점

예산집행의 절차는 예산집행통제 제도와 예산융통성 제도로 나누어 볼 수 있다. 예산집행통제 제도는 예산의 배정과 재배정, 장부의 기록·보고 및 내부통제, 국고 채무부담행위의 통제 절차로 나뉜다. 예산융통성 제도는 예산의 이용과 전용, 예산의 이체, 예비비, 예산의 이월, 계속비, 추가경정예산, 수입대체경비, 수입·지출의 특례로 살펴볼 수 있다.

예산집행의 문제점은 점증주의와 예산낭비, 예산성과금제의 형식성, 통제 위주와 융통성 결여, 자금적기공급의 부진, 추가경정예산의 상례화, 행정인의 책임성·윤리성의 미흡을 볼 수 있다.

○ 예산결산·회계검사

① 예산결산·회계검사의 개념

예산의 종결은 애정적인 계산서인 예산서가 당초의 예산목적에 맞게 사용되었는지, 예산과정에 문제점은 없었는지를 확인하는 절차이다.

이러한 예산의 종결 과정에는 예산서와 결과를 대조하여 사후적으로 확인하는 결산 과정과, 그 결산의 결과에 대하여 적법성·효과성 등의 기준에 따라 평가하는 회계검사 과정이 포함된다. 예산의 종결 과정은 예산의 성립 시에 예산작성자와 예산승인자 간 약속의 충실한 이행 여부를 확인하는 과정으로서, 재정민주주의의 실천에 있어서 필수적인 역할을 한다.

가. 예산의 결산

예산의 결산이란 1회계연도 중 국가의 수입·지출의 실적을 확정적 계수로서 표시하는 행위이며, 예산에 의하여 수입·지출을 한 정부의 사후적 재정보고이다.

예산이 의회의 사전심사를 거쳐 승인된 것일진대, 그 예산집행의 결과 의회의 의도가 충실히 구현되고 재정적 한계가 엄수되었느냐를 결산에 의하여 의회가 사후 심사를 통하여 확인할 필요가 있는 것이다. 결산은 첫째로, 정부가 예산의 범위 안에서 재정활동을 했느냐를 확인할 수 있다. 이와 같은 확인을 위해서는 결산서가 객관적 사실에 의하여 작성되어야 한다. 둘째로, 장래에 있어 예산의 편성·심의와 재정계획의 보다 효율적인 운영에 자료로서 기능을 한다.

나. 예산의 회계검사

일반적인 의미의 회계검사란 조직의 재정활동 및 그 수입·지출의 결말에 관한 사실을 확인·검증하고, 나아가서는 그 결과를 보고하기 위하여 장부 기타의 기록을 체계적으로 검사하는 행위를 말한다. 정부기관에 있어서의 회계검사는 행정부가 자금을 의회의 의도에 따라 충실하게 지출하였는가에 관한 이른바 지출의 합법성(legality of expenditure)을 검토하는 데에 중점을 두고 있다. 따라서 행정에 있어서의 회계검사 목적은 공금이 법률에 규정된 요건에 합치되고 법률이 정하는 목적에 따라서 지출되었는가의 여부를 검토하고 회계와 목록이 정확하게 기록되어 있는가를 검토하며 그 결과를 소정의 기관에 보고하는 데 있다.

② 한국 예산결산·회계검사의 절차와 문제점

가. 예산결산의 절차와 문제점

한국의 예산결산은 출납기한, 결산의 조제, 감사원의 결산확인, 국회의 결산심사, 세계잉여금[17]의 처리의 절차를 가진다.

문제점으로는 종래에 결산심사에 거의 무관심하였다는 점과 결산위원회가 설치되어 있지 않다는 점이다.

나. 회계검사의 절차와 문제점

회계검사의 절차는 서면검사·실지검사, 사전검사·사후검사, 일반검사·상업식 검사[18]·종합검사, 정밀검사(완전검사)와 발췌검사,[19] 내부검사와 외부검사의 과정을 거친다.

예산회계검사는 감사의 과잉, 합법성검사 치중, 감사원[20]의 독립성 제약, 감사원기능의 이질성으로 오는 문제들이 있다.

참고문헌

박영희·김종희(2008), 『신 재무행정론』, 다산출판사.
윤영진(1998), 『새 재무행정론』, 대영문화사.
신무섭(1989), 『재무행정학』, 대영.
최창호(2004), 『새 행정학』, 삼영사.
한만봉(2006), 『행정경제교육』, 한국학술정보(주).
한만봉(2009), 『사회복지정책론』, 한국학술정보(주).
한만봉(2009), 『사회복지행정론』, 한국학술정보(주).

---

17) 재정에서 1년 동안 필요한 지출 비용을 다 지출하고 국고에 남는 출납 잔액. 다음 해의 세입에 이월된다.

18) 주로 공사 또는 상업식 회계제도를 가지고 있는 정부기업에 대하여 실시된다.

19) 표본추출(sampling)에 의하여 선택적으로 검사하는 방법이다.

20) 헌법 제97조와 감사원법 제20조의 규정에 따라 국가의 세입·세출의 결산을 검사하고, 국가와 법률이 정한 단체의 회계를 상시 검사·감독하여 그 집행에 적정을 기하며, 행정기관의 사무와 공무원의 직무를 감찰하여 행정운영의 개선·향상을 도모하는 대통령 직속의 합의제 기관이다.

3. 신공공관리론적 예산

▣ 신공공관리론 의의 및 특징

현재 우리나라는 새로운 밀레니엄시대를 맞이하여 글로벌화, 정보화, 포스트모더니즘의 행정환경변화에 대처하기 위하여 정부 개혁을 단행하고 있다. 이러한 정부혁신의 기저에는 신자유주의 이념에 기초한 행정의 경영화 또는 경영행정의 제도화를 통해 작고 효율적인 정부를 실현하려는 신공공관리론을 배경으로 하고 있다. 인사나 예산 등의 측면에도 내부통제를 대폭 완화하여 일선관리자들에게 재량을 주고 일선관리자가 책임을 지고 성과를 향상시키고 고객을 만족시키도록 행정을 관리하고 시장주의를 공공부문에 도입한다. 등장배경을 살펴보면 공공부문에 대한 시장중심적 경영방식을 도입하여 기존의 전통적 공공관리론은 경쟁의 요소가 무제한 독점적 지위로 인하여 공공부문에 비효율성을 야기하는데, 신공공관리론은 이의 극복을 위하여 공공부문에 시장주의 요소인 경쟁의 원리와 고객주의를 도입한다.

이론적 배경으로는 테일러의 과학적 관리론을 새롭게 적용하려는 신관리주의와 개인의 자유와 경쟁을 중시하려는 신자유주의, 개인의 선택에 의한 공공재 공급을 중시하려는 공공선택이론, 사회의 생산성에 영향을 미치는 제도의 역할을 중시하는 신제도론에 기반을 두고 있다. 신공공관리론의 특징은 다음과 같다. 작은 정부와 낭비를 제거하기 위해서 시장성 테스트를 통하여 경쟁이 가능한 것은 민간부문에 이양하고 경쟁이 곤란한 것을 공공부문이 담당하되 행정조직 내부에 경쟁의 요소를 도입하여 능률성을 향상시키자는 것이다. 내부통제의 감축, 분권화 및 성과주의를 도입하여 인사나 예산 측면에서 내부통제를 대폭 완화하여 일선관리자에게 재량을 주고 일선관리자가 책임을 지고 성과를 향상시키고 고객을 만족시키도록 행정을 관리한다. 신공공관리론의 구체적 적용을 살펴보면 다음과 같다. 대내적 측면으로는 조직 인사 재무가 있다. 먼저 조직은 조직의 재구축(Restructuring), 기술 및 과정의 재설계(Reengineering), 리오리테이션(Reorientation)이 해당한다. 그 예로는 조직의 분권화 및 책임운영기관의 도입이 있다. 둘째, 인사는 실적급과 성과급제, 개방형 임용제가 이에 해당한다. 셋째, 재무는 조달규정의 완화, 예산회계규정의 완화, 절약예산의 이월허용, 총액예산제도(envelope budgeting)의 도입, 발생주의 회계제도 도입, 회계감사의 기능전환 등이 예산회계규정의 현황이 된다. 대외적 측면을 살펴보자. 5가지로 나뉜다. 첫째, 민영화, 둘째, 민간위탁, 셋째, 민간이양, 넷째, 공생산 다섯째, 제3섹터 규제완화 등을 들 수 있다. 제3섹터란 A. Etzioni 학자가 공사행정의 혼합된 영역을 제3섹터(Third Sector)라고 불렀다. 마지막으로 한계점을 살펴보자. 행정의 정치적 책임성 확보가 어렵다. 자세히 말하자면 재량의 확대, 성과중심의 책임 운영기관화 등은 의회와 대통령의 통제를 어렵게 하여 대의 민주주의 기본원리인 정치적 책임성의 확보가 어렵기 때문이다. 또한 계층 간의 형평성이 약화된다. 능률성, 효과성 중심의 성과지향 행정은 수익자 부담의 원칙을 채택하여 계층 간의 형평성을 약화시킨다. 성과측정이 어렵다. 공공부문의 산출물은 산출물의 추상성으로 인하여 성과측정이 어려워 그 적용에 한계가 있다. 조정의 문제와 공무원 사기에도 영향을 준다. 앞에서 살펴본 것과 같이 분권화와 재량의 증대로 인하여 조정, 통합의 문제가 발생하며, 맹목적인 감축개혁 등으로 인하여 공무원의 사기가 저하되어 장기적 생산성이 저하된다.

▣ 예산제도의 상호 비교

재정학적 측면에서 본 신공공관리론은 결과 중심 예산제도(Result Oriented Budget System)로 요액된다. 결과 중심 예산제도는 흔히 이월비의 인정, 예산과목의 축소 등 매우 한정된 예산제도상의 개선 조치로 보인다. 그러나 결과 중심 예산제도의 근본취지는 국민을 위한 최종 산출물, 즉 공공재의 생간을 극대화하는 모든 행위를 지원하는 행위까지 포함하는 광범위한 개념이다. 본 내용에서는 예산개혁의 주요 내용을 소개하기로 한다.

(1) 예산성과금 제도

예산성과금 제도란 공무원의 창의와 경쟁을 통하여 예산 절감 노력을 유도하고 국가 재정의 효율성을 제고하기 위하여 공무원의 자발적인 노력으로 예산을 절약하거나 국고수입을 증대시킨 경우 이에 상응하는 금전적 보상을 하는 제도이다. 예산 절약 또는 국고 수입 증대에 직접 기여한 공무원에 대해서는 그 일부를 성과금으로 지급하고, 다음 회계연도 이후에는 당해 지출 항목예산제도의 한계를 극복하고 정부의 재정 효율성을 제고하는 동시에 이에 기여한 공무원 개인의 복지를 향상시키기 위한 제도이다. 이러한 예산성과금 제도는 '절약한 예산'이 '나의 자원'이 되도록 만들어 준다. 이는 인사관리상의 혜택을 주는 공무원 제안 제도와 함께 공무원 개인에게 직접적인 인센티브를 제공해 준다. 캘리포니아 페어필드(Fairfield) 시와 비살리아(Visalia) 시에서 도입한 지출조절, 제도는 공무원의 자율 지출, 이월예산 허용, 그리고 예산절약의 15%를 보너스로 지급하는 내용을 포함하였다. 즉 시의 예산이 더 이상 누구든 먼저 써 버려야 하는 공유제가 아니라, 그것을 아끼고 효율적으로 쓰면 공무원 자신에게 이윤(보너스와 보람)을 가져다주는 자원이 된다. 시의 재정에 대하여 내가 이 돈의 주인이라면 어떻게 쓸 것인가를 생각하도록 인센티브를 제공하고 제도와 환경도 만들어 준 것이다. 예전에 지출은 규정과 사무관행에 의하여 자동적으로 이루어지기 때문에 배정된 예산으로부터 편익을 느끼던 공무원은 예산을 절약(예산잔고)할 필요가 없었다. 그러나 새로운 제도에 의하여 예산을 절약하면 다양한 인센티브제도를 받게 되는 공무원은 배정된 예산뿐 아니라 절약된 예산으로부터도 편익을 향유한다. 즉 새로운 피드백 경로가 생긴 것이다. 예산성과금은 중앙관서 및 그 소속기관의 직원, 국가 사무를 위임, 위탁받은 지방자치단체 및 기관의 임직원 및 국민제안을 제출하여 채택된 자 등에 대하여 지급된다. 지급요건은 특별한 노력을 통하여 예산의 집행방법이나 제도의 개선이 있어야 하고 그에 대한 효과로 수입 증대 또는 지출 감소가 실제로 발생하여야 한다.

(2) 결과 중심적 보조금 운용

　중앙정부가 직접 공급제를 생산하지 않고 민간 또는 지방자치단체에 그 생산을 위임하는 경우 보조금을 지급한다. 그런데 이런 보조금은 전형적인 공유제이다. 즉 공유제(보조금)를 사용하여 공공재를 생산하여야 하는데 공공재 생산을 평가할 방법이 없다. 그래서 공유재의 획득을 위해서는 치열한 경쟁이 이루어지지만, 일단 획득한 보조금으로 공공재를 생산하는 데에는 전혀 경쟁이 없다. 그래서 보조금이란 먼저 보는 사람이 임자라는 인식이 만연해 있다. 예를 들어 정부가 추진하고 있는 자전거 도로 건설사업을 보자 정부는 지방자치단체가 자전거 도로를 건설하려 할 경우 그 비용의 일정비율을 보조(Matching)해 준다. 지방자치단체로서는 정부보조금으로 인해 건설비용이 낮아지기 때문에 저마다 자전거 도로 건설에 나선다. 그런데 보조금이 자전거 도로 건설 연장(KM)에 따라 주어지기 때문에 지방자치 단체는 건설이 용이한 외곽지역에 자전거 도로를 개설한다. 결과적으로 최종 공공재에 해당하는 자전거 도로 이용자 수는 현저하게 낮아지고 자전거 1회 이용당 단가가 택시 1회 승차 비용보다 높아지는 결과를 빚게 된다. 이럴 경우, 보조금 지급 방법을 건설연장(KM)이 아니라 이용자 수 또는 이용 거리에 연동시키는 것이 결과 중심 예산제도의 취지에 부합된다. 이렇게 바뀌어야 지방자치단체는 자전거 도로 이용률의 향상에 유사 소유권을 느끼게 될 것이고 같은 비용을 가지고 더 많은 사람들이 이용할 수 있도록 사업하는 방법을 찾아낼 것이다. 자전거 도로 건설 사업은 수없이 많은 보조금 사례들 중 하나에 불과하다. 각종 보조금 사업들은 예산지출의 결과 목적한 해당 사업이 양적으로 완수되기만 하면 된다. 완수된 사업의 질적 수준은 대부분 불문에 붙여진다. 그러나 고객인 시민의 입장에서 보면, 양적으로 동일하더라도 질적으로, 우수한 사업성과에 대하여 성과보수를 제공할 수 있어야 한다. 좀 더 구체적으로 말하면, 보조금 지급 계약 시에 우수 성과에 대한 성공 보수를 일정비율 이상 포함시켜야 한다. 그래야, 보조금 사업의 질적 수준에 대하여 사업자가 유사 소유권을 갖게 된다. 요즘은 일명 '자출족'이라 불리는 자전거 도로로 출퇴근하는 시민고객들의 편의를 위해 자전거 타운 및 자전거 주차장을 건설하고 있다. 대중교통 활성화를 위해 중앙버스전용차로를 확대하고, 우이 경전철 등 신교통수단 건설도 추진하며, 지하철 스크린도어 등 편의시설 확충도 꾸준하게 추진하고 있다. 앞으로 2012년에는 자전거 출퇴근이 대중화될 것으로 생각된다. 서울시는 차로를 축소해 자전거 도로를 늘리는 도로다이어트 방식으로 서울 도심 및 부도심과 연결되는 207㎞ 자전거 도로용도로 간선망을 2012년까지 구축하는 자전거 이용 활성화 마스터플랜을 만들었다. 이를 통해 서울시는 현재의 자전거 수송 부담률 1.2%를 2012년 4.4%로 끌어올린다는 목표를 세우고 있다. 서울 신림동에도 경전철이 생긴다. 자전거로 출퇴근하는 사람을 흔히 볼 수 있다. 자전거로 여행을 해도 참 멋질 것 같다. 우연히 자전거로 일본까지 다녀온 사람의 체험수기를 본 기억이 난다. 잦은 고장도 능숙하게 잘 다루고 오르막길에 체인이 걸리면 돌려서 바로잡는다. 그런데 일본은 우측으로 운전하든데 조금 위험할 것 같다. 접이식 자전거도 보편적으로 시중에 나와 있으니 전철 안에도 탑승하는 데 별 무리가 없을 듯하다. 너무 저가의 중국산 자전거는 구입하지 말아야 한다.

바퀴에서 석면가루가 방출되어 공기 중으로 떠돌면 피부에 닿을 수 있어서 건강에 해롭다.

(3) 예비 타탕성 제도

우선순위에 입각한 효율적인 자원 배분과 대형 투자산업의 차질 없는 추진을 위해서는 경제적, 기술적, 타당성에 대한 면밀한 사전검토가 필요하다. 경제적 타당성에 대한 사전 검증 없이 신규 사업을 무리하게 추진할 경우 예기치 않은 사업비 증액과 잦은 사업계획 변경 등을 초래할 수 있기 때문이다. 또한 일단 사업이 착수된 이후 타당성이 없음을 이유로 중도에 사업을 취소하는 것은 그간의 투입 비용 상실과 지역 주민의 반발 등으로 현실적으로 곤란하기 때문에 사전 타당성 검토는 매우 중요하다. 대규모 공공 투자 사업에 대한 신규투자를 투명하고 공정하게 결정하기 위하여 예산회계법 시행렬을 개정하여 1990년도부터 예비타당성 조사제도를 도입하였다. 사업 추진 단계를 예비 타당성 조사 설계 보상 착오의 순으로 진행하고, 원칙적으로 예산도 단계별로 반영되고 있다. 즉 본격적인 타당성 조사 및 기본 설계 이전에 B/C분석, 다른 사업과의 투자, 우선순위, 적정투자 시기, 재원 조달 방안 등 경제적, 정책적, 타당성 등을 중립적인 입장에서 집중 검토하여 타당성이 입증된 경우에 한하여 사업을 추진하도록 하였다. 예비 타당성 조사의 대상은 총사업비 500억원 이상인 사업으로 건설 공사가 포함된 사업이다. 국가 집행 사업, 국가 대행 사업뿐만 아니라 지방 자치 단체 사업 및 민자유치 사업에 대해서도 국고 지원이 전제되는 한 예비 타당성 조사가 필요하다.

또한 2002년 3월 기금관리법 시행령 개정으로 기금 사업도 일정 요건에 해당할 경우 예비 타당성 조사가 필요하다.

(4) 총사업비관리제도

총사업비관리제도는 대형 투자 산업의 추진 과정에서 사업비 증가를 엄격히 관리하기 위하여 예산편성과 관련하여 사업비 증액 요인을 예산 당국과 사업 추진 부처가 사전 협의 조정하는 제도이다. 이 제도는 재정지출의 생산성을 제고하고 시설공사의 품질을 확보하기 위하여 1994년도부터 운영되고 있으며, 1999년도부터는 조달청 선심제도 도입으로 설계 결과에 대한 검토를 강화하고 설계 적정성 제고를 통한 착공 이후 무분별한 사업비 증가를 예방하기 위하여 기본 설계의 단가를 현실화하여 관련 규정에 반영하였다. 대형 공공 투자 산업은 사업추진 단계별로 관리 산업대상의 사업규모, 사업비, 사업 기간을 엄격한 절차와 원칙으로 관리하고 있다.

▣ 한계이익분석

한계(Marginal)란 의미는 한 단위가 추가 될 때, 발생하는 비용과 수익인 변동을 수치화한 것을 의미한다. 한계이익과 한계비용을 측정한다는 것은 이와 관련된 비용과 수익을 조사하는 것이다. 한계개념은 이익이나 기여 정도를 측정할 수 있을 뿐만 아니라 수익 대비 비용의 분석을 실시하는 데 유용한 수단을 제공한다. 물론 한계수익과 한계비용의 추이가 항상 바람직한 방향으로만 진행되는 것은 아니어서 어떤 시점에서는 비용이 수익을 압도하여 비용증가 현상이 나타나기도 한다.

손익분기점이란 (BEP)변동비와 공정비를 포함한 비용의 총계화, 이로부터 획득하게 되는 수익의 총계가 일치되는 시점을 가리킨다. 따라서 이 지점에서는 순이익이 영이 된다. 손익분기점을 자세히 검토하기 전에 고정비와 변동비의 개념으로부터 파악하기로 한다. 개념상 고정비는 단기간 내에 변하지 않는 비용이라고 정의된다. 반면에 변동비는 제공되는 재화나 서비스의 양에 비례하여 증가한다. 손익분기점 분석은 경제학 분야에서 개발된 개념인데 민간 경영 분야에 경영계획을 수립하기 위하여 채용한 것이다. 따라서 손익분기점을 쉽게 이해하려면 경영학적인 실례를 들어서 설명하는 것이 좋겠다. 출판사에서 책을 서점에 한 권당 80,000원의 가격으로 판매하는데 고정비는 1억 6,000만 원이고 소요되는 종이 등과 같은 변동비는 1권당 4,000원이다. 몇 권의 책을 팔았을 때 이익도 손해도 없는 것인지 또한 출판사에서 순이익을 4억 원으로 정하였다면 과연 몇 권의 책을 판매해야 하는가를 알아보자. 손익분기점＝(고정비＋기대하는 순수익)÷(판매가격－변동비)

$$= (160{,}000{,}000 + 0) \div (8{,}000 - 4{,}000)$$

$$= 160{,}000{,}000 \div 4{,}000$$

$$= 40{,}000(\text{권})$$

4만 권의 책을 판매하면 이 출판사가 손해도 이익도 없다. 4만 권 이상을 판매할 수 없다면 출판을 하지 않는 것이 현명할 것이다.

또 4억 원의 수익을 보장하는 판매량

$$= (160,000,000 + 400,000,000) \div (8,000 - 4,000) =$$

$560,000,000 \div 4,000 = 140,000$(권) 이만큼 팔아야 수익이 생긴다는 것이다.

◾ 재무분석

재무비율은 조직의 재무자료를 통해 살펴볼 수 있는데 많은 자료 중에서 대차대조표와 손익계산서를 통해 확보할 수 있다. 조직에서는 다양한 종류의 재무자료가 작성된다. 그러나 일반적으로 사용되는 재무자료로는 손익계산서와 대차대조표이다. 대차대조표는 특정 시점에서의 (일반적으로 12월 31일)자산, 부채의 상태를 파악할 수 있게 해 준다. 자산과 부채는 유동성이 있느냐 없느냐를 기준으로 유동자산과 유동부채, 고정자산과 고정부채로 크게 구분할 수 있다. 손익계산서는 특정조직이 일정 기간(보통 1년 단위) 동안의 사업을 운영한 결과를 나타내는 표이다. 손익계산서는 몇 개의 중요 영역으로 구성된다. 첫째, 수익항목으로 조직이 일정 기간 동안의 획득한 총수익을 표시한다. 둘째, 비용항목으로 일정 기간 동안 사용된 제반 비용을 표시한다. 셋째, 총수익에서 총비용을 제거한 이익 또는 손실 부분이다.

▣ 비율분석

대차대조표와 손익계산서를 이용하여 비율을 도출할 수 있다. 이 비율이 갖는 의미를 이해한다면 업무수행 상태를 분석하기 위하여 비율분석을 실시할 수 있다. 민간경영에서 개발된 각종 비율분석을 통해 행정조직의 유동성, 수익성, 활동성 및 성장성 비율 등을 파악할 수 있다. 민간부문에서 개발된 여러 비율의 특성에 맞게 약간 수정된다면 큰 무리 없이 적용 가능하다.

▣ 예산 설정 방법

예산 설정에는 수많은 접근법이 있다. 이 중에서 각 부서 관리자가 예산을 설정하여 상관에게 제시하는 상향식 접근방법이 많이 사용되고 있다. 이들은 예산을 함께 토론하고 최종적으로 결정하는 데 참여한다. 다른 접근 방법으로는 승인(세출)예산이 있다. 이 방법은 정부당국과 같은 외부 단체에 의해 지출이 고정될 때 이용된다. 세출예산하에서 연간예산은 지난해의 지출실적에 비례하여 조정되며 할당된 금액을 사용하도록 장려하므로 차기예산은 실적에 따라 점차적으로 증가한다. 이 경우 실적이 점차 증가하여 할당된 예산이 늘어나기도 하지만 한편으로는 보다 많은 예산을 확보하기 위하여 실적 증가에 열을 올리는 경우도 있다. 예산이 단순한 실적의 표현만은 아니어서 정치적인 성격도 띠기 때문에 이러한 현상이 나타난다. 한편 또 다른 접근법으로 영기준예산이 있다. 영기준예산이란 모든 부서나 프로그램은 존재 가치가 없으면 지속될 수 없다는 전제하에서 형성된다. 영기준예산은 두 가지 중요한 단계를 거친다. 먼저 각각의 예산이 부서, 프로그램 또는 사례별로 제시된다. 다음 단계로 우선순위나 등급에 설정된다. 이와 같은 방법은 재원을 할당하여 가장 중요하고 많은 수익을 올리는 부서에는 집중적으로 자금자원을 대 주고 가치가 없는 부서는 걸러내는 기능을 수행한다.

예산제도에 따른 현대의 변화

앞에서 설명한 것과 같이 예산은 일정 기간에 걸친 세입, 세출의 재정적 계획이다. 이러한 예산은 다음과 같은 특징을 갖는다. 첫째, 헌법과 법률에 의해 편성된다. 둘째, 국회의 심의를 거친 재정계획이다. 셋째, 정책의 계수적 표현이며 정부의 사업 계획이다. 전통과 현대적 예산의 원칙을 비교하면 다음과 같다. 최초로 예산의 원칙을 제시한 사람은 L. Say이다. 그 후 여러 사람들에 의해 예산의 원칙이 제시되었는데, 19세기 입법부 중심의 예산 원칙과 현대 행정국가 예산 원칙은 많은 차이가 있다. 회계의 원칙으로는 공개성, 통일성, 단일성, 완전성, 계획성, 그리고 회계연도 독립의 원칙 등을 들 수 있다. 노이마르크(F. Neumark)에 의해 주장된 전통적 예산 원칙은 입법 국가시대의 예산원칙으로서 통제지향적인 성격을 갖는다. 노이마르크의 원칙은 다음과 같다. 먼저 공개성의 원칙 예산절차의 주요 단계(편성, 심의 집행, 회계검사)는 국민에게 공개되어야 한다. 예산 완정성의 원칙(예산 총계주의) 예산에 정부의 모든 수입과 지출이 빠짐없이 포함됨으로써 예산에는 모든 정부의 활동이 반영되어 있어야 한다는 원칙이다. 따라서 순계예산은 예외가 된다. 순계예산은 총계예산에서 징세비를 제외한 예산을 말한다. 예산순계는 일반회계와 특별회계 간의 중복부분을 제외한 진정한 의미의 예산을 말한다. 예산 명료성의 원칙은 예산이 합리적으로 분류되고 금액이 정확히 계산되며 수입 지출의 근거와 용도를 명확히 함으로써 국민에게 쉽게 이해될 수 있어야 하는 것이다. 예산 단일성의 원칙에서 예산은 국고통일주의 회계통일주의에 따라 구조 면에서 단일해야 한다. 예외적으로 추가경정예산 특별회계 예산 등이 있다. 예산 통일성의 원칙 자기목적 구속금지 원칙의 원리라고 하며 장부예산은 수입과 특정지출이 연계되어서는 안 된다는 것을 말한다. 이에 대한 예외로는 특별회계 목적세, 수입대체경비 등이 있다. 예산이 결산과 완전히 일치되기는 어렵겠지만 그 차이는 가능한 최소화하여야 하는 원칙이다.

▣ 현대적 예산의 원칙

H. D. Smith는 미국 연방예산 국장으로 재임했던 분이다. 자율성 책임성의 원칙은 다음과 같다. 예산 담당자 스스로가 예산을 경제적으로 집행하는 것을 말한다. 외부로부터의 통제보다는 예산 담당자의 자율성과 현실적합성을 토대로 주어진 예산을 사용할 경우에 오히려 국가차원의 효율적인 활용을 기할 수 있다. 또한 행정부에 예산집행의 재량을 넓게 인정해 주어, 예산 운영의 합목적성을 제고시켜야 한다는 것이다. 예산편성은 합리적이고 진취적인 정부사업계획과 서로 유기적으로 관계를 가지고 이루어져야 하며 행정수반의 감독하에 행해져야 할 것이다. 예산편성, 예산 심의 예산 집행은 정부

기관으로부터 제출되는 재정 보고 및 업무 보고에 기초를 두어야 한다는 것으로 근거자료에 근거하지 않는 무제한식의 예산 사정은 바람직하지 않다는 것이다. 다시 말해 예산은 경제사정 등 객관적 정세의 변동에 적응할 수 있는 조항을 포함해야 한다. 즉 의회가 일정한 건설, 개발사업에 소요되는 자금을 5년 정도의 장기에 걸쳐 의결해 준다면 시기의 신축성이 확보될 수 있을 것이다. 정부의 예산편성은 이렇게 복잡하고 까다로운 절차로 이루어지는 것 같다. 이 학교에 입학하기 전에 보건행정강의를 처음 들을 때는 용어도 너무 어렵고 귀에 잘 안 들어와서 행정 과목을 공부하고 싶어서 들어왔는데…… 확연히 잘 깨우치고 얻어 가는 것 같다. 사회과학 계열의 과목은 개념을 정확하게 알아야 할 필요가 있는 것 같다. 우리 아버지가 늘 말을 할 때는 삼사일언, 3번 생각하고 한 번 말해야 한다고 하셨다. 그 말처럼 입 밖으로 한 번 쏟아진 말은 다시 주울 수가 없기 때문에 항상 행동 몸가짐을 올바르게 하라고 듣고 자랐다. 또한 명명백백히 하라고 당부하셨다. 말끝을 흐리지 말고 정확히 알고 말하는 것과 대충 말하고 얼버무리고 말하는 것은 가벼워 보이고 믿음이 가지 않는다고 하셨다. 누가 행정과를 나왔는데 "뭐 배웠어?"라고 묻는다면 자신 있게 정치권력을 행사하는 정부의 활동이라고 간단명료하게 말을 할 수 있다. 사실 전문대 중에 순수 행정과는 눈을 씻고 찾아봐도 없다. 복지행정계열로 바뀌어 마지막 맥을 다하는 것 같아, 배움의 기회를 얻은 행운을 갖고 가는 것 같아 기쁘면서도 한편으로는 씁쓸하다. 주변에서는 다들 이렇게 말을 한다. 원래 졸업하면 전공과는 다른 길을 가게 되고 진짜 그 방면으로 가는 사람은 드물다고 했다. 전공을 살리면 좋겠지만 그냥 학식을 넓히고 자부심만

충만한 것으로 만족하면 된다는 소박한 생각을 갖게 된다. 앞에 서론에서 얘기한 것처럼 요즘은 고객중심주의에 많이 치우치는 것 같다. 그러다 보니 Crazy Customer도 속속들이 등장하고 있다. 새 정부 출범 이후 민영화가 활성화되면 감정노동에 시달릴 것 같다는 생각이 든다. 전문직, 서비스직, 병원이나 백화점에서 일하는 사람들은 사람들에게 많이 시달리기 때문에 직무 스트레스보다 동료들 간의 이해관계와 상식을 벗어나는 고객들 때문에 속을 썩이는 것 같다. 스마일증후군이라고 인상을 찌푸리지 않기 위해 억지웃음을 자아내다가 정말 화날 때 웃음만 나오는 이상한 일이 벌어지는 것이다. 너무 자신의 감정을 김장하듯 꾹꾹 누르면 화병이 생길 텐데……. 가장 치유가 되는 방법으로는 수다, 박수, 웃음 이 세 가지가 조화를 이루면 말끔히 떨쳐 버릴 수 있다. 그래서 새로운 직업으로 웃음 치료사가 생긴 것 같다. 그냥 사소한 일에 가슴 칠 것 없이 가볍게 날리고 낙천적인 사고방식이 마음 편할 것이다. 조직, 인사, 재무 이 세 가지 모두 어려운 과제이지만 그중에서도 재무가 더 무리수고 어려운 것 같다. 회계감사가 나오면 한 치의 오차도 없이 잘 맞춰져 있어야 하기 때문이다. 이런 일을 오래 하다 보면 사람이 작아진다고 한다.

참고문헌

김동민(2003), 『보건행정』, 간호학 전문 연수원.
한만봉(2006), 『행정경제교육』, 한국학술정보(주).
한만봉(2009), 『사회복지정책론』, 한국학술정보(주).
한만봉(2009), 『사회복지행정론』, 한국학술정보(주).

4. 재무행정과 인접학문과의 상관관계

복지재무란 정부의 정책이나 계획을 실현하기 위한 재정의 운용을 말한다. 여기서 재정운용은 정부에서만 하는 것이 아니라 기업이나 기타 행정 관련 조직에서 계획을 실현하기 위해 마찬가지로 한다. 사회에서 최근 복지국가 실현을 위해 예산을 많이 투자하고 있는데, 이러한 복지국가 실현을 위해 많은 재정을 투입한 지는 얼마 되지 않는다. 이러한 재정인 국가 예산의 사용은 다른 기타 여러 학문과 국민이 바라는 대로 시행되어야 한다.

▣ 재무의 관계

정부와 재무행정, 그리고 국민의 관계는 국민은 정부를 운영하는 데 필요한 자원을 납부하고, 정부는 그것을 가지고 행정서비스를 생산하여 국민에게 제공한다. 이때 정부의 자금을 관리하고 운영하는 것이 재무행정이다. 그러나 이런 상식의 확인만으로는 인적 자본이 축적될 것 같지 않다. 정부와 국민의 관계를 설명하는 여러 가지 이론이 많지만, 그중에서도 대리인이론을 대표적이라 할 수 있다.

1) 정부와 국민의 관계

(1) 대리인 이론

헌법학에는 국가의 존재에 대하여 권력설 위임설 등 여러 가지 학설이 있다. 우리나라에서는 권력설이 월등 많은 지지를 받는 것 같다. 그러나 민주화가 진행되어 감에 따라 서구식의 위임설이 점차 증가하고 있다. 위임설이란 국가의 주권은 국민에게 있지만, 국민이 직접 정부를 운영할 수 없기 때문에 대통령에게 국민의 일을 대신 수행해 달라고 위임했다는 견해이다. 즉 행정부수반인 대통령은 국민의 대리인이라고 본다. 이것은 과거의 국가관과 상당히 차이가 난다. 국민이 직접행정을 도맡을 수 없기 때문에 국민은 대통령을 대리인으로 삼았지만, 대통령이라고 해서 모든 행정을 혼자서 다 처리할 수는 없다. 그래서 그는 자신의 대리인으로 장관 등 국무 위원들을 임명한다. 장관 역시 방대한 업무를 혼자서 처리하지 못한다. 그래서 실장 및 국장이라는 대리인을 둔다. 국민들이 가장 많이 접촉하는 일선행정담당자는 복잡한 여러 단계의 대리관계를 거친 국민의 대리인이다.

(2) 대리인의 문제

대리인은 주인의 일을 대신 수행하기 위해 존재한다는 것이 규범적인 이치이다. 그러나 실상은 그렇지 않다. 현실세계에서 대리인은 주인이 기대하는 만큼 그렇게 신의 성실하지 않을 수도 있으며, 또 주인과 다른 목표를 갖고 있을 수도 있다. 경우에 따라서는 우월한

정보를 가지고 주인을 무시하거나 지배하는 수도 많다. 대리인을 고용하면 편리한 점도 있지만, 경우에 따라서는 오히려 복잡한 문제가 야기되는 수도 있다. 이를 대리인 문제라고 한다.

2) 정부예산의 대리인 감시기능

▲ SCHICK의 예산기능론

정부예산이 통제기능관리기능 기획기능을 갖는다고 하였다. 즉 예산을 통해 대리인들을 행정행위를 통제하고, 예산을 통해 그들이 더욱 효율적인 방법을 찾도록 하며, 또 예산을 통해 대리인들이 일을 잘 계획해서 추진하도록 한다는 것이다.

(1) 통제기능

통제는 상사가 결정한 정책이나 계획을 담당공무원이 효과적이고 능률적으로 수행하도록 만드는 과정이다. 통제는 부처의 예산편성 과정에도 나타나지만, 특히 집행과정에서 두드러진다. 복잡한 여러 가지 보고 절차와 규정들은 모두 다 통제를 위한 것이다. 중앙예산기구는 계획기능을 중심으로 활동이 이루어지고, 통제는 집행부처에서 자율적으로 일어나는 것이 바람직하다. 그러나 내부통제제도가 결핍되면 중앙예산기구는 계획기능을 제쳐놓고 통제기능에 주력하게 된다. 중앙행정관서가 지출한도를 어떻게 준수할 것인가, 지출의 타당성을 확보할 수 있는 보고절차는 무엇인가, 대부분의 예산회계정보 체계는 통제목적을 달성할 수 있도록 구조화된다. 이 과정에서 예산의 낭비가 어느 정도 차단된다.

(2) 관리기능

공무원이 부당하게 정부의 재정자원을 남용할 가능성만 차단하는 것으로 예산의 기능이 완수된 것은 아니다. 그것보다는 더욱 적극적으로 "같은 돈이라도 얼마나 효율적으로 사용하느냐."가 중용한 관건이다. 이것이 바로 관리 기능이다.

사회가 복잡해지고 정부의 활동규모가 커지게 되면, 조직의 자원을 효과적으로 배치하는 관리기능이 더욱더 중요해진다. 이때 예산이 얼마나 효율적 이었는가를 측정하기 위한 각종 성과지표들이 개발되기도 한다.

(3) 계획기능

계획기능은 예산의 전략기획기능을 중요시한다. 이것은 조직의 목표가 무엇인가, 이 목표를 달성하기 위해서 자원은 어떻게 획득하여 배치하여야 하는가에 주안점을 둔다. 그리고 예산이 중간관리자의 도구가 되기보다는 최고관리자의 직접적 수단이 되기를 원한다. 예산은 그 지출규모의 방대함 때문에 거시경제에 미치는 영향력이 크다. 물가억제를 위하여 예산정책을 어떻게 세워야 하는가? X사업과 Y사업 중에서 어떤 것에 예산지출을 해야 국민의 만족감이 향상될 것인가? 이런 질문들에 대한 답을 구하는 것이 계획기능이다. 우리나라의 정부예산 역시 계획 관리 통제 기능을 한꺼번에 수행하고 있다. 이 중에서도 통제기능은 가장 잘 발휘되고 있으며, 계획기능 또한 강력하다. 다만, 계획의 경우 기획력에 의문이 제기될 수 있고, 또 상충하는 계획 간의 조정능력도 미흡한 편이다. 우리나라 예산에서 가장 취약한 것이 관리기능이다. "원가개념이 없다."는 말로 요약되는 관리능력의 취약성은 앞으로 우리 정부가 극복해야 할 중대한 과제이다.

3) 재무 관련 기관의 관계

(1) 재정경제부

예산편성과 이를 통한 사업 감독은 기획예산처가 담당한다. 그러나 지출행위에 따른 지급행위는 재정경제부의 '국고국'에서 담당한다. '국고국'은 지급행위뿐 아니라 수입행위도 관장하기 때문에 '수입지출 총괄기구'라고 부르기도 한다.

재정경제부는 국고 외에 '세제실', '경제정책국', '금융정책국', '국제 금융국' 등이 있다. 이들은 정부의 예산기능과 직접적으로는 관련이 없지만, 재정경제부가 다음과 같은 세 가지 기능을 수행하고 있기 때문에 예산의 편성 및 집행과 불가분의 관계가 있다. ① 거시예산결정에의 참여, ② 세입의 추계, ③ 자금계획과 회계

(2) 국세청

국세청은 정부의 국고수립을 확보하기 위해 국세를 부과하고 징수사찰하는 자원추출기관이다. 그리고 국세청은 구가정보원 검찰청과

함께 국가의 3대 권력 유지기관에 속한다. 대통령은 통치를 위해서는 이 세 기관을 반드시 장악하고 있어야 한다.

(3) 조달청

조달청은 정부의 각 부처에서 필요로 하는 조달물자의 구매, 보관, 조작 및 공급에 관한 사무와 정부의 주요 시설공사계약에 관한 사무를 관장한다.

(4) 한국은행

한국은행은 우리나라의 중앙은행으로서 국고금의 출납을 대행하고 있다. 엄격한 의미에서 정부기관은 아니지만 은행의 은행으로서 매일 수납한 정부의 수입을 정부예금계정에 넣고, 예산지출 또 한 이 계정으로 인출되게 함으로써 국가의 현금흐름을 집중 관리한다. 미국의 경우에는 연방준비기금이 중앙은행이다. 은행이란 명칭을 쓰지 않고 있는데, 이는 미국독립 당시 유럽풍의 이름을 기피한다는 차원에서 그렇게 명명된 것일 뿐 실질적인 기능은 중앙은행과 동일하다.

(5) 감사원

한국 재무행정제도의 가장 큰 특징은 중앙집권적 하향식이라는 점과 통제중심이라는 점이다. 이런 특징은 나름대로 장단점이 있다. 다양한 욕구를 수용하지 못하고 경직적이라는 단점이 있는 반면에, 재정자원이 낭비되지 않고 집중적인 사업추진이 가능하다는 장점이 있

다. 이러한 예산제도의 공과에 대하여 찬반양론이 있지만, 대체적으로
보아 한국의 예산제도는 그런 대로 쓸 만하다는 중평이다. 최소한 통
제는 잘하고 있지 않느냐는 것이다. 세계의 여러 국가 중 자기예산의
통제도 제대로 하지 못하는 나라가 많다. 게다가 재정자원을 집중 투
자할 의사결정능력과 추진력까지 갖춘 나라는 더더구나 많지 않다.
한국의 예산제도가 통제 면에서 성공하고 있는 이면에는 비교적 잘
발달된 감사제도가 있다. 공무원들이 과연 대통령이 의도한 대로 행
정을 잘하고 있느냐를 알아내고, 또 그렇게 되도록 유도해 왔다. 감사
는 각 부처마다 감사관이 있어서 자체적으로 시행하는 감사가 있고,
국가적으로는 감사원이 있어서 이 기능을 수행해 오고 있다.

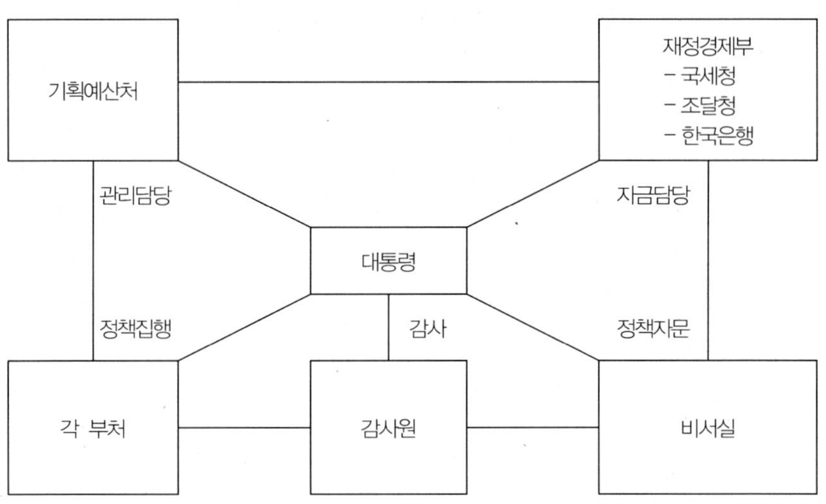

5. 재무행정과 인접학문의 관계

1) 경영학 측면

기업의 재무관리 담당자는 기업조직의 경영목표를 달성하기 위하여 효율적으로 자금을 조달하고 운용, 관리, 통제하는 총제적인 역할을 행함으로써 기업경영의 가장 기본적이고도 중요한 기능을 행한다고 할 수 있다. 따라서 국내 대기업을 비롯하여 세계 많은 대기업 최고경영자들의 배경을 보면 많은 경우 재무관리의 지식 및 경험을 풍부하게 가진 재무 관련 담당자가 그 맥을 잇고 있음은 당연한 현상이라 할 수 있다.

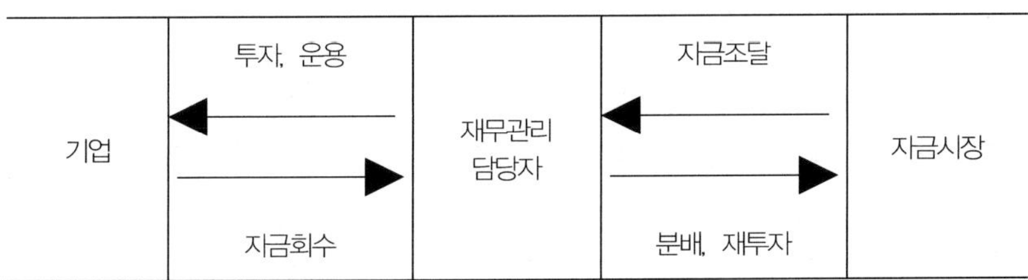

▲ 인센티브 시스템(금전적 보상)

조직의 구성원들로 하여금 이들에게 내재되어 있는 심리적 에너지를 끌어내는 노력이나 장치가 필요하다. 인센티브란 목표달성의욕을 불러일으키는 원천으로서 개인이 가지고 있는 욕구를 자극하여 사람들의 행동을 조직의 협력으로 이끄는 데 기여하는 조직이 제공하는 요인이며 또한 이것을 구조적으로 체계화한 것이 인센티브 시스템이다. LG전자는 이른바 '챔피언 인센티브' 제도를 도입해 스타급 엔지니어를 탄생시켰다. 인센티브는 1인당 최고 5,000만 원. 연봉이 5,000만 원 정도 연구원이 이 인센티브를 받으면 1억 원대의 고액 소득자가 된다. 또한 삼성전기도 기술 개발자에 대한 보상금을 최고 300만 원에서 1,000만 원으로 올리고 이 기술을 처분해 수익을 올리면 그에 상응하는 성과급을 별도로 지급하고 있다. 이와 같은 인센티브 시스템의 중요성은 직무에 많은 영향을 준다. 인센티브 시스템이 어떻게 설계되어 있는가는 개인의 노력수준 혹은 심리적 에너지의 유발에도 큰 영향을 미친다. 개인의 업적과 그에 따른 인센티브가 연동되도록 설계되면 개인 노력의 주입은 커지게 된다.

2) 인사관리 측면

인사관리 측면에서 인사행정의 보상관리를 예로 들 수 있다. 근무의 대가로 누릴 수 있는 권리를 말하며, 직접적인 보상에는 금전보상이 있다. 재무 행정적 측면에서 효율적인 인사관리를 생각해 보면 금전적인 보상으로 인한 능률 향상이 뚜렷하게 나타난다. 이러한 금전적인 보상의 보수체계는 시간급, 연공급, 생활급, 능력급, 직무급, 성과급, 연봉급, 부가급 등으로 나누어진다. 보수의 종류는 크게 기본급 + 부가급으로 구분할 수 있으며 기본급이란 기본근무시간에 대하여 지급되는 고정급을 말하며 부가급 산정에 기준이 된다. 또한 연금제도가 있는데 연금제도의 가장 주된 목적은 퇴직연금이라고 할 수 있다. 퇴직연금은 일정 기간 국가나 기업에서 퇴직 후 생활을 보

장해 주기 위해 주는 것이다. 퇴직 후 보다 많은 연금을 받아서 자
신에게 보다 안전한 노후 생활을 즐기려면 재직 중 근무 능률을 향
상시켜야 된다.

3) 사회복지 측면

사회복지재정은 사회복지활동을 위하여 필요한 제 경비의 획득,
지출, 관리의 계획적, 조직적 행위로서 본래의 국가 또는 지방자치단
체가 행하는 재정활동을 말하며, 민간사회복지시설의 경영에 관해서
도 확대하여 사용하는 경우가 있다. 국가 또는 지방자치단체를 비롯
하여 사회복지 기관, 기타 공공기관에서 운영에 필요한 재원을 합리
적이고 계획적으로 동원 배분하고 이를 효율적으로 사용 관리하는
과정이라 할 수 있다. 이러한 점에서 사회복지기관에 있어서 재무관
리는 사회복지서비스를 실시함에 있어 그 양과 질의 향상을 좌우하
는 중요한 의의를 갖게 된다.

4) 경제학 측면

양적인 측면에서 볼 때 재정정책은 지출 및 세입의 차이에 의해
그 효과가 나타난다. 재정지출은 그 자체로써 총수요의 일부가 되어
경기를 상승시키는 반면 조세수입은 국민들의 가처분 소득을 감소시
켜 경기를 하강시킨다. 따라서 재정적자가 될 경우 총수요는 증가하
게 되며 재정흑자의 경우에는 총수요가 감소하게 된다. 다만 지출과

세입이 동일한 규모로 이루어지는 경우 균형예산의 경우에도 약간의 총수요증가가 이루어진다. 왜냐하면 재정지출은 그 전량이 총수요증가로 나타나는 것이 아니라 세입의 증가로 인한 소비지출의 감소만큼이 총수요감소로 나타나기 때문이다.

양적인 측면뿐 아니라 지출 및 세입의 구조도 총수요에 영향을 미친다. 지출의 경우 그것이 투자적 성격의 지출인가 또는 인건비, 국방비, 사회보장비 등 소비적 성격의 것인가에 따라 총수요 및 총공급 곡선은 장기적으로 다른 영향을 받게 된다. 일반적으로 모든 재정 지출은 총수요를 증가시키지만 투자적 성격 지출의 경우 장기적으로는 총공급 곡선 역시 증가하게 된다.

위와 같이 복지재무는 독립적인 행정이 아닌 인사, 조직, 사회복지, 경영 등과 같이 정책의 실현에 앞서 재정의 기초가 되지 않는 계획들은 무의미하다. 이처럼 재무행정은 우리가 잘 볼 수 없지만 기타 여러 학문의 실행에 기초가 된다. 최근 이명박 정부는 녹색성장이란 목표로 4대강 사업을 내세웠지만 그에 필요한 재정낭비로 인해 시행되지 않았다. 이처럼 정부에서 잘못된 재정사용을 할 경우 많은 예산낭비와 국민의 세금으로 올바른 정책이 시행되기 위해 재무행정은 꼭 필요하다. 또한 미국의 항목별 예산방식을 인용하고 있지만 보다 세밀한 파악을 하여 국가의 예산이 올바르게 쓰일 수 있도록 해야 할 것이다.

참고문헌

박영유(2004), 『경제학원론』, 삼양사.
원조석(2008), 『사회복지정책론』, 양서원.
최창호(2004), 『새 행정학』, 삼양사.
정창영(2000), 『경제학원론』, 세경사.
윤영진(2008), 『새 재무행정학』, 대영문화사.
황인태(2008), 『경영학개론』, 형지사.
한만봉(2006), 『행정경제교육』, 한국학술정보(주).
한만봉(2006), 『사회복지정책론』, 한국학술정보(주).
한만봉(2006), 『사회복지행정론』, 한국학술정보(주).

6. 미국의 복지재무조직

　재무에서는 재원동원 및 배분, 그리고 내부적 통제 및 효율적인 활용을 위한 종합적인 관리수단에 대한 학습을 주요 내용으로 하여야 한다. 따라서 재무행정이 포괄하는 세 가지 주요 활동은 첫째, 재정정책 및 거시경제, 둘째, 효율적인 재원배분, 셋째, 재원통제라 할 수 있다. 재무는 효과적이고 효율적인 자금의 조달과 관리, 그리고 사용에 대한 학문으로 행정조직은 행정문제의 해결을 위한 대안을 선택하는 기획을 하고 수립된 계획의 집행을 위해 자금을 조달하며 이를 사용하여 예산을 집행한다. 자금은 조달된 뒤 사용될 때까지 효율적으로 관리되어야 하며 계획이 집행된 후 목적한 결과가 효과적이고 효율적으로 발생하는지 통제하고 평가를 실시하게 된다. 재무행정은 행정조직의 목표, 즉 행정문제의 해결을 위한 최선의 대안을 선정하는 의사결정과정, 대안의 실행을 위한 구체적 계획의 작성, 자금의 조달, 자금의 관리, 자금의 사용, 목표를 효과적이고 효율적으로 달성했는가를 평가하는 통제과정 등에 대한 연구인 것이다. 따라서 복지재무행정과정은 행정조직의 기본적 관리과정, 즉 전략계획, 구체적 사업계획, 사전 및 사후평가와 어우러지는 과정에 있어서 세출, 세입 그리고 회계통제 과정을 통하여 긴밀히 연계된다. 최근 재무행정의 변화되는 정향은 법과 제도중심에서 종합적인 재정관리로 바뀌고 있는 것이다. 한편 수입과 지출이 직접적으로 연계되지 못하는 공공부문과 민간부문의 복지재무행정과 재무관리 간의 비교도 유용한 정보를 제공해야 한다. 특히 위험도와 수익성의 균형, 회계원리의 적용, 부채 및 신용정책에 있어 간부사점과 차이점이 두드러진다. 먼저 공사부문 재무관리민간부사점으로는 현금(cash flow)의 효과적 운용, 금융시장의 활용, 공개경쟁입찰, 종업원에 대한 연금 및 노조 문제 등이 들어진다. 반면에 차이점으로 궁극적으로 추구하는 목표와 재원조달방법, 부채 및 적자의 개념상의 차이가 중요하다.

미국의 복지재무 행정조직은 1970년 7월 1일을 기하여 예산국은 관리예산처(OMB)로 개칭되고 내부조직도 다소 개혁을 보았으나 여전히 대통령 직속하에 있는 대통령실의 기관으로서 그 기능을 발휘하고 있다. 1921년에 설치된 예산국은 1970년에 관리예산처로 개칭되기까지 조직과 기능에 있어서 많은 변동을 거듭했다. 특히 Harold D. Smith 예산국장하에서 대내적인 기구확장이 이루어졌다. 1940년에는 67만 달러였던 예산국의 예산이 1943년에는 근 300만 달러로 증액되었고, 직원도 40명에서 500명 이상으로 증원되었던 것이다. 특히 1967년에는 예산국의 행정관리기능과 관련하여 대폭적인 기구개편이 있었다. 1970년 7월에는 예산국에서 관리예산처로 개칭되었을 뿐만 아니라 기구개편이 있었으며, 1981년 레이건 행정부 출범과 동시에 대폭적인 기구개편이 단행되어 현재는 처장, 부처장 밑에 크게 예산담당기구와 기구개편, 관리담당기구로 나누어져 있다. 기타 복지재무행정기관으로는 재무성, 회계심사원, 조달청이 있다. 재무성은 그 회계국을 통하여 주계부에 기재하고 각종의 재정보고를 작성하며, 국가기관과 상당수의 지방 출장소를 통하여 대부분의 행정기관에 대하여 중앙지출 기관의 구실을 한다. 재무성은 국세청과 세관국을 통하여 국고세입을 징수한다. 조폐국을 통하여 지폐와 증권 인쇄의 책임을 지며, 주조소를 운영하며 공채를 관리한다.

▣ 미국의 복지재무행정 기관

일반적으로 복지재무행정 기관으로는 예산 · 회계 · 회계검사 · 조달 등의 기관을 든다. 각국의 중앙 재무행정 기관의 존재형식을 보면 행정수반에 소속하는 직속형과 정부의 한 부처가 중앙 재무행정 기관이 되는 분속형이 있다. 중앙 예산 기관에 있어서는 전자의 대표적인 예가 미국이고, 후자의 그것이 영국이다.

복지재무행정 기관에는 관리 예산처, 재무성, 회계검사원, 조달청이 있으며, 관리 예산처는 대통령 소속기관으로서 1970년에 예산국에서 개칭됨과 동시에 내부조직도 다소 개편되었다. 관리 예산처는 예산 기능 이외에 행정관리의 개선 및 법제기능까지도 담당하고 있다. 이와 같이 예산 기능과 행정 관리 및 법제기능을 한 기관에서 담당하는 이유는 이들이 상호 밀접한 관계를 갖고 있기 때문이다. 둘째, 재무성은 예산의 집행상황을 주계부에 기록하고 각종 재정보고서를 작성하며 대부분의 정부기관에 대하여 중앙지출기관으로서 임무를 수행한다. 또한 세입을 징수하고 화폐 및 증권을 발행할 책임을 지며 화폐 주조소를 운영하고 공채를 관리한다. 각 지방에 일선 기관을 설치하고 있다. 셋째, 회계 검사원은 의회의 소속기관으로서 정부의 청구권을 확정하고, 지출을 승인하며, 회계 제도를 규정하고, 결산을 검사하여 그 결과를 의회에 보고한다. 회계제도의 발전, 자동자료처리제도, 체제분석 등 관리에도 기여한다. 넷째, 조달청은 중앙구매기관으로서 정부의 각 기관이 사용하는 공통품목의 구매, 연방보급계획의 작성, 외국 원조물자 및 전략물자의 구매 등을 관장한다.

7. 재무권한 행사의 유형 구분

1) 재무권한 행사 유형

예산지출을 중심으로 재무권한이 의회와 행정부 간에 어떻게 배분되어 있으며 의회가 어느 정도의 예산통제권을 행사하느냐에 따라 의회우월형, 내각우월형 마지막으로 행정부 중심형 이 3가지 유형으로 구분되는데, 미국은 의회우월형에 해당한다고 할 수 있다.

2) 의회우월형: 미국

(1) 3권 분립에 의한 견제와 균형을 기본원리로 행정부의 독주를 견제하기 위하여 의회가 중심이 되어 예산안을 편성

(2) 의회는 실질적으로 입법권을 행사하고, 행정부의 정책을 국민의 입장에서 검토하고 수정하는 정책능력을 보유

(3) 이러한 정책수행기능의 핵심은 직접적인 예산편성권에서 나오며, 사전적으로 재정지출을 통제함으로써 행정부를 견제

○ 미국 의회의 예산·결산과정의 특징 및 개요

① 재정지출 관련 권력구조의 특징

가. 예산에 관한 권한이 의회와 대통령 간 제제와 균형이 가능하도록 배분한다. 의회가 예산의 편성·확정권을 가지고 있으나, 대통

령은 예산서 제출로(대통령 직속 OM가 작성) 기본 골격을 제공하고 예산법안에 대한 거부권 행사를 통해 자신의 정책 우선순위를 반영 시킨다.

나. 의회 내에서도 예산, 상임(수권), 세출위원회 간의 권한 분산을 통하여 상호제제 기능을 수행하고 다원화된 정치적 요구를 수용

다. 고전적인 대통령제 국가인 미국의 경우 법안 제출권은 의회만 이 가질 수 있고 예산이 법률의 형식으로 정해지는 점을 고려하면, 형식적인 의미에서의 예산 제출권은 의회에 있다고 할 수 있다. 따라서 의회의 역할이 매우 강하며 이러한 의회의 권한에 대한 견제 장치로 대통령에게는 의회 결정에 대한 거부권이 주어지고 있다.

② 행정부 및 입법부의 예산편성 주무부서

미국에서의 예산 업무는 행정부와 입법부 양쪽에서 연중 계속적으로 이루어진다. 행정부에서는 차년도의 예산안 준비 작업이 진행 중인 가운데 입법부에서는 차년도의 예산안 심의 작업이 이루어지고, 동시에 각 부처는 당해 연도 예산의 집행업무를 수행하게 된다. 대통령의 예산편성 및 의회의 예산심의와 관련하여 중심이 되는 기구는 OMB(예산 관리처)와 CBO(의회 예산처)이다.

가. OMB(Office of Management & Budget)

예산안의 편성 중심기관은 OMB이다. OMB의 기본적 기능은 예산편성 및 연방 정부 재정 사업 형성에서 대통령을 보좌하는 것으로 예산 집행, 감독과 통제, 행정조직 구조 및 관리 절차 검토, 사업성과 평가, 기관 간 및 정부 간 협조와 조정 증진 등을 담당하고 있다.

나. CBO(Congressional Budget Office)

CBO는 의회의 예산 관련 업무가 효율적으로 수행되도록 하기 위해 74년에 설치된 기관으로서, 의회 내의 예산 위원회나 각 상임위원회에 예산 관련 정보의 제공 및 분석 기능을 행하고 있으나 예산과 관련된 정책 결정은 하지 않고 있다. CBO는 예산 심의의 초기부터 종결까지 모든 과정을 정리·통합하고 있으며, 재정정책 방향과 정책의 우선순위에 관한 보고서를 상하 양원에 제출한다.

OMB와 마찬가지로 CBO에서도 독자적으로 중장기 재정전망을 작성하고 있으나, CBO가 보다 객관적이고 중립적인 입장을 취하게 된다. OMB는 일반적으로 집권당의 입장을 견지하게 되지만, CBO는 야당의 입장까지도 감안해야 되기 때문이다. CBO는 정치적으로 중립적인 위치에 있는 예산 전문기구로서 의회에 정책을 건의하는 것보다는 정보를 제공하는 데 더 큰 목적을 두고 있는 기관이라 하겠다.

o 미국의 복지재무행정 혁신에 대한 고찰

① 계획예산(논리추구)에 반기를 든 하향식 예산(가치추구)

가치를 지양하는 행정에서 대공황과 석유파동을 거치면서 더 이상 행정에서의 가치 지양이 아닌 가치 지향으로 큰 흐름이 바뀌었다. 이에 종전까지 효율성이라는 측면에 중점을 두던 미국의 계획예산제도가 총체적 가치지향적인 하향식 예산으로 제도적 변화가 있었다. 하향식 예산은 합리주의 예산인 계획예산에 반기를 든 비합리적인 예산으로서 지출통제를 상화하면서도 실질적으로는 하급기관의 예산 자율권을 강화하는 거시적 예산결정체제이다. 이는 1974년 [의회예산 및 지출유보 통제법]의 제정과 1981년 미국 레이건 행정부의 출범과 함께 추진된 것으로 당시 관리예산처 장관을 역임한 D. A. Stockman이 도입한 총예산을 토대로 한 예상결정방식과 연방제정 적자해소 등을 위하여 강화되었다. 1974년 제정된 [의회예산 및 지출유보 통제법]은 정부지출의 한계를 정함으로써 정부지출을 통제하고 있다. 하향식 예산의 대표적 형태는 일명 목표예산이라고 불리는 정치관리예산(BPM)과 지출대예산(EEB)[21]이라고 할 수 있다.

② 정치관리예산(BPM)

가. 의의

종래의 예산은 대통령과 의회에 의하여 공동으로 결정되는 것으로 생각되었으나 현실은 사회보장 등 수권법안에 의한 수혜자의 수 등에 따른 통제불능요인이 생겨나 이것들에 의하여 예산은 집행부 중심으로 기계적으로 편성되는 경향이 생겼으며 이러한 현상은 레이건 행정부가 들어서면서 더욱 뚜렷해졌다. 이러한 배경하에서 D. A. Stockman 등이 주도하여 정립한 것이 정치 관련 예산이다. 이를 목표예산이라고도 한다. 목표예산은 미국의 여러 주정부하에서도 채택되고 있는 제도로서 각 부서의 지출한도가 정부의 최고관리자에 의하여 설정되는 반면, 부서장들은 집권적으로 설정되는 지출한도 내에서 그들의 목적을 가장 효과적으로 달성할 수 있는 방식으로 재원을 각 부서에 배분하게 된다.

나. 특징

a. 하향적, 집권적 예산 – 연방예산의 기획과 의사결정은 관리예산

---

21) 정치관리예산(BPM) – Budget as Political Management
   지출대예산제도(EEB) – Expenditure Envelop Budget.

처(OMB)[22])의 장과 그의 정치적 계산에 의하여 관리되고 있는 하나의 계속적 과정이며 관리예산처의 장과 백악관 스태프들의 공동결정이다. 사회보장 등의 수권법안과 편익사업을 포함한 통제불능경비 및 국제경제를 위협하는 연방적자경비의 문제를 조정해야 하는데 이는 대통령과 관리예산처의 장이 할 수밖에 없었다. 한마디로 대통령과 관리예산처의 장은 예산과정을 통하여 정부를 위한 정책결정에 재개입하고 종전보다도 훨씬 유리한 위치에 있게 되었고 이로 인하여 예산과정은 어느 때보다 집권화되었다.

b. 입법부의 편의를 위한 예산 - 관리예산처는 의회의 소위원회나 위원회의 청문회에서 행정부의 예산제안을 방어할 책임이 있다. 의회에 명확한 예산문서를 제시하는 것은 의회가 정책변화를 이해할 수 있도록 관리예산처가 예산을 재편성하는 것을 의미한다. 이것은 운영상으로 관리예산처의 최고직원이 소위원회나 위원회에 계속 출석하고 있다는 것을 의미하고 정치적으로는 관리예산처의 장과 그의 참모들이 제안된 예산에 대하여 의회가 제시하는 어떤 변화와 논쟁에도 기꺼이 개입하겠으며 그러한 변화가 국내경제에 어떤 영향을 미치는가를 의미한다.

③ 정치관리예산에 대한 평가

정책에 대한 지침을 미리 예산요구기관에 시달함으로써 정책과 예산을 연계시킬 수 있고, 총체적으로 일관성 있는 예산편성이 가능하며 예산심의에 있어 의회의 기능이 보다 강화될 수 있다. 또한 경직성 경비를 줄일 수 있고 목표중심의 예산운영이 가능하며 예산요구

---

22) 관리예산처(OMB) - Office of Management and Budget.

기관이 당해부터 사업의 우선순위를 자율적으로 평가할 수 있다는 장점이 있다. 반면 초기에는 과다한 지출이 이루어지고 예산절약이나 세입의 증대를 가져올 수 있는 사업의 추진이 어렵고, 예산삭감이 어려운 조직은 큰 타격을 받을 우려가 있다는 단점이 있다.

3) 지출대예산제도(EEB)

현재 미국이나 캐나다 등에서 시행하고 있는 "정책 및 지출관리제도"[23]가 있는데 이 제도의 핵심적 장치는 5개년 재정계획과 지출대예산제도이다. 이는 계획예산과는 대조적으로 하부기관에서 대안의 선택이 자율적으로 이루어지게 하는 것으로 상층부에서 사업의 우선순위와 지출한도를 하향적으로 설정하지만 실질적으로 하부기관의 예산결정권이 강화되며 정치관리예산처럼 경제적 합리성보다는 정치적 합리성을 강조한다. 지출대(支出帶)예산은 중앙부처의 장관들로 구성되는 [우선순위설정 및 계획위원회]에서 예산의 전체 규모와 주요 부문별 배분규모를 결정하고 각 부문별 예산규모 내에서 각 부처가 예산을 편성하여 재무위원회에 지출하게 함으로써 각 부문의 정책과 정부 전체의 목표나 우선순위를 조화시키기 위한 것이다.

이는 목표예산과 유사한 것으로 이 두 예산제도는 세입예측에 크게 의존하고 있으며, 정부부처는 목표 또는 지출대한도 내에서 예산요구를 하도록 되어 있다. 지출대예산은 5개년재정계획 테두리 내에서 편성되며 지출목표는 국민총생산 증가율과 연계된 지출증가율에 맞춘다.

---

23) 정책 및 지출 관리제도(PEMS) - Policy and Expenditure Management System.

일정	주요 활동
2월 첫째 월요일	- 의회에 대통령 예산안 제출
2월 15일	- 의회예산처(CBO)의 경제 및 예산검사보고서를 예산위원회에 제출
대통령예산안 제출 후 6주 이내	- 각 상임위원회는 예산에 대한 「검사 및 추계보고서」(Views and Estimates Report)를 예산위원회에 제출
4월 1일까지	- 상·하원 예산위원회의 예산결의안 작성 및 보고(작성과정에서 청문회 개최하여 필요한 정보수집을 함)
4월 15일까지	- 양원협의회를 통하여 하나의 예산결의안을 마련하여 상·하원 본회의에서 각각 예산결의안 처리
5월 15일부터	- 양원 중 하원 세출위원회가 먼저 세출법안을 작성하여 검토하고 전체 회의에서 통과된 후 상원으로 보내고 상원에서 동일한 과정으로 법안작성 및 통과함.
6월 15일까지	- 예산결의안의 조정지침에 따라 기존의 수입·지출법 개정 완료
6월 30일까지	- 하원 본회의 세출법안(appropriations bills)입법완료
9월 30일까지	- 상원에서 세출법안처리를 마감하는 동시에 상·하원 합동회의에서 세출법안에 대한 최종협의 - 상·하원 본회의에서 다시 회부하여 각각 상·하원에서 최종 확정됨
10월 1일	- 회계연도 개시

예산개혁은 단순한 제도상의 문제가 아니라 정치구조, 정치과정, 자원의 배분구조를 변경하는 것이다. 따라서 예산절차를 변경하는 일은 예산과정에 참여하는 방법과 사람을 바꾸는 것이므로 더 많은 예산을 확보하려는 기관이나 사람들의 입장에서 보면 예산제도나 과정의 사소한 변경도 민감하게 영향을 미치게 되어 정치적 성격을 띠게 된다. 특히 어떠한 기준에 의하여 예산을 배분할 것인가 하는 문제와 관련된 예산배분기준의 변경은 더더욱 그러하다. 따라서 고위층이나 관련 공무원, 이해집단의 이해와 협조, 정치적 조정 없이는 예산제도의 개혁이 쉽지 않다. 바람직한 예산결정은 시의적절한 예산정보, 명확한 보고와 관리, 비용과 세수의 정확한 예측, 회계기록의 유지와 관리, 회계검사와 결산 등 과학적인 정보관리체계의 확립

을 요구한다. 앞으로는 컴퓨터나 정보화에 의하지 않고서 대량의 예산 관련 정보나 업무를 효율적으로 처리할 수 없기 때문에 예산회계정보체계의 구축이 필수적이며 따라서 이러한 예산회계정보시스템을 구축하지 아니하고 예산제도의 개혁을 논의하는 것은 의미가 없다. 성공적인 예산개혁을 위해서는 어쩔 수 없이 선진국들의 개혁적 예산모형들을 벤치마킹하여야 한다. 이 과정에서 선별할 것들은 철저히 선별하고, 우리나라의 환경적 상황들을 고려하여 받아들일 수 있는 것들만 받아들여야 한다. 또한 예산모형들을 철저히 연구하여 장점과 단점을 구분하고, 실패요인들은 그 원인부터 확실히 분석하여 취사선택하여야 한다. 그래야만 발전적인 예산개혁이 이루어질 것이다.

참고문헌

김중양(2004), 『한국인사행정론』, 법문사.
유민봉·임도빈 공저(2007), 『인사행정론』, 박영사.
오석홍(2002), 『인사행정론』, 박영사.
김수영(1996), 『행정개혁론』, 법문사.
박영희(2002), 『재무행정론』, 다산출판사.
총무처, 『OECD국가의 행정서비스개혁』.
총무처 직무분석기획단, 『신정부혁신론』.
한만봉(2006), 『행정경제교육』, 한국학술정보(주).
한만봉(2009), 『사회복지정책론』, 한국학술정보(주).
한만봉(2009), 『사회복지행정론』, 한국학술정보(주).

8. 복지재무행정의 접근방법

복지재무행정에서는 재원동원 및 배분, 그리고 내부적 통제 및 효율적인 활용을 위한 종합적인 관리수단에 대한 학습을 주요 내용으로 하여야 한다. 따라서 재무행정이 포괄하는 세 가지 주요 활동은 첫째, 재정정책 및 거시경제, 둘째, 효율적인 재원배분, 셋째, 재원통제라 할 수 있다. 재무행정은 효과적이고 효율적인 자금의 조달과 관리, 그리고 사용에 대한 학문으로 행정조직은 행정문제의 해결을 위한 대안을 선택하는 기획을 하고 수립된 계획의 집행을 위해 자금을 조달하며 이를 사용하여 예산을 집행한다. 자금은 조달된 뒤 사용될 때까지 효율적으로 관리되어야 하며 계획이 집행된 후 목적한 결과가 효과적이고 효율적으로 발생하는지 통제하고 평가를 실시하게 된다. 재무행정은 행정조직의 목표, 즉 행정문제의 해결을 위한 최선의 대안을 선정하는 의사결정과정, 대안의 실행을 위한 구체적 계획의 작성, 자금의 조달, 자금의 관리, 자금의 사용, 목표를 효과적이고 효율적으로 달성했는가를 평가하는 통제과정 등에 대한 연구인 것이다. 따라서 재무행정과정은 행정조직의 기본적 관리과정, 즉 전략계획, 구체적 사업계획, 사전 및 사후평가와 어우러지는 과정에 있어서 세출, 세입 그리고 회계통제과정을 통하여 긴밀히 연계된다. 최근 재무행정의 변화되는 정향은 법과 제도중심에서 종합적인 재정관리로 바뀌고 있는 것이다. 한편 수입과 지출이 직접적으로 연계되지 못하는 공공부문과 민간부문의 재무행정과 재무관리 간의 비교도 유용한 정보를 제공하다. 특히 위험도와 수익성의 균형, 회계원리의 적용, 부채 및 신용정책에 있어 유사점과 차이점이 두드러진다. 먼저 공사부문 재무관리의 유사점으로는 현금(cash flow)의 효과적 운용, 금융시장의 활용, 공개경쟁입찰, 종업원에 대한 연금 및 노조문제 등이 들어진다. 반면에 차이점으로 궁극적으로 추구하는 목표와 재원조달방법, 부채 및 적자의 개념상의 차이가 중요하다. 이러한 비교학습을 통해 공공부문 재무행정에 필요한 이론과 기법을 분명히 할 수 있다.

복지재무행정 과정 내지는 예산과정을 연구하는 접근방법으로 '예산운영체계'를 제시하고 있는데 이는 다음의 세 개 구성부분으로 되어 있다. 첫째, 재정자원의 투입을 사업, 산출 및 결과와 연계시켜서 생각하는 '분석적 내용'이다. 둘째, 넓게는 재정운영계획의 수립, 심의, 집행, 평가, 좁게는 예산의 편성, 심의, 집행 및 회계검사라는 일정주기를 중심으로 반복되는 절차에 관한 정치적 맥락이다. 셋째는 예산의 분석적 내용을 구성하고 평가하며 예산절차상 필요한 재정적 거래에 관한 자료를 제공하는 동시에 예산운영상의 통제와 평가에 필요한 회계 및 관리정보체계이다. 재무행정 연구나 교육내용에 대해서는 학자에 따라 강조점이 다른데 예를 들면 분석적 내용을 강조하는 경우 재정학이나 경제학에서 발달된 이론이나 기법을 중요시한다. 그러나 대부분 재무행정 교과서는 주로 재정 관련 제도나 예산회계법규, 예산절차를 서술하는 데 취중하고 있는데 "한국의 행정학자들이 예산론을 뒷받침하는 행정의 원리를 다소 소홀히 다루고 하나의 정치과정으로서의 '예산절차의 4단계'에 관하여 그 형식적 절차만을 무미건조하게 다룬 경향이 있다고 지적"하고 있다. 문제는 예산제도 및 법규에 대한 敍述이 과학적 연구의 기초인 현상에 대한 체계적인 기술과는 다르다는 점이다. 예산운영 과정에 대한 정확한 파악이 없이 정책대안을 제시하다 보니 행정실무에서의 평가가 그다지 높지 않다. 소수지만 몇몇 학자는 재무행정에서 회계 및 관리정보체계가 중요하다고 보는 학자도 있다. 사회과학 중 교과서에서 특정 현상의 문제점 및 해결방안에 대해 행정학만큼 자주 등장하는 분야가 없을 것인데, 해결방안은 주로 제도형성과 도덕적 측면에 대한 강조가 대부분이며, 학부수준에서의 교육도 분석 기술이나 이론적인 툴(tool)을 습득시키기보다는 해결방안부터 제시하고 있는데, 해결방안이 주관적인 평가에 상당히 의존하고 있다. 정치운영의 파행으로 인하여 예산운영을 위한 정치·행정의 제도적 맥락이 왜곡된 가운데 재정적 거래의 내용을 정확하게 기록하고 사업운영의 결과를 평가할 수 있는 관리정보도 발달되어 있지 않기 때문에 여러 가지 혁신적인 목표와 기대에도 불구하고 아직도 우리나라의 예산은 부응성과 책임성이 미흡한 감이 있다. 그리고 예산운영의 기법과 기술에 있어서도 그러한 기법·기술을 운영할 수 있는 기초를 다져놓지 않은 채 '고도의' 과학적 모형구성 능력을 필요로 하는 '제도'를 도입함으로써 오히려 그 실효성을 상실하는 경우도 있었던 것 같다(강신택, 23). 현행 예산회계는 소관별, 기능(사업)별로 예산배정, 원인행위 및 지출 및 집행자별 회계책임을 명확히 하는 데 중점을 둔 것으로 일반인들이 정부사업이나 활동내용 경비집행의 적정성 여부는 알기 어렵다. 예산회계하의 결산서에서 여러 단위사업이나 활동의 동질성을 모아 포괄적인 명칭을 붙인「項」이나 경비의 성질을 나타내는「目」의 집계액만으로는 사업이나 활동의 구체적 내용을 알 수 없고 더구나 제대로 쓰였는지 알 수 없다. 그 쓰임새를 제대로 알게 하기 위해서는 각 목마다 용도, 지급처 및 지출액 명세를 제공하면

되나 이는 현실적인 어려움이 존재한다(이경섭, 12). 국회에서도 정부예산에 대한 결산 및 예산심의 시에 결산서나 예산서를 보고 정부활동의 내용을 제대로 파악하기 어려워 예산이 어느 정도 낭비되고 있는지, 정부가 수행하는 주요 사업 또는 특정사업에 얼마의 경비가 투입되었으며, 그 성과는 어느 정도인지를 파악할 수 없다.

현재 우리나라 복지재무행정론 교과서는 대부분 정부예산과 재무(관리)행정을 함께 포함시켜 서술되어 있다. 이로 인해 "재원동원과 배분에 대한 정치학적 설명도 부족하고, 재원사용과 이용에 대한 관리적 설명도 잘 안 되어 있어 재무행정의 경쟁력이 부족하다."는 지적을 받고 있는 실정이다. 지방자치의 실시, 지방재정위기 문제의 등장, IMF 위기 극복과정에서 이루어진 대규모 국채 발행 및 재정적자의 팽창, 정부예산 및 회계제도의 개혁 추진 등으로 인해 재무행정의 현실적 여건이 크게 변모하고 있다. 이 과정에서 현금관리, 성과관리, 재정위기관리, 채권과 채무관리, 정부회계 등 재무관리행정을 체계적으로 이해할 수 있는 교과서와 관련 분야에 대한 연구 수요가 증대하고 있다. 이러한 국가재정 운용의 현실적 여건과 수요 변화를 감안할 때 기존의 재무행정론을 정부예산론, 공공재무관리론, 정부회계론으로 분화시켜 표준화된 교과서 모델을 개발하는 것이 필요하다고 생각한다. 그래야만 재무행정론의 현실 적합성과 실천지향성을 높일 수 있을 것이고, 재무행정 연구와 교육의 경쟁력 강화를 위한 기반 확충이 이루어질 것으로 기대된다.

1) 범사회적 변화의 흐름과 복지재무행정

(1) 세계화

세계화와 개방화라는 공간적 범위의 변화이다. 국가 간의 경계가 모호해지고 기업합병 및 자본이동이 자유로워지고 있다. 그에 상응하여 국가 간의 경쟁이 심화되어 국가 경쟁력 강화가 중요한 과제로 떠오르고 있다. 이러한 흐름을 재무행정의 관점에서 보면 세계화로 인해 인적 교류, 학문적 교류, 정보의 교류가 빈번하게 이루어지고 또한 용이해졌다. 미국, 일본, 중국 등 외국 학회들과의 교류 및 공동세미나 개최, 공동연구의 길이 넓어졌다. 또한 OECD, IMF, World Bank 등의 국제기관에서는 각국의 사례들을 검토, 비교, 분석하고 이들 정보를 다른 나라에 제공하거나 권고하고 있다.

(2) 지식정보사회화

지식정보사회화는 자원 및 생산요소로서의 지식, 정보가 큰 비중을 차지하게 된다. 또한 디지털화를 통한 매체의 변화와 속도화에 의한 시간적 범위의 변화가 일어난다. 그리고 인터넷을 이용한 네트워크화에 의해 관계의 변화가 발생한다. 인터넷의 급격한 보급은 재무행정의 연구와 교육에 큰 영향을 미치고 있으며, 앞으로도 크게 영향을 미치게 될 것이다. 과거 외국의 문헌을 먼저 구입한 사람이 우리 학계의 학문적 우위를 점하던 시대의 얘기는 이제 호랑이 담배 피던 시절의 얘기가 되었다. 다양한 학문적 정보를 국가를 초월하여 손쉽게 접할 수 있는 상황이 된 것은 연구뿐만 아니라 교육 면에서 크게 도움을 받을 수 있는 여건이다. 그리고 학자들 간의 학문적 공동체를 결성하고 공동체 활동을 할 수 있는 면에서도 아주 유리한 여건이 조성된 셈이다.

(3) 시민사회화

시민사회화의 진전으로 비정부기구(NGO)의 사회적 영향력이 크게 증대하고, 시민의 권리 신장과 자발적 참여가 확대되고 있다. 최근 NGO의 활발한 활동은 재무행정 분야에도 많은 변화를 초래하고 있다. 우선 예산감시활동을 통해 재정활동의 주체로서의 납세자 권리의식이 크게 신장되고 정부(중앙 및 지방)에 영향력을 발휘하고 있다. 또한 다양한 채널을 통한 정책결정 과정에의 시민 및 시민단체의 참여는 행정의 새로운 패러다임인 거버넌스 구축에 일조하고 있다. 그리고 인터넷과 결합한 시민들의 자발적 참여는 직접민주주의의 가능성을 제시해 준다.

2) 재정환경의 변화와 재무행정

(1) 복식부기 · 발생주의회계제도

복식부기 · 발생주의회계제도는 중앙정부 및 지방정부 모두 전면 도입될 예정이다. 그동안 단식부기 · 현금주의회계가 적용된 정부회계 하에서는 재무행정 학도들이 회계학 및 정부회계에 관한 지식이 크게 필요하지 않았으며, 관심을 기울일 유인도 크지 않았다. 그러나 복식부기 · 발생주의회계제도 도입을 추진 중인 현시점에서의 상황은 완전히 달라졌다. 회계학 및 정부회계에 관한 지식을 모르고서는 재무행정을 전공했다고 말하기 곤란한 단계에까지 온 것으로 판단한다. 최소한 정부의 자산, 부채, 수익, 비용 개념을 이해하고, 재무제표를 이해할 수 있는 정도의 교육이 요구된다. 상급 학년(대학원)에서는 그 이상의 회계정보 산출 및 해석이 가능한 지식이 필요하게 되었다.

(2) 사업분석 및 정책평가

분석과 평가는 행정학 분야에서 가장 성장성이 큰 분야로 예측되고 있다. 기획예산처의 예비타당성 조사, 지방정부의 투융자 심사제도 등이 도입되어 날로 발전해감으로써 사업분석에 대한 교육수요는 커지고 있다. 새만금 사업과 경인운하 사업 등에 대한 비용편익분석의 문제점을 경제학자와 시민단체들이 제기함으로써 B/C 분석에 대한 관심은 더욱 커지고 있다. 또한 정책평가 분야도 국무총리실의 정책평가제도, 감사원의 정책평가 등에서 보듯이 교육의 필요성이 큰 분야이다. 대규모 국책사업에 대한 중간 및 사후평가시스템이 필요하다는 최근 학자들의 주장도 이러한 분위기를 반영한다. 행정학 분야에서는 현재 유일하게 공인된 정책분석평가사 제도가 있고 학생들의 관심이 증대하고 있는 점도 이 분야의 교육수요를 반영한다.

(3) 재정적자와 국가부채 증대

IMF 경제위기 이후 우리나라는 적자국채를 발행함으로써 적자재정을 내리 5년간 편성하였다. 그 결과 국가부채가 급격히 증대하였다. 외국의 경우 국가부채의 문제는 재정문제의 핵심으로 떠오르고 있으며, 이를 해결하기 위해 총량적 재정규율과 배분적 효율성 및 운영상의 효율성을 재정운영의 주요 규범으로 삼고 있다. 우리나라 국가부채의 심각성은 외국에 비하면 아직 크지 않지만 잠재적 위험이 존재한다는 점에서 관심을 가져야 할 부분이다. 공적 자금으로 투입된 정부보증채무의 재정부담, 부실한 4대 연금으로 인한 재정부담, 통일비용 등을 감안하면 안심할 상황은 아니다. 김대중 행정부하에서 도입을 검토했던 재정건전화특별법은 아직도 주목해야 할 사안이다. 국가부채와 관련하여 재무행정 교육에 관심을 기울여야 할 분야는 예산의 범위(통합재정)와 관련된 부분이다. 우리나라는 정부산하기관이 많고 기금, 공적 자금 등 예산외(off budget) 지출이 많다는 점에서 이들에 대한 관심이 요구된다.

(4) 재정 투명성

선진국 재정개혁의 주요 흐름을 보면 재정 투명성을 특히 강조하고 있다. 재정 투명성은 재정정책의 책임성과 신뢰성을 확보할 수 있다는 점에서 효율적 재정지출의 토대가 된다. 국제기관에서도 재정 투명성 규범을 권장하거나 측정 및 발표하고 있다. IMF의 재정 투명성 규약과 OECD의 예산 투명성 평가 지침서가 그러한 예이다. 재정 투명성은 기술적 측면보다는 납세자의 권리의식을 강조하는 교육이 필요할 것이다. 재정 투명성을 납세자인 시민에의 정보공시라고 본다면 정보접근방법과 정보내용에 관심을 갖게 해야 할 것이다.

(5) 재정정보체계

최근 다양한 정보의 흐름을 포괄하는 통합재정정보시스템을 구축하는 추세로 가고 있다. 예산과 회계의 국면, 일반회계, 특별회계, 기금을 포괄하는 예산범위의 국면, 예산편성, 배정, 집행, 회계검사의 예산과정 국면을 통합하는 통합재정정보시스템을 구축하는 것이다. 그리고 예산회계분야에 지속적으로 컴퓨터의 응용이 시도되고 있다. 재무행정 분야에서 이 분야 교육에 관심을 갖지 않을 수 없다.

(6) 지방분권과 재정분권

노무현 참여정부는 지방분권을 주요 국정과제의 하나로 설정하고 있다. 재정분권은 지방분권의 토대가 된다는 점에서 재무행정 분야에서 관심을 기울여야 할 분야이다. 재무행정을 지방재정과 구분하는 것이 바람직하다고 보지만 중앙재정과 지방재정의 관계를 이해하는 것은 재무행정 분야에서 관심을 기울여야 할 것이다.

▣ 복지재무행정과 교육

복지재무행정의 교육목표를 교양인과 전문인의 양성에 둔다면 교육의 초점은 어디에 둘 것인가? 교양적 성격은 시민(납세자)의 입장에서 정부예산을 이해하는 관점이다. 이러한 성격은 재정환경의 변화에서 보듯이 재정 투명성, 참여예산제, 책임예산제 등의 흐름과 밀접한 관련이 있다. 전문적 성격은 예산 관련 정보의 분석능력과 문제해결 능력, 그리고 의사결정 능력을 키우는 것이다. 이것은 재정의 효율성, 성과지향성, 형평성 등과 관련이 있다. 여기서 주의해야 할 것은 교육목표로서의 교양인과 전문인은 별개로 육성되는 것이 아니라 '교양인으로서의 전문인' 또는 '전문인으로서의 교양인'을 의미한다는 점이다. 또한 재무행정의 경쟁력이 반드시 전문적 성격에서만 나오는 것은 아니다. 재무행정이 제공하는 교양적 성격도 경쟁력에 도움이 될 수 있다. 재무행정 강의의 성격과 관련하여 그 유형을 ① 이해, ② 설명, ③ 분석, ④ 평가, ⑤ 처방(문제해결)으로 구분하고자 한다. 이해란 정부예산의 구조, 제도, 과정, 행태 등의 묘사(description)를 통해 현상을 파악하는 것이다. 가령 "○○시 예산의 판공비(업무추진비)를 파악하라." 또는 "민간단체 보조금을 단체별로 파악하라."는 과제를 내었을 때 이를 충실히 수행할 수 있어야 한다. 이러한 이해가 선행되지 않고는 분석, 평가, 처방이 제대로 이루어질 수 없기 때문이다. 설명은 이론에 의해 가능하다. "지식(이론) 없이 설명 없다."는 말이 있다. 현상을 과학적으로 이해하고 이를 분석, 평가, 처방하기 위해서는 이론을 통한 설명이 가능해져야 한다. 그런데 재무행정 분야는 개발된 이론이 점증주의 외에는 별로 없다는 지적이 있다. 그러나 재무행정과 관련된 이론은 많으며, 앞으로 개발될 여지도 많다. 배득종은 한쪽의 이론과 모형, 다른 쪽의 제도와 사례를 셔플링하여 이론의 적용을 시도하고 있다. 가령 정부, 재무행정, 그리고 국민의 관계는 대리인 이론으로 설명하고, 예산편성은 국민소득모형으로 설명한다. 재미있는 발상이라는 생각이 든다. 필자는 머리말에서 "이만한 셔플링이라도 해 본 사람이 있는가? 마치 발명가가 된 기분이다."라고 스스로의 표현처럼 '오만함'과 '자부심'으로 충일해 있다. Bartle(ed.)은 예산에 대해 여러 가지 이론을 적용시켜 보는 학습을 통해 폭넓은 시각을 가질 필요가 있다고 주장하고 점증주의 외에 6가지 이론을 소개하고 있다. 즉 다중 합리성 모델, 조직과정모델, 중위투표자 모델, 공공선택이론, 거래비용이론, 그리고 포스트모던 예산이론을 소개하고 있다. 여기서 다양한 개념과 이론들을 적용해 보는 것을 보고 우리 재무행정 학도들의 숙제가 무엇인지를 시사받을 수 있다. 분석은 의사결정 및 문제해결에 필요한 정보를 산출하는 작업으로서 기술(skill)이 필요하다. 재무행정 강의의 전문적 성격과 분석능력이 가장 밀접한 관련을 갖는다고 보아야 한다. 예산편성을 위해 사업대안을 선정할 때 시도하는 비용편익분석, 세입세출의 예측, 그리고 재정상태의 분석 등은 이러한 작업의 예에 속한다.

평가는 가치판단적 작업으로서 미리 설정한 기준에 의해 그 결과를 판단하는 것이다. 성과평가, 사업의 사후평가, 재정상태의 평가 등은 그러한 예이다. 분석과 평가는 서로 연관되어 있다. 처방은 문제해결 차원에서의 대안제시 능력과 의사결정 능력을 의미한다. 앞에서 논의한 이해, 설명, 분석, 평가 등이 종합적으로 어우러질 때 최선의 처방이 가능해질 것이다. 행정학 분야가 다른 학문분과와 비교하여 경쟁우위를 가질 수 있는 분야이기도 하다.

9. 복지재무행정의 내실화 방안

복지재무행정론을 정부예산론, 공공재무관리론, 정부회계론의 3개 부문으로 분화시키더라도 역시 그 중심축은 정부예산론이 될 것이다. 그런데 현재 재무행정론 교과서에서는 정부예산, 즉 일반회계와 특별회계를 중심으로 해서 관련 내용을 구성하고 있다. 그러나 최근 기금관리기본법이 개정됨에 따라 정부예산과 기금의 실질적인 차이가 미미해졌다. 이제는 기금도 예산과 마찬가지로 행정부가 기금운용계획(안)을 편성하고, 이를 국회가 심의·의결하게 되었다. 또한 기금의 운용 규모만도 정부예산의 2배를 상회하고 있는 실정이다. 따라서 기금을 제외한 채 정부예산(일반회계와 특별회계)만으로는 국가재정활동을 제대로 이해하기 어려운 실정이다. 이런 점을 감안할 때 앞으로 정부예산론은 '통합재정'의 관점에 입각하여, 통합재정 운용의 제도적, 정치적, 경제적, 관리적, 전략적, 행태적 맥락을 균형 있게 보여 줄 수 있도록 관련 내용을 구성할 필요가 있다. '통합재정'의 관점에서 정부예산론 또는 국가재정론이 서술된다고 한다면, 기존의 재무행정 교과서를 기준으로 해서 볼 때 새로운 내용들이 다수 추가되어야 할 것으로 판단된다. 예를 들어 공공부문의 구조와 통합재정의 관계, 정부 간 재정관계, 정부산하기관 예산, 통합재정의 편성 절차, 통합재정의 집행절차, 통합재정의 회계감사와 평가 등에 관한 내용을 새로 작성하거나 수정할 필요가 있는 것으로 판단된다. 한편 통합재정의 관점에서 정부예산론을 구성하게 되면, 세입론(세입예산)에 관한 논의도 역시 '국민부담'의 관점에서 구성할 필요가 있다. 즉 조세부담, 사회보장기여금, 준조세부담(부담금)까지를 포함한 국민부담의 관점에서 세입론의 내용을 구성할 필요가 있다. 기존의 재무행정론 교과서에서는 국가재정활동을 위해 국민들이 어떤 형태로 어느 정도의 경비를 부담하고 있는가를 체계적으로 보여 주고 있지 못하다. 만일 '국민부담'의 관점에서 세입예산론이 서술된다고 한다면, 조세뿐만 아니라 사회보장기여금과 준조세부담(부담금)에 관한 내용이 추가로 개발되어야 할 것이다. 이처럼 정부예산론 또는 국가재정론이 통합재정의 관점에서 구성될 경우 국가재정활동의 성격과 범위 및 성과를 체계적으로 파악하고 이해하는 데 도움을 줄 수 있을 것이다. 그런데 이를 위해서는 정부예산론의 서술 범위를 통합재정과 국민부담의 관점에서 설정하는 것에 추가하여 통합재정의 내용(contents)에 대한 분석이 추가로 이루어져야 한다. 기존의 재무행정 교과서에는 이론, 제도 및 절차, 기법에 관한 내용은 많이 소개되고 있으나, 세입·세출예산의 내용 및 성과 분석에 관한 내용이 부족하다. 따라서 앞으로 정부예산론에는 통합재정의 내용 분석과 성과 평가에 관한 내용을 보완할 필요가 있다. 특히 재정의 성과 평가를 위해서는 정부예산론에 재정학의 관련 내용을 수용하여 접목시키는 방안을 검토할 필요가 있을 것이다.

재무행정이 다루어야 하는 영역은 기업부문에서의 재무기법의 발달에 따라 내용이 급변하고 있으며 경제학 특히 재정학, 회계학, 경영학의 재무관리 등 여러 학문이 서로 중복되어 있는 분야이다. 그러나 기존의 재무행정론은 예산이론이거나 예산회계법 해설에 치중하여 우리들의 지식습득이나 실제 재무행정 현장에서의 수요를 충족하지 못하고 있었다. 예산회계법에 대한 법률적 해석만으로는 복잡한 정부 및 공공부문의 재무기법 및 이론에 대한 수요를 충족할 수 없는 것은 당연하다고 하겠다. 재무행정은 세입과 세출예산 과정에 대한 연구를 중심으로 하는 법제도, 정치, 경제, 경영을 망라하는 종합관리학문 분야인 것이다. 재무제표도 읽을 줄 알아야 하고 다양한 재원조달방법도 숙지하고, 더욱 효율적으로 공공사업을 추진하는 방법에 대한 학습도 재무행정의 몫인 것이다. 재무행정은 예산환경의 변화 및 정책과정의 변화에 따라 단순한 예산제도론에서 벗어나, 실제 공공부문 예산현장에서의 재무관리에 필요한 정치학, 공공경제학, 회계학, 그리고 행정학 및 정책학의 원리와 기법을 학습할 수 있어야 한다. 재무행정은 기획과 통제를 통해서 행정조직 일반관리의 핵심과정이라는 점에서 복지재무는 이에 대한 원리와 기법에 대한 학습의 장으로 활용되어야 하며 이에 필요한 지식을 적절히 제공할 때 존재의 가치가 있는 것이다.

참고문헌

강신택(2000), 『재무행정론: 예산과정을 중심으로』(전정판), 박영사.
강인재(2002), 『재무행정의 새로운 과제』, 행정학회 발표논문.
박문옥, 『재무행정론』, 신천사.
배득종(2001), 『21세기 신재무행정』(개정판), 박영사.
신무섭(2002), 『재무행정학』, 대영문화사.
이영조·문인수(2006), 『재무행정론』, 대명출판사.
이종익·강창규(2001), 『재무행정론』, 박영사.
윤영진(2007), 재무행정의 연구경향과제, 한국행정학회(국회도서관).
한만봉(2006), 「행정경제교육」, 한국학술정보(주).
한만봉(2009), 「사회복지정책론」, 한국학술정보(주).
한만봉(2009), 「사회복지행정론」, 한국학술정보(주).

10. 재무행정의 시대별 연구 영역

　재정은 국가활동을 수행하기 위해 정부가 국민들로부터 재원을 조
달하고 조달된 재원은 정부지출을 통하여 공공서비스를 공급하는 일
련의 국가활동으로 행정의 중요한 도구이다. 이러한 재정은 크게 자
원배분의 기능, 소득분배의 기능, 경제안정화의 기능을 수행하여야
한다. 그러나 우리의 재정운용은 지금까지 중앙집권적 통제중심으로
운용되어 재정의 기본적인 기능을 결여하고 있다. 이에 재정운용과
제도를 사회의 변화에 맞추어 개혁할 필요가 있다. 재정개혁이란 재
정의 운용과 제도를 환경의 변화에 적합하게 바람직한 방향으로 변
화시키는 일련의 과정이라고 할 수 있다. 이러한 재정개혁은 경제
및 다른 부분의 활동에 중요한 영향을 미치게 된다.

　해방 이후 대한민국의 재정 규모, 즉 예산은 계속 증가해 왔다. 왜
냐하면 예산 증가는 경제 발전, 사회 문화적 발전을 통한 국민의 서
비스 욕구가 다양해졌기 때문이다. 좀 더 자세히 살펴보면 예산 증
가의 용인은 정치 행적 요인, 경제적 요인, 사회적 요인, 문화적 요
인으로 나누어 볼 수 있다.

　역사적으로 예산은 1960～1970년대는 정부 주도의 경제 발전 비
용, 1980～1990년대는 급속한 경제 성장의 폐해에 대한 사회 복지
와 경제 고도화 비용, 김대중 정부에 이르러서는 경제 위기를 극복
하기 위한 비용 등 지속적으로 증가해 왔다. 이와 더불어 관료제의
속성, 지방 및 지역의 균형적 발전, 시장의 개방, 남북 관계의 변화
는 예산을 증가시키는 원인이 되었다.

■ 우리나라 재정의 변천

□ 중앙 예산 기관의 변천

우리나라의 재무행정조직으로는 기획예산처·재정경제부·감사원 및 조달청을 들 수 있다. 특히 이들 중에서 예산의 편성·집행은 기획예산처 예산실이, 예산집행에 대한 자금조달과 세입·세출의 결산은 재정경제부 국고국이, 회계검사는 감사원이, 그리고 구매·조달은 조달청이 각각 관장하고 있다. 또한 각 부처에서의 재무에 관한 사무는 각각 부처의 기획관리실에서 관장하고 있다.

1) 기획 예산처 연혁

1948년 7월 법률 제1호에 의해 국무총리 직속하의 기획처 소속으로 예산국(1948~1955년)이 설치되었다. 예산 운영이 국가 운영의 중요한 도구라는 점을 중시하여 대통령과 국무총리 직속하에 예산 조직을 두었다. 그 후 1954년 11월 2차 개헌으로 국무총리제가 폐지되어 재무부 예산국(1955년~1961년)으로 이관되었다.

1961년 7월 정부조직법의 개정에 의하여 기존의 건설부, 내무부, 재무부의 기능의 일부를 흡수한 경제기획원이 신설되어 예산국(1961~1979)은 경제기획원으로 이관되었다. 그 후 1979년 6월 경제 기획원예산실(1979~1994)로 승격되어 위상이 강화되었다. 1994년 12월 정부조직법 개편에 의하여 재무부와 경제 기회원이 통합되어 재정경제원이 신설되었고, 그 산하 조직으로 예산실(1994~1998)을 두었다. 1998년 2월 정부조직 개편은 기획과 예산 기능을 대통령 직속 기관으로 개편하기 위해 기획예산위원회와 재정경제부 외청으로 예산청(1998~1999년을)을 설치하였다. 이것은 이원적인 예산 운영 조직이었기 때문에 1999년 5월 24일 정부조직법 중 개정 법률에 의하여 국무총리 산하의 기획예산처(1999년 이후)를 두었고, 예산청은 이 하위 조직으로 이관되었다(박영희, 1997: 89~94 강신택, 2000: 200~205).

2) 재정경제부 연혁

1948년 9월 13일 「남조선 과도정부기구인수에 관한 대통령령 제3호」에 의하여 재무부는 과도정부 재무부와 그 소속기관을 인수하여 출발하였다. 그러다가 1954년 11월의 제2차 개헌에 의하여 국무총리제가 폐지됨에 따라 1955년 2월에 예산국은 기획처에서 재무부로 이관되었으며, 회계국은 폐지되어 이재국에 통합되고 관재국이 신설되었다.

1961년 7월 22일 각령 제60호에 의하여 예산국은 신설된 경제기획원에 이관되고 국고국의 신설로 이재국은 과거와 같이 이재국과 국고국(과거 회계국)으로 나누었다. 그 후 1963년 12월에 관재국의 폐지로 관재사무가 국고국으로 이관되고 동시에 지방관재국도 폐지되어 일선지방관재업무는 세무서가 담당하게 되었으며, 또 한편 외환국이 신설되었다. 1966년 3월에 사세국의 폐지와 함께 내국세행정

발전의 획기적인 계기가 된 국세청의 발족이 있었으며, 세제국이 신설되었다. 또한 1970년 8월에 세관국은 관세국으로 개편되고 관세청이 신설되었다. 그리고 재무부는 1994년 12월 23일 경제기획원과 함께 재정경제원으로 통폐합되었다. 그리고 신정부 출범과 함께 단행된 1998년 2월 28일 정부조직개편으로 재정경제원이 기획예산위원회와 재정경제부 및 재정경제부 외청의 예산청으로 분리되었다가, 1999년 5월 24일 제2차 정부조직개편으로 기획예산위원회와 예산청이 통합하여 기획예산처가 신설되었다. 재정경제부는 과거 재무부와 같이 예산기능이 없이 경제정책, 세제 국고 금융 및 결산기능을 갖는 부서로 되었다.

정부는 1998년 2월 28일 새로운 행정환경 변화에 적합한 국정운영시스템을 마련하기 위하여 정부조직법을 개정·공포하여 부총리제가 폐지되고 재정경제원이 재정경제부로 개편되었다.

3) 감사원의 연혁

1948년 7월 17일 제정된 대한민국 헌법 제95조는 "국가의 수입, 지출의 결산은 매년 심계원에서 검사한다. 정부는 심계원의 검사보고와 함께 결산을 차년도의 국회에 제출하여야 한다."라고 규정하여 헌법기관으로서의 심계원의 설치근거와 임무를 명확히 하였다. 1948년 9월 4일 발족한 심계원은 국가의 세입·세출의 결산검사와 회계검사업무를 1963년 3월 19일까지 수행하였다.

그리고 1948년 8월 28일 정부조직법에 근거를 두고 발족한 감찰위원회는 공무원에 대한 직무상 비위감찰이 주된 임무였다. 그 후 1955년 2월 7일 정부조직법개정으로 폐지되고 1955년 11월 2일 법률의 근거도 없이 대통령령만으로 사정위원회를 설치하였다가 1960년 8월 29일 폐지되고 1961년 3월 28일 국무총리 소속하에 감찰위원회가 다시 설치되어 군사정부하에서 국가재건최고회의 소속으로 1963년 3월 9일까지 존속하였다. 1963년 3월 5일 법률 제1286호로 제정된 감사원법에 의하여 심계원과 감찰위원회를 통합하고, 1963년 3월 20일 감사원을 설치하여 현재까지 존속되고 있다.

□ 예산제도의 변화

1) 예산제도

우리나라 예산제도의 변화는 외국의 제도를 모방하고자 노력한 후, 그 제도가 실패하면 다시 원상 복귀하는 양상을 보여 왔다. 1945년 해방 후 1951년까지 예산제도는 기본적으로 구일본의 회계법 및 그 하위법과 미국의 예산 회계제도를 부분적으로 도입하여 혼용하였다.

1951년 재정법 시행령은 일본의 제도를 그대로 모방하였으며, 예산집행의 신축성 결여, 형식적인 회계 총칙, 예산 집행 성과의 평가 곤란 등의 문제점을 극복하기 위한 개정 작업이 1961년까지 거의 없었다. 1961년 재정법의 결함을 개정하기 위해 재정회계제도 개혁위원회를 설치하였다. 예산제도 개혁에 관해서는 성과주의 예산제도를 1962~1963년도 일부 부서의 일부 사업에 시험적으로 적용하고

자 하였으나 이듬해 중단하였다. 정부의 예산제도에 사기업의 관리 수단을 도입하여 성과를 측정하여 보고자 하였으나, 기술상의 어려움과 개혁 의지의 부족으로 실패하였다.

2) 예산제도의 개혁

1962년에 구재정법을 예산회계법으로 바꾸면서 예산제도 면에서 대폭적인 개혁이 있었다. 정부 활동에 대한 사전 계획을 수립하고 이에 따라 집행하는 국가기획제도와 집행 실적의 심사 분석 등 성과주의 예산제도를 새로 도입하였다. 재정자금운용특별회계를 신설하고 각종 특별회계로 분산되어 비능률적으로 운영되던 경제개발 사업 예산도 경제개발특별회계로 통합 운용함으로써 자금 지원의 체계성과 효율성을 높이도록 하였다. 1966~1968년 동안에는 지방교부세를 개별 세목 기준에서 내국세 기준으로 전환하는 등 지방재정조정 제도의 경비가 있었다. 세제 면에서는 우선 1966년에 국세청을 창설하였는데 이러한 중앙 정부의 독립적인 세무 행정 기관의 설립은 세무 행정을 개선하고 그렇게 함으로써 그 후 지속적인 세수 증대를 가능케 했다는 면에서 중요하였다. 이 외에 소득세 등 내국 세제를 전반적으로 개편하여 세수 증대를 도모하였다. 이러한 노력의 결과 1964~1970년간 조세 부담률은 크게 증가되었다.

예산제도 면에서는 건전재정 운용을 위한 긴축 예산편성 노력이 더욱 강화되면서 1973년에 신규 사업 및 주요 계속 사업에 대한 사전 심사 제도가 도입되고, 예산을 수반하는 중장기 계획 수립 시 예산 당국과 사전 협의하도록 제도화하는 등을 내용으로 하는 예산회계법의 개정이 있었다. 1974년 베트남이 공산화되고 주한 미군 철수 계획이 발표되면서 자주국방 강화를 위한 방위비 증가가 요구되자, 1975년에 방위세가 새로 도입되었다. 1977년에는 경제개발 특별회계의 투자 계정, 도로정비사업 특별회계 등을 일반회계에 흡수하여 예산의 명료성을 높였다. 세제 면에서는 1977년 하반기부터 시행된 부가가치세와 특별소비세의 도입이 있었다. 종전 복잡한 세율 구조 및 중간재 과세 등으로 문제가 많았던 간접세 제도를 일반적인 부가가치세와 예외적인 특별소비세 체계로 정비한 것이다.

건전재정을 확립하기 위해 1983년부터 당시로서는 획기적인 예산 개혁 작업을 추진하였다. 영점 기준 방식을 활용하여 경기 및 국민 생활에 직결되지 않는 행정 경비는 최대한 억제하고 신규 사업의 경우에는 엄격한 우선순위제를 적용하여 긴급한 사업만 시행토록 함으로써 긴축 예산을 편성하였다. 예산편성 방식에 있어서도 종전의 계선에 따른 결재 방식에서 예산실의 과장급 이상이 토의를 거쳐 객관적인 우선순위에 따라 재원을 배분하도록 하는 심의회 방식으로 바꾸었다. 더 나아가 1984년도의 예산편성 시에는 예산 규모를 동결하여 일반회계의 재정적자를 탈피하고, 이 재원을 특별회계 및 기금의 적자에 충당케 하여 통합재정수지를 개선함으로써 물가안정을 정착시키는 기틀을 마련하고자 하였다. 세제는 70년대에 크게 개혁된 이후 80년대에 와서도 계속 그 주된 체계는 변경시키지 않고 유지·운영되었으며, 교육 기반의 확충을 위한 교육세의 신설과 지방세인 담배 소비세의 신설이 세제상의 주요 변화라고 할 수 있다. 이러한 여건을 반영해 재정에서는 새로운 정부의 역할 수행에 필요한 사업비 재원을 최대한 확보하기 위한 노력이 강화되었다. 수송 시설을 획기적으로 확충하기 위하여 94년도부터 휘발유와 경유에 대한 특별소비세를 목적세인 교통세로 신설하여 수송시설에만 투자되도록 하였다. 또한 공공자금관리기금을 신설하여 각종의 연·기금 및 체신예금이 금융 자산으로 운용하고 있던 여유자금을 예탁하도록 함으로써 사회간접자본 확충, 과학기술 개발 지원 등 필요한 재정투융자 재원의 안정적인 조달을 도보하였다. 그리고 농림 수산업의 경쟁력을 강화하고 농어촌생활 환경 개선과 농어민의 후생 복지를 위해 1994년에 농어촌특별세를 신설하고 이에 따른 농어촌특별관리 특별회계를 설치했다. 예산편성과 집행에 있어 부처의 자율 폭을 확대함으로써 현실 여건에 적합한 예산 운영을 통하여 효율성을 높이는 조치들도 있었다. 예산 비목이 지나치게 세분되어 각 부처의 판단에 따른 자율적인 사업추진이 어려운 면에 있었으므로 1994~1995년에 예산비목을 대폭 축소하고, 자체전용 범위를 넓혀 나갔다. 1996년도 예산부터는 여비, 관서 운영비 등 경상경비에 대하여 각 중앙 관서 의장이 세부 내역을 자율적으로 편성하도록 하는 경상경비 한도제를 도입하였다. 1994년 양곡 수매에 있어서 종전에는 정부가 일부 담당하던 정부미 방출을 농협이 시장 상황에 따라 자율적으로 방출할 수 있도록 이관하였고, 국립대 부속병원 등의 민간 이양도 추진되었으며, 1995년부터는 사회간접자본에 대한 민간자본유치 제도도 시행하였다. 지방자치제의 조기 정착을 위해 지방재정 기반의 확충이 시급하였으며 그동안 다소 모호하였던 중앙과 지방 간의 기능과 역할 구분을 조정해 나갈 필요도 있었다. 지방 재원의 확충을 위하여 1994년에 지방양여금 관리특별회계 세입 재원 중 주세의 양여율을 대폭 늘리고 지방세인 담배소비세를 인상하였다. 이와 함께 중앙 재정이 담당해 왔던 기능 중에서 광역 상수도 사업의 수질 관리 시설 등 일부 기능을 지방자치단체로 이양시켰다. 또한 지방자치의 실시와 더불어 지방자치단체의 개발 계획남발을 방지하고 이들 계획이 국가 전체의 정책 방향과 조화를 이룰 수 있도록 하기 위해 1995년부터 시도 중기 투자 계획 제도를 도입하였다. 세제 면에서는 근로 소득자를 포함한 중산층 이하 계층의 세 부담 완화, 비실명 금융소득·부동산 양도 소득 등 자산 소득에 대한 중과세, 복잡한 세율 체계의 단순화, 조세 감면의 단계적 축소 등을 기본 방향으로 하여 거의 매년 세법 개정이 이루어져 왔다. 나라 살림이 대규모 적자가 불가피해짐에 따라 재정적자가 얼마나 지속될 것이며, 언제쯤 균형재정으로 돌아올 수 있는지에 국민들의 관심이 모아지게 되었다. 정부에서도 재정적자를 체계적으로 관리하여 최단 기간 내에 적자 상태를 벗어날 수 있도록 중장기적인 재정적자 관리 방안을 마련하게 되었으며, 이러한 노력은 1999년부터 2002년까지의 재정운영 방향과 관리 대책이 포함된 중기 재정계획으로 나타나게 되었다. 그동안 정부 내부의 참고 자료로만 작성되어 왔던 중기 재정 1999년 1월 처음으로 대외적으로 공표되었다. 1997년 말의 금융·외환위기 이후 처음 편성된 1999년 예산에서는 편성방식이 크게 바뀌었다. 먼저 예산 요구 및 편성 과정에서 수요자인 국민의 의견을 적극 수렴하였다. 중앙과 지방 간의 의사 교환 통로로 시도지사 예산 협의회를 신설 운영하였고 소비자 단체·학계·언론계 등 각계의 전문가로 구성된 예산자문위원회의를 운영하였다. 예산편성 방식을 개선하여 각 부처가 주어진 한도 내에서 자율적으로 편성하고 사용하는 기본사업비 제도를 신설하고 집행 단계에서 사업내역을 정하는 총액계상 사업을 확대하여 각 부처의 자율성을 높였다. 계속비 대상 사업도 확대하였으며, 용지보상비 또한 경비 중 일정액에 대해서는 다음 연도로 이월을 허용하여 예산집행의 신축성을 부여하였다. 대형 사업의 효율적인 추진을 위해 500억 원 이상의 신규 사업에 대해서는 예비 타당성 조사 제도를 도입하여 공공 건설비용의 절감을 도모하였다. 원칙적으로 공공사업은 예비 타당성 조사 후 타당성 조사 및 설계, 보상, 시공의 순으로 이루어지고, 이전 단계의 업무가 완료되어야 다음 단계의 업무 추진을 위한 예산이 반영될 수 있도록 하였다. 정부 기능 중 민간에서 수행할 수 있는 사업은 민간에 위탁함으로써 민영화를 추진하고 업무의 효율성을 높이도록 하였다.

3) 예산의 관한 법률 변화

(1) 헌법

우리나라 법 중 최상위 법인 헌법은 예산에 관한 법규체제에서도 최상위 법에 위치하고 있다. 제헌헌법은 예산과정을 넷으로 구분하고, 예산편성권과 예산집행권은 행정부, 예산의결권은 입법부, 회계검사권은 현 감사원인 심계원에 부여하고 있다.

제헌 후 9차 개헌까지의 예산과 관련된 법령의 변천은 예산안의 국회제출일과 예산의 의결일 등을 개정하였으며, 회계연도 개시일까지 예산이 성립되지 못했을 경우를 위해서 준예산을 사용할 수 있다고 규정하고 있다. 또한 계속비와 추가경정예산에 관하여 규정하고 있고 국회의 예산안 심의의 한계를 규정하고 있다.

예산안 제출기안, 예산 의결 기한, 준예산, 계속비, 예비비, 추가
경정 예산, 예산심의 증액제한, 기체동의권은 제정 헌법부터 9차 헌
법에 이르기까지 예산 관련 조문이 개정되어 왔다.

(2) 제정법

① 제정 동기

해방 후 미군정을 거쳐 정부수립 후 재정법이 제정될 1951년까지
한국의 예산회계제도는 기본적으로는 일본의 구회계법 및 그 하위법
규들을 그대로 적용하고, 그 위에 미군정시대에 적용한 미국의 예산
회계제도를 부분적으로 도입하여 사용할 수밖에 없었던 가장 큰 이
유는 제헌헌법 제100조『기존법령 중 신 헌법에 저해되지 아니하는
것은 계속하여 그 효력을 가진다.』라는 제헌헌법의 명시 조항 때문
이라 할 수 있다. 따라서 예산회계제도의 기본법인 재정법이 제정될
때까지는 어쩔 수 없이 일제 식민지시대 때 적용된 일본의 구회계법
및 미국의 예산회계제도 그리고 과도기 정부시대의 수많은 법령, 훈
령 등 상호 이질적인 법규들을 병용하여 사용할 수밖에 없었다.

② 재정법의 제정 및 개정

1948년 7월에 국가재정에 관한 기본원칙 등을 바탕으로 재정법을
공포하려 하였으나, 6·25전쟁으로 인하여 재정법의 공포는 유보되
었고 1951년 9월 전시임시수도인 부산에서 법률 제37호로 공포되었
다. 이 재정법은 전문 10강 85개조로 구성, 일본의 재정법과 회계법,
예산결산 및 회계령과 유사하나 그 차이점은 회계를 좀 더 넓은 의

미의 재정에 포함시켜 단일법으로써 재정법에 회계에 관한 규정을 흡수한 점이라 할 수 있다. 1954년 1월에 개정된 제1차 회계연도의 개정은 그 당시 우리나라의 세입에 있어서 미국의 원조가 차지하는 비중이 엄청나게 큰 부분을 차지하였기 때문에 미국의 회계연도와 우리의 회계연도를 맞추기 위해서였다. 그리고 1956년 6월에 2차 개정이 있어 1961년 12월 제정된 예산회계법까지 두 번의 회계연도 변경을 위한 개정 이외에는 별다른 변화 없이 근 10년간 지속되었다.

(3) 예산회계법

① 제정 동기

해방 후 혼란과 6·25전쟁을 거치는 동안 국가재정은 국채발행과 차입금과 외국의 원조수입으로 지탱할 수밖에 없던 상황이었다.

1960년대 와서야 정부는 자립경제를 위하여 경제개발계획에 착수하였고, 정부의 모든 정책은 이 경제개발을 위한 하나의 보조적 기능에 발맞춰 나갔다.

또한 재정정책은 안정기조의 유지를 위하여 재정적자와 인플레이션의 억제에 역점을 두었으며, 이러한 시대적 배경에 부응하기 위해서는 재정법의 대대적인 수정작업이 요청되었다. 제정법은 일본의 재정법과 회계법을 그대로 옮겨 놓은 것에 불과하였고, 예산편성에 있어서도 전통적방법인 품목중심예산에 집착하여 예산제도의 발달에 영향을 주지 못하였다.

② 예산회계법의 제정 및 개정

1951년 임시수도 부산으로 옮긴 뒤 국가재정에 관한 일체의 사항을 단일 법률로 제정하였다. 1961년 군사정변 이후 기존의 재정법을 일부 개정하면서 법률 명칭을 예산회계법으로 변경하고 일본의 재정법과 회계법을 참조하여 단일 법률로 규정하였다. 1961년에 구재정법의 폐기로 인해 재정의 범위를 새로이 정립하고 재정에 관한 의사결정을 합리적으로 하기 위한 중요 조치들로 간주하였다. 이후 예산회계법은 여러 차례 개정되었으며, 특히 1973년과 1974년에 대폭적인 개정이 있었다. 이때 예산운영의 합리성과 신축성, 그리고 경기고절 기능이 강화되었다. 그 내용을 보면 신규 및 주요 산업의 사전심사, 주요 대규모 건설사업에 PERT 등 경영관리기법을 도입 촉진, 현물출자 및 전대차관 등 예산의 처리규정, 회계연도 개시 전 배정제도, 기금에 대한 통제 강화, 세입 결산서 잉여금 발생 시 국채 및 차입금 상환에 대한 임의규정, 자체 전용권의 인정, 수입대체 경비의 신설 등이다. 1989년에 또다시 예산회계법의 전면 개정이 있었다. 이때에는 예산회계 제도에 대한 국회의 통제를 강화하는 것이 주된 내용이었다. 개정 내용을 보면 예비비 하한선의 철폐, 결산 제출 시기 단축, 계약 규정의 신설, 중장기 재정운용계획의 수립, 통합지출관 제도의 법률화, 차관물자대의 예산 편입 등이다.

예산회계법: 국가의 예산과 회계에 관한 사항을 규정하기 위한 법률(전문개정 1989. 3. 31 법률 제4102호).

(4) 기업예산회계법

1961년 모법인 예산회계법의 제10조의 규정에 근거를 두고 1961
년에 재정 및 공포되었으며 기업 예산회계법 제3조는 동법의 적용범
위로서 철도사업 통신사업 양곡관리 조달의 4개 특별회계를 들고 있
다. 이 법은 정부가 주도로 하는 사업에 투하된 방대한 자본의 유통
과정을 계량적으로 파악하기 곤란하여 자산계산이 정확하지 못했고,
사업의 경영성과를 밝힐 수 없었고, 결과적으로 경영성과를 분석ㆍ
비교ㆍ검토할 수 없었던 까닭에 경영의 합리성을 평가할 수 없었던
이유로 재무부의 이러한 안을 토대로 재정회계제도개혁위원회가 심
의 의결한 내용을 기반으로 하였다.

(5) 정부투자 관리기본법

이 법은 예산회계법 제14조에 의거하여 1962년 8월에 제정된 정
부투자기관예산회계법의 후신이다. 정부투자기관관리기본법은 경제기
획원 주도로 제정된 정부투자기관예산회계법과 1973년 재무부 주도
로 제정된 정부투자기관관리법을 통합하여 1983년 12월에 제정되었
다. 재정개혁은 전통적인 구조중심의 개혁과는 다른 관리적이고 부
드러운 개혁으로서 보여 줌이 없기 때문에 종종 등한시되는 경향이
있다. 그러나 정부구조 개혁의 성공은 이러한 재정개혁의 뒷받침이
없이는 그의 실효성이 없다. 재정개혁의 성공을 위해서는 최고관리
자와 관료의 행태 변화가 전제되어야 할 것이다. 행태와 인식의 변
화에서 중요한 것은 정책결정자들의 재정만능주의적인 시각을 경계
하여야 할 것이다. 민간 경제주체의 활동을 중시하는 방향으로의 전

환이 우리에게도 요구된다. 우리나라의 경우 예산의 예산안 편성과 심의에 대체로 1년이 걸리고, 집행에 1년, 결산과 회계검사에 1년이 소요된다. 예산은 지속적인 과정으로 연결되기 때문에 1년 중 어떤 시점에서 보거나 네 과정 중 세 과정이 동시에 진행되고 있는 것이다. 이와 같이 예산의 과정을 구분하고 입법부, 사법부, 행정부 및 감사기관의 많은 관계인원이 참여함으로써, 예산과정마다 예산정보가 투입되고 기관 상호 간의 의사유통이 이루어지며 나아가 민의가 반영되고 일련의 통제와 감독이 이루어지는 것이다.

□ 결산과 회계검사

결산은 회계연도 내에 있어서 국가의 수입과 지출의 실적을 확정적 계수로써 표시하는 행위이며 예산에 의하여 수입, 지출을 한 정부의 사후적 재정보고를 의미한다. 회계검사는 대체로 행정상 감독과 능률상 감독의 두 기능이 포함된다. 행정상 감독기능은 예산의 집행이 예산의 목적 및 법령·훈령에 위배되었는가의 여부를 검사하고, 능률상 감독은 예산의 목적에 비추어 효율적으로 집행되었는가의 여부를 검사한다. 회계검사는 예산집행을 책임지는 정부 각 부처의 장은 물론 국고담당 장관으로서의 재정경제원 장관 등에 의하여 자체감독으로 시행될 수도 있으나, 실질적으로는 행정부 이외의 제3자가 행하는 객관적인 감독의 효과가 더 크다.

그러므로 오늘날 민주적 의회주의 국가에서는 국가의 회계검사 감독기관으로서 헌법상의 기관을 설치하는 제도가 발달되었다. 결산과,

회계검사는 예산을 집행함에 있어, 예산의 목적에 비추어 효율적으로 집행되었는지를 보고, 법령, 훈령에 위배되었는지 검사, 보고하는 제도이다. 이렇듯 재무행정에 있어서, 결산과 회계검사는 불가분의 관계이다.

1) 결산과 회계검사의 의의

(1) 결산

일정한 기간 안에 일어났던 수입과 지출을 계산하여 재산상태를 알 수 있도록 서류로 작성하는 일

① 일반회계, 특별회계 결산

한 회계연도에 있어서 정부의 수입과 지출의 실적을 확정적 계수로써 표시한 것으로, 예산과 결산의 일치 여부, 예산집행의 적정성·적법성 등을 심사하여 정부의 예산집행에 대한 사후감독과 정부의 국회 예산심의권 침해를 방지하기 위한 통제장치임.

결산은 정부의 예산집행에 대한 책임을 해제시켜 주는 의미를 갖는 것으로서, 결산 그 자체가 위법·부당한 예산집행을 무효 또는 취소시킬 수 있는 효력은 없다.

각 중앙관서의 장은 매 회계연도 소관예산의 결산보고서(세입·세출의 결산보고서, 계속비 결산보고서 및 국가의 채무에 관한 계산서)를 제출하여야 함(예산회계법 제42조). 그리고 재정경제부장관은 이를 통합하여 국무회의의 심의를 거쳐 대통령의 재가를 얻은 뒤 검사원에 제출하며 정부는 검사원의 검사를 거친 세입세출결산을 회계연

도마다 다음다음 회계연도 개시 120일 전까지 국회에 제출하여야 함
(예산회계법 제45조). 정부에서 국회에 제출하는 세입, 세출결산에는
세입세출 결산보고서, 계속비 결산보고서, 국가의 채무에 관한 계산
서를 첨부하여야 함(예산회계법 제46조). 국회에 제출된 결산은 본회
의 보고, 상임위원회 예비심사, 예산결산특별위원회 종합심사를 거쳐
본회의에서 의결됨. 결산이 본회의에서 의결되면 의장은 이를 정부
에 송부하게 되며 이로써 예산집행에 대한 정부의 정치적인 책임은
해제되고 당해 예산의 기능이 완결됨.

② 기금결산

정부는 검사원의 검사를 거친 기금결산을 다음다음 회계연도 개시
120일 전까지 국회에 제출하여야 함(기금관리기본법 제9조). 국회에
제출하는 기금결산에는 기금결산 보고서를 첨부하여야 하며, 기금결
산보고서에는 기금결산의 개황 및 분석에 관한 서류, 대차대조표 및
손익계산서 등 재무제표, 수입 및 지출계산서 등 현금의 수입 및 지
출을 명백히 하는 서류, 재원조성실적표, 사업성과평가서 등을 첨부
하여야 한다.

기금결산보고서의 작성은 기금운용심의회를 거쳐야 하며(기금관리
기본법 제11조), 기획예산처장관은 회계연도마다 기금의 운용실태를
조사하여 평가하고 그 결과를 기금결산과 함께 국회에 제출하여야
함(기금관리기본법 제12조).

국회법 제84조의 2에서 기금운용계획안 및 기금결산 등에 관하여는
예산안 및 결산에 관한 심의규정 등을 준용한다고 규정하고 있다.24)

---

24) 예산결산특별위원회.

(2) 회계검사

회계검사란 예산집행에서 수지의 결말에 관한 사실을 확인하기 위하여 회계의 기록과 장부 등을 체계적으로 검사하는 행위를 말한다. 즉 회계검사란 회계체제의 정확성을 검증하고, 나아가서 재고품과 보유 장비의 확인, 실무 수행의 부정, 낭비 및 사업의 효과성을 확인하는 절차이다. 우리나라의 경우 국가의 세입세출 결산, 국가 및 법률에 정한 단체의 회계검사는 감사원에서 담당한다.

국가가 고유사무의 수행을 위해 예산으로 처리하는 회계로서 일반적인 국가 활동에 관한 세입, 세출을 포괄하는 회계임. 즉 특별회계나 기금 등 특정 목적과 사업의 효율적 운영을 목적으로 별도 분리한 경우를 제외한 경상재정활동에 관한 기본회계를 말하는 것이다.[25)]

11. 결산과 회계검사의 기관

1) 결산

검사원법 헌법 제97조, 제99조 및 검사원법제에 따라 국가의 세입·세출회계 검사 결과에 의하여 국가의 세입·세출의 결산을 확인하고, 결산은 재정경제부에서 수행한다.

헌법 제97조 국가의 세입·세출의 결산, 국가 및 법률이 정한 단

체의 회계검사와 행정기관 및 공무원의 직무에 관한 감찰을 하기 위하여 대통령 소속하에 검사원을 둔다. 제99조 검사원은 세입·세출의 결산을 매년 검사하여 대통령과 차년도 국회에 그 결과를 보고하여야 한다.

검사원법

제21조(결산의 확인) 검사원은 회계검사의 결과에 의하여 국가의 세입·세출의 결산을 확인한다.

제22조(필요적 검사사항) ① 검사원은 다음 사항을 검사한다.

가. 국가의 회계

나. 지방자치단체의 회계

다. 한국은행의 회계와 국가 또는 지방자치단체가 자본금의 2분의 1 이상을 출자한 법인의 회계

라. 다른 법률에 의하여 검사원의 회계검사를 받도록 규정된 단체 등의 회계

② 전항과 제23조의 규정에 의한 회계검사에는 수입과 지출, 재산(물품·유가증권·권리 등을 포함한다)의 취득·보관·관리 및 처분 등의 검사를 포함한다.

2) 회계검사

우리나라의 회계검사기관은 감사원으로서 세입세출 예산에 대한 회계검사뿐만 아니라 행정기관과 공무원에 대한 직무감찰의 기능도 수행한다.

(1) 직무상의 독립성

감사원은 직무에 대하여 독립성을 갖는다. 그러나 제도적으로만 그럴 뿐이지 실제에 있어서는 외부적 압력을 받는다고 볼 수 있다.

(2) 인사상의 독립성

감사원장이나 감사위원 등의 임명에 있어서 대통령의 자의적 임명이 아닌 국회의 동의를 얻어서 임명하고, 임기도 임명권자와 같거나 보다 더 길다.

(3) 예산상의 자주성

중앙예산기관이 자의적으로 감사원의 예산을 삭감하고자 할 때는 감사원장의 의사를 물어야 한다.

(4) 규칙 제정상의 자주성

감사원은 감사원 내부적 필요에 의하여 다양한 규칙을 제정할 수 있다.

3) 결산과 회계검사의 종류

(1) 결산

결산에는 기업회계상의 결산과 재정상의 결산이 있다.

기업회계상 결산은 기업이 한 회계기간의 손익을 산정하고, 또 기말의 재정상태를 명확하게 하는 회계적인 절차이다.

결산업무는 기말 전후(특히 기말 후 1~2개월)에 집중적으로 하게 된다. 그 내용은 ① 기간의 손익계산을 하고, ② 재산표시를 정확하게 하는 절차로 대별된다. ①에서는 각종 수익과 비용을 어느 기간에 귀속시키느냐 하는 것을 결정하여야 하며, 그 결과는 ②에 영향을 준다. ②에서는 재고조사나 저가격주의를 전제로 하는 시가조사 등이 행하여진다.

이렇게 하여 파악한 정보는 손익계산서와 대차대조표에 기재하여 전달하게 된다. 경영관리의 목적으로 매월 결산을 하는 기업도 있지만 이런 결산은 월차결산(月次決算)이라 하여 정기적인 결산과는 구별한다.

재정상 결산은 한 국가에서 회계연도가 종료되면 예산과 실적을 확정적 계수로 표시하는 행위이다. 한국의 회계연도는 매년 1월 1일에 시작하여 12월 31일까지이다.

재정경제부장관은 각 부서에서 보고해 온 세입세출 보고서에 따라 세입세출의 결산서를 작성하여 국무회의의 심의를 거쳐 대통령의 승인을 받아야 한다(예산회계법 43조 1항).

그리고 다음 연도 6월 10일까지는 기획예산처장관 및 검사원에 제출하여야 한다(44조 1항). 검사원은 그것을 검사하고 그 보고서를 다음 연도 8월 20일까지 재정경제부장관에게 송부한다(44조 2항).

정부는 검사원의 검사를 거친 결산서를 회계연도마다 다음 회계연도 개시 120일 전까지 국회에 제출한다(45조).

국회에서의 결산심의 결과 정부의 재정행위가 위법 또는 부당하다는 지적을 받아도 그 재정행위가 무효로 되지 않는다. 그러나 내각은 정치적 책임을 추궁받는 것을 면하지 못한다.

(2) 회계검사

① 회계검사기관의 위치에 따른 유형

가. 입법부 소속형

회계검사기관이 입법부에 소속하는 형태를 말한다. 영국과 미국이 해당되며 흔히 영미형이라고 한다. 회계검사 결과는 의회에 제출된다.

나. 행정부 소속형

회계검사기관이 행정부에 소속되는 형태로 흔히 대륙형이라고 한다. 예산을 집행하는 행정부에 속하는 기관이 행정부의 회계검사를 담당하는 점에서 견제와 균형의 원리를 실현하고 있다고는 볼 수 없다.

우리나라의 감사원이 행정부 소속형 회계검사기관이다.

다. 독립형

회계검사기관이 입법, 행정, 사법 어느 곳에도 소속하지 않는 형태를 말한다. 프랑스, 독일, 일본 등이 그 예이다.

라. 대만형

대만은 국가권력을 총통에게 주고 총통 밑에 회계검사기관을 두고 있다.

② 회계검사기관의 의결 형태에 따른 유형

가. 단독제

회계검사기관의 장이 단독으로 업무를 결정하는 것을 말하며, 미국과 영국이 해당된다.

나. 합의제

회계검사를 위원회와 비슷한 단체가 업무를 지휘하고 결정하는 형태로 일본이 해당된다. 우리나라는 단독제와 합의제 양자 중 어느 쪽인지 확실치 않다.

헌법의 명시 여부에 따른 유형

① 헌법기관

회계기관의 설치를 헌법에 규정하고 있는 경우로 우리나라가 해당된다.

② 비헌법기관

회계기관에 관하여 헌법에 명시되어 있지 않은 경우 미국이 해당된다. 미국은 헌법기관은 아니지만 회계검사원의 지위는 강력하다.

4) 결산과 회계검사의 특징

(1) 결산

① 행정기관이 예산을 운용한 결과를 사후적으로 호가인하는 심사과정이다.
② 역사적, 정치적이다. 즉 사후적인 관계로 일단 집행된 내용을 무효할 수 없다. 부당한 지출이 예산집행에 대한 정부책임이 해제된다.
③ 국회의 결산승인에 의하여 예산집행에 대한 정부책임이 해제되었다 하더라도 그 책임이란 정치적 책임의 해제를 의미할 뿐 관계공무원의 부정행위까지 해제되는 것은 아니다.

(2) 회계검사

① 회계검사의 기준을 보면 종전의 합법성 위주의 검사에서 최근에
는 경제성(Economy), 능률성(Efficiency), 효과성(Effectiveness)
이라는 소위 3E가 추가되었으며, 특히 3E의 기준을 강조하는 경
향이 있다. 여기서 경제성은 투입(input)의 측면에서 보는 것이
며, 투입되는 자원의 경비를 최소화하는 것을 말한다. 능률성은
투입(input)과 산출(output)의 관계에서 보는 것이며, 투입과 산
출의 비율을 의미한다. 효과성은 정책 또는 사업의 목표 및 의도
한 효과를 달성한 정도를 지칭한다. 그리고 이러한 경제성·능
률성·효과성에 의한 감사를 성과감사(performance audit)라고
부르기도 한다(이경섭, 1992: 401; 편호범, 1992: 531).

② 회계검사의 대상을 보면 종전에는 회계감사(financial audit)에
국한되었는데 최근에는 업무감사(operational audit)와 정책감
사(policy audit)까지 그 대상으로 하고 있다. 업무감사는 국가
의 업무전반에 대해서 감사를 하는 것으로서 성과의 평가, 문
제점의 발견, 대안 제시의 방식으로 이루어진다. 정책감사는
정책 및 사업 자체에 대한 평가 및 감사를 하는 것으로서 효
과성 감사와 밀접한 관련이 있다.

③ 책임 확보의 측면에서 본다면 종전에는 회계상의 책임에 한정
하여 추궁한 데 반하여, 최근에는 관리 책임과 사업 및 정책에
대한 책임까지도 포함하여 추궁하고 있다.

④ 회계검사의 기능 면에서 본다면 종전에는 오류와 부정의 적발
기능과 회계기록의 적부를 검토·비판하는 비판적 기능이 주

된 내용이었다. 최근에는 관리기법, 지식, 정보를 제공하는 지도적 기능과 감사결과를 계획 및 집행단계에 환류하는 환류기능이 강조되고 있다.

⑤ 최근에는 컴퓨터와 통신이 발달하고 이들이 서로 결합되면서 전산감사가 도입·확대되고 있는 추세에 있다.

결산 및 회계검사는 예산과정의 마지막 단계로서 예산집행이 합법적으로 이루어졌는지 그 여부를 비판적으로 검토하는 활동이다.

본래 민주주의 국가에서는 행정부가 예산편성과 집행을 담당하고 검토하는 활동이다. 본래 민주주의 국가에서는 행정부가 예산편성과 집행을 담당하고 입법부가 예산심의와 회계검사를 담당하는 것이 이상적이다.

이러한 이유에서 미국·영국 등은 회계검사 기능을 입법부 소속으로 설치하고 있다.

그러나 우리나라는 회계검사 기능을 대통령 소속으로 설치하고 있어 현 체제가 회계검사의 공정성을 훼손할 수 있다는 점에서 회계검사권의 소속 형태를 변경하여야 한다는 주장이 제기되고 있다. 앞서 말한 바와 같이 결산과 회계검사는 예산의 마지막 과정으로, 얼마나 예산을 합법적으로 집행하였는지를 검토하기 위함이다.

결산과 회계검사를 함에 있어서 한 치의 오차도 없이, 투명한 검토를 하여야 할 것이며, 그에 반한 집행과정이 있을 시에는, 예산의 낭비를 막기 위해서 꼭 행정적 처분을 하여야 할 것으로 생각한다. 회계검사는 공직기강을 확립하기 위해서 정권교체기에 강도 높게 실시한다고 한다.

정권에 따라서 검사를 할 것이 아니라, 언제 어느 때라도, 꼭 필요

하다고 생각되면 하여야 할 것이며, 내부고발이나, 외부고발 등의 의
견을 통해서도 검사를 실시하는 등 예산 집행과정에서의 문제점을
늘 줄일 수 있도록 노력하여야 할 것이다.

참고문헌

윤영진(2008), 『새 재무행정학』, 대영문화사.
박수영(2004), 『현대사회와 행정』, 대영문화사.
김동만(2003), 『중앙대학교 국가정책연구소』, 학술지논문.
한만봉(2006), 『행정경제교육』, 한국학술정보(주).
한만봉(2009), 『사회복지정책론』, 한국학술정보(주).
한만봉(2009), 『사회복지행정론』, 한국학술정보(주).

http://budget.na.go.kr

12. 예산 행정과 조달행정

우리나라 정부조달은 중앙조달제도를 채택하고 있는바 일반조달은 조달청이, 군수조달은 국방부 조달 본부가 담당하고 있다. 또 '조달사업에 관한 법률' 규정에 의해 중앙조달기관인 조달청을 반드시 이용해야 하는 정부기관과 필요한 경우에 이용할 수 있는 기관으로 나누어진다. 전자인 당연기관은 조달사업에 관한 법률과 동법 시행령에 의해 조달청에 조달요청을 하여야 하는 기관으로서 국가기관과 지방자치단체가 해당된다. 중앙조달 범위는 물품구매의 경우에 품명당 5천만 원 이상(자체구매의 예외가 다수 인정됨), 공사계약의 경우에는 국가기관은 추정가격 30억 원 이상 공사 그리고 지방자치단체는 PQ 및 턴키·대안입찰 대상 공사이다. 후자인 임의기관은 앞의 규정에 의해 조달청에 조달요청을 할 수 있는 기관으로서 각급 군부대, 정부투자기관, 정부출연기관, 기타 공익기관 등이 해당된다. 이 경우 법적인 의무는 없고 자체적 판단에 따라 필요한 경우에 요청하게 된다. 그리고 조달청이 정부물자의 조달업무를 일반적으로 관장하고 있으나 지방화에 따라 수요기관 중에서 지방자치단체의 자체조달범위는 지속적으로 확대되고 있는 추세이다. 하지만 이것과는 반대로 실질적으로 자체 조달할 수 있도록 위임된 부분도 중앙조달의 경제성 및 자체조달인력 부재로 조달청에 임의 요청하여 집행하는 추세도 나타나고 있다. 따라서 우리나라 공공조달은 중앙조달과 분산조달이 동시에 이루어지고 있다는 것을 알 수 있다.

▣ 예산집행의 의의

1) 예산집행의 의의

예산이 국회에서 심의·확정되면 예산의 집행이 있게 된다. 예산의 집행이란 국가의 수입·지출을 실행·관리하는 모든 행위를 의미하며, 단순히 예산에 정하여진 금액을 국고에 수납하고 국고로부터 지출하는 행위만을 의미하는 것은 아니다. 그러므로 예산의 집행은 예산에 계산된 세입·세출을 실행 관리하는 것만이 아니라 국고채무부담행위, 지출원인행위 및 예산 성립 이후 발생할 수 있는 세입·세출 전부를 포함하는 국가의 수입·지출을 실행 관리하는 행위를 의미한다. 즉 국회에서 의결·확정된 예산에 따라 수입을 조달하고 공공경비를 지출하는 재정활동이 예산집행이다.

2) 예산집행의 목적

예산의 집행은 그 집행과정에서 입법서 의도를 충실히 구현하는 것이어야 한다. 이를 위해 예산의 집행에 있어서는 원칙적으로 재정적 한계를 엄수하도록 재정통제가 필요하며, 예산 성립 후의 여건이나 정세변동에 적응할 수 있도록 유지하여야 한다. 따라서 예산집행은 통제성과 신축성의 조화가 필요하다.

(1) 재정통제

의회에서 심의·확정된 예산은 입법부의 의도를 제시한 것이라 할 수 있다. 그러나 예산의 집행에 있어서 행정부는 반드시 의회의 의결을 받은 사업목표와 금액의 범위 내에서 예산을 집행함으로써 재정적 한계를 엄수하고 입법부의 의도를 충실히 구현하도록 하여야 한다. 따라서 예산 목적 외의 사용이나 의회에서 의결한 금액을 초과하는 예산지출은 원칙적으로 금지된다. 역사적으로도 예산제도는 징세에 대한 의회의 과설동의권으로부터 발달되었으며 예산집행의 제1차적인 주요 목적도 전통적으로 재정통제에 그 의의가 있다.

(2) 신축성의 유지

예산이 의회에서 심의·의결되어 확정된 후에 발생하는 정세변동이나 경제사정 등 제반여건의 변화는 예산과 현실관의 괴리를 가져온다. 따라서 실제의 예산집행에 있어서는 여건변화에 적응할 수 있도록 신축성을 유지하여야 한다.

(3) 예산집행의 원칙

예산의 집행에 있어서 재정통제와 신축성 유지의 목적을 달성하기 위해서는 다음과 같은 원칙들이 고려되어야 한다.

첫째, 예산과 사업계획은 표리의 관계에 있으므로 이 양자는 최고관리층의 직접적인 감독하에 두어야 한다.

둘째, 예산의 집행에 있어서 각 기관은 사업계획이 입법부의 의도에 부합되면서도 가장 경제적으로 수행되도록 감독해야 할 것이다.

셋째, 예산의 집행은 정부 각 기관에서 제출하는 재정운영보고에 입각하여야 한다.

▣ 예산집행과 정부의 책임

정부예산의 출현의 근거와 개혁의 방향은 사실상 예산집행에 대한 관사들의 책임성을 확보한다는 관점에서 찾을 수 있다. 민주국가에서 예산이 정부의 권한을 제한하기 위한 하나의 수단이라는 것은 이미 널리 알려진 사실이다. 정부의 책임성을 확보하기 위한 도구로서의 역할을 제대로 수행할 수 있는 예산회계제도를 확립함에 있어서 우리가 고려하여야 할 근본적인 논점은 두 가지로 집약할 수 있다. 그 하나는 "누구에 대한 책임성인가." 하는 것이며 다른 하나는 "어떤 목적을 위한 책임성인가."이다.

1) 책임의 대상자

민주국가에 있어서 정부는 누구에 대하여 책임을 지는가 하는 것은 두말할 나위 없이 국민이다. 민주사회에 있어서 대통령과 의원들은 물론이려니와 그 밖에 모든 수준의 정부구성원은 모두가 사실상 국민에 의하여 선출된 사람들이기 때문이다. 그러나 실제로 예산문서가 국민에게 선택을 위한 주요한 정보의 원천이 되지 못한다. 확실히 우리나라 국민들은 대통령 선거 및 국회의원 선거에서 자기들의 투표권을 행사하기 전에 정부예산을 자세히 분석하는 일이란 거의 없다. 또한 선출되는 공사들의 과연 선거과정을 통하여 뚜렷한 권한을 국민들로부터 위임받는다고 할 수 있을지도 의문이다.

대규모적인 사회에서 대중은 정부활동에 대하여 충분히 파악할 수 없으므로 민주국가에서는 전통적으로 권력분립의 원리 및 견제와 균형의 원리를 적용하고 있다. 이리하여 대통령 또는 수상을 비롯한 행정부는 예산의 편성과 집행에 관한 의회에 책임을 지게 된다.

2) 책임의 목적

공공부문이 점점 더 확대되어 감에 따라 관심사는 지출의 목적으로 점차 전환되고 있다. 즉 정부의 책임은 정부가 무엇을 위하여 소비하느냐에 더 많은 중점을 두고 있다. 지출의 책임성은 서로 다른 몇 가지 형태로 나타나는바, 쉬크는 20세기에 있어서 다음과 같은 세 가지 국면에서 받아들여지고 있다고 제창하였다.

(1) 행정지출에 관한 의회의 엄격한 제도

이러한 형태의 지출통제를 행사하기 위한 가장 일반적인 수단은 지출을 품목별로 승인하는 것이다. 그리하여 재정회계감사는 금전을 승인한 품목을 구입하는 데 사용하였는지를 확인하는 데 이용되고 있다. 이것은 정부활동의 성과보다는 인원, 여행, 공급품 등과 같이 정부가 구매하는 것들에 초점을 둔다.

(2) 관리 투향성

이는 현재 진행 중인 활동을 능률적으로 관리하는 것을 말한다. 역사적으로 이것은 1949년 제1차 후버위원회에 의하여 뉴딜정책과 관련되어 있다. 여기에서는 행정관들로 하여금 사업성과측정과 같은 방법을 통하여 그들의 활동에 대한 능률에 책임을 지도록 하는 데 그 초점을 둔다.

(3) 기획기능

전통적으로 자원투입의 통제에 관한 관심은 다음 회계연도의 단기적인 시간구조에 적응하는 데 있다. 능률성을 위한 관리적 관심사도 비록 그것이 장기적인 전망에 의하여 보조를 받고 있다 하더라도 역시 전통적 회계연도의 제시에 적응하는 데 있다. 그러나 그 중점이 목적의 성취로 전환하게 되자 장기적 구조가 필요하게 되었다. 정부의 많은 프로그램의 목적이 1회계연도에 성취될 수는 없다. 이와 같이 근래의 예산결정을 장기적으로 연계시키기 위해서는 다년도예산의 제시가 요구된다.

▣ 예산집행의 문제점

1) 신축성의 유지

우리나라의 예산제도는 근본적으로 통제중심주의를 그 바탕으로 하고 있으므로 예산회계법이 예산의 신축성을 유지하기 위한 제도를 갖고 있으나 아직도 많은 제약이 따르고 있다. 즉 예산의 이용은 국회의결을 거쳐 기획예산처장관의 승인을 얻어야 하며, 예산의 전용도 기획예산처장관의 승인을 얻어야 하는 등 각 중앙관서장의 책임하에 두고 있지 않는 것이 그 예이다. 따라서 오늘날 예산기능이 통제보다 관리·계획기능에 중점을 두는 추세이므로 예산집행의 신축성이 확대되어야 할 것이다.

2) 예산의 배정과 자금공급의 불일치

예산배정과 자금공급의 일원화를 기할 수 있도록 되어 있는 예산회계법의 규정에도 불구하고 재정안정계획에 의한 자금의 공급이 적기에 이루어지지 않아 사업계획의 집행에 지장을 초래하는 경우가 발생하고 있다. 자금의 적기공급을 위해서는 정부의 각 회계를 포괄하는 국가의 일체 세입을 통합 운영하는 제도가 절실히 요구된다.

3) 예산과목의 세분화

예산과목이 너무 세분화되어 있다. 국회는 총액중심의 총괄예산을 통과시키는 방향으로 나감으로써 행정부의 재량권을 폭넓게 인정하도록 하고 정책중심·성과중심의 예산심의에 주력해야 한다.

4) 행정인의 윤리성 미정립

행정인의 책임성·윤리성이 확립되지 않은 한 효과적인 재정통제가 곤란하며 예산집행의 신축성 확대가 도리어 행정의 부조리·비능률만을 심화시킬 우려가 있다.

▣ 조달행정(조달정책)의 개념

조달은 정부가 필요로 하는 재화와 서비스의 소재파악(locating), 구입, 분배, 저장, 사용 처분 및 대금지불을 포함한 일체의 행위라 할 수 있는데(Aronson & Schwartz, 1987: 364) 이는 과정에 초점을 둔 정의이다. 한편 구매를 행정업무 수행에 필요한 필수적인 재화, 즉 소모품, 비품, 시설 등을 적기 적소에 적재, 적량을 적가로 구입하는 행위라 할 수 있는데 이는 바람직한 구매기능을 강조하는 것이다. 우리나라 조달업무에 대한 법률은 "조달사업은 조달청장이 행하는 조달물자의 구매, 운송, 보관, 공급업무와 시설공사의 계약, 시설물의 관리, 운영 및 그에 부수되는 사업을 말한다."(조달사업에 관한 법률 제3조)라고 규정하고 있다.

▣ 조달행정(조달정책)과 부정부패방지

우리나라에 있어서 반부패는 시대적 과제라고 말할 수 있을 정도로 매우 중대한 사회적 문제이다. 부패는 한국의 국가경쟁력을 약화시키는 요인으로 끊임없이 제기되어 왔다. 특히 사이버 거버넌스(Cybergovernance)시대에는 청렴성, 투명성이 국가경쟁력의 원천이 되기 때문이다. 투명성은 신뢰의 기반이 되며, 신뢰는 사회자본을 이루고 있다. 국제투명성기구(TI)의 조사에 따르면 한국의 부패지수는 조사대상 133개국 중 50위를 차지하고 있다. 이는 주로 공공부문의 부패를 중심으로 조사한 것이지만, 민간부문의 부패도 이에 못지않을 것으로 볼 수 있다. 부패는 국가자원 배분의 왜곡, 시장거래 원가 등의 상승을 통해 부패거래에 참여하지 않는 유능한 생산자를 약화시켜 시장에서 도태시키는 부작용을 낳는다. 이와 같은 부패의 부정적인 측면은 국가 전반적으로 경쟁력 약화를 초래하여 글로벌 경쟁시대 국가 경영의 효율성을 저해하게 된다.

▣ 조달행정의 개선과제

1) 집행 및 검수과정의 개선

전자조달은 미국, 홍콩, 싱가포르 등이 실시하고 있으며 상당히 빠르게 제도화의 기반을 구축하고 있다. 일본의 경우도 최근에야 전자조달을 추진함으로써 우리나라가 개혁의 속도가 더 빠르게 진행되고 있음을 알 수 있다. 그러나 무엇보다도 전자조달시스템이 부패문제 해결에 있어 만병통치약일 수 없다. 모든 과정이 아직 전자화되지 않은 상황에서 나머지 집행과정의 전자화도 동시에 추진되어야 할 것이다. 즉 전자입찰제도의 도입으로 입찰 관련 부패는 상당히 제거되었다고 평가할 수 있다. 그러나 건설집행 및 구매집행과정, 검수과정에서의 부패 개연성은 상당히 잔존해 있다. 이러한 집행 및 검수과정의 청렴성을 위해 서울시가 중심이 되어 추진하고 있는 청렴계약제(Integrity Pact)가 상당한 의의가 있다.

이러한 청렴계약제는 부패를 예방적 차원에서 접근했다는 점에서 상당한 의의가 있다고 할 수 있다. 그러나 이 제도가 행정기관과 업체 간 형평성이 결여되어 대등하지 않은 계약행위로 볼 수 있다. 즉 많은 경우 공무원의 부당행위가 선행되었을 때(뇌물요구 등) 업체입장에서 대응방안이 미흡하기 때문이다. 아직 공공기관과의 거래관계에서 업자가 약자일 수밖에 없으며 공무원의 뇌물 요구가 있을 경우 이를 거절하기 어려운 상황에서 청렴계약 불이행 시 제재가 업체중심으로 이루어져 있다. 이러한 상황에서 업체의 대응방안이나 행정기관의 불이행 시 제재방안이 보다 강화되어야 할 것이다.

조달과정은 입찰과정에 한정되어 있지 않으며 건설이나 물품의 집행과정에서 부패의 여지가 상당히 남아 있다. 예를 들면 부실공사나 조악한 물건의 납품 등의 개연성은 상존하고 있다. 설계 단계에서부터 공사비를 줄이는 부실 설계를 하거나 공사 도중 공무원과 업주가 담합해 잦은 설계 변경을 통해 공사비를 부풀리는 경우도 있다. 또 감리나 준공 검사 시 부실을 눈감아 주는 대가로 부패를 하기도 한다. 이러한 상황에서, 특히 건설부문 부패의 경우 하도급과정에서 부패가 많이 발생하는데, 이 과정의 투명성 강화를 위해 건설감리과정의 정보화 및 투명화가 수반되어야 할 것이다.

2) 전자입찰제의 보완

조달부패의 상당부분은 전자입찰 과정에서 해결 가능하다. 우리나라의 경우 전자상거래가 차지하는 비중이 높지 않은 상황에서 전자입찰제의 도입으로 조달부패가 완전히 제거되었다고 낙관할 수는 없다. 복수예비가격제도 도입으로 사전 담합 가능성을 제거하였다고 해도 다음과 같은 사례는 부정의 개연성을 보여 주고 있다.

"입찰에 참여한 200여 개의 업체는 평균 금액을 산정하기 전에 OMR 카드에 자신이 원하는 공사 금액을 적은 뒤 투찰함에 넣었다. 그런데 OMR 카드를 읽는 과정에서 카드 판독기에 오작동이 발생해 담당 공무원이 일부 수작업을 실시했다. 이 과정에서 담당 공무원이 특정업체의 투찰 금액을 조작, 낙찰되도록 했다. 이 사건은 그간 특정 업체가 자주 공사를 따내는 것을 의아하게 여긴 업주들의 추적으로 밝혀졌다."

공공기관과 민간업체의 유착에 의해 발생하는 부정도 남아 있다. "13개 방위산업체가 국방부 조달 본부 납품과정에서 원가 과다계상 등의 수법으로 3년간 244억 원의 부당이득을 취하다 감사원 감사 등에서 적발됐다. 국회 국방위의 조달 본부 국감에서 대우종합기계, LG이노텍, 삼성테크원 등은 가계약과 본 계약 사이에 발생한 환율차 미조정으로 169억 원, 한국레이컴은 허위세금계산서를 통한 원가 부풀리기로 16억 원, 오리엔탈공업은 생산인원 조작으로 29억 원의 부당이득금을 각각 챙겨 감사원 등에 적발된 사례만 13개 업체 244억 원에 달한다고 밝혔다. 그러나 이는 빙산의 일각일 뿐 실제 부당이득 금액은 엄청난 규모로 추정된다며 전면조사를 촉구했다. 뿐만 아니라 비리업체에 대해 조달 본부가 방산업체 지정을 취소한 경우는 전무하며 부당이득금에 상당하는 가산금을 물려 환수해야 한다는 법규정대로 조치한 경우도 단 1건에 불과하다며 조달 본부와 일부 방산업체 간 유착의혹도 제기했다.”

뿐만 아니라 입찰 과정에서 발주처와 건설업체 간의 담합의 여지가 남아 있다. 공사입찰 가격이 최저가 낙찰이 아니기 때문에 사전에 예정 가격을 알아내고 응찰하는 것이다. 즉 공사 입찰이 입찰 자격을 따지는 적격심사와 응찰가격을 보는 두 단계로 이루어지므로 발주기관이 새로 만든 기초가격보다 응찰가격의 차가 일정 기준 이상 나면 낙찰 자격 자체가 상실된다. 정상적으로 입찰이 진행됐을 경우 응찰가격 차이는 예정 가격의 대개 1% 내외이며, 낙찰자는 보통 0.05% 이내의 차이로 결정되고 있다. 이러한 상황에서 예정가격 정보를 사전에 입수한다면 낙찰을 보장받은 것이나 마찬가지인 것이다. 정부는 최근 입찰참가자격사전심사(PQ) 대상 중에서 1천억 원 이상 공사에는 최저가 낙찰제를 도입했으며, 무분별한 덤핑입찰 등을 막기 위해 최저가 낙찰제가 적용되는 공사에 대해서는 공사이행보증서(40%) 제출을 의무화했다.

“도로공사가 발주한 중부내륙 고속도로공사의 경우 대다수 기업들이 낮은 가격을 써내고도 적격 심사에서 저가 투찰로 판정돼 공사를 따내지 못하는 일이 발생했다. 이렇다 보니 기업마다 예정가를 알아내기 위해 혈안이다. 철도청의 한 간부가 24억 규모의 전력공급시설공사 입찰에서 건설업자에게 입찰 예정가를 누출하고 입찰가의 1%를 사례금으로 받아 검찰에 구속되었다.”

제한 입찰을 이용한 담합도 가능하다. 제한 입찰이란 공사 입찰

공고를 할 때 입찰에 참여할 수 있는 특정 자격을 명시하는 것이다. 예를 들어 특정 공법 시공능력을 가진 업체 또는 특정 분야의 실적을 가진 업체에게만 입찰 참가 자격을 주어 입찰 단계에서부터 다른 업체들의 접근을 차단하고 있다. 만약 특정 업체에 공사를 주고자 한다면 그 업체의 특기를 강조하는 방법으로 입찰 참가 제한을 두는 것이다. 정부 당국은 1개 이상의 제한을 두는 것을 금지하고 있지만 실효성이 미약하다.

3) 건설 관련 조달의 개선

턴키입찰의 낙찰자 선정에 영향을 미치는 설계심의의 공정성과 투명성이 확보되지 못하여 턴키발주의 활성화에 장애요인이 되고 있다. 턴키공사의 낙찰자 선정은 적격심사를 거치며, 적격심사는 설계점수가 순으로 4인을 선정해 설계평가(45점)·입찰가격(35점)·공사수행능력(20점) 점수를 종합하여 가장 높은 자를 실시설계적격자로 결정하고 있다. 이 과정에는 건설업체들의 설계심의위원에 대한 로비가 치열하며, 3,000명에 달하는 설계심의위원 풀(Pool)을 구성·운영하고 있어 공정성·전문성 문제가 제기되고 있다. 그러므로 조달계약 기준 및 제도의 보완·확충으로 투명성·공정성을 제고해야 하며, 특히 설계·시공일괄입찰(턴키입찰) 설계심의의 공정성·전문성 제고를 위한 세부방안을 마련해야 할 것이다. 설계심의의 투명성 확보 및 전문성 제고를 위해 설계심의위원 전문가 풀제를 폐지하고, 설계심의위원의 전문성에 대한 검증을 통한 설계심의위원의 소수 정예화 및 설계심의위원에 대한 내부통제를 강화해야 할 것이다. 이미 부패방지위원회가 재정경제부, 건설교통부, 조달청, 학계 및 업계의 의견을 수렴하여 턴키입찰의 상설설계심의기구 설치, 심의내용 공개 등에 대해 합의 도출을 통해 관계부처에 개선방안을 권고하고 있다.

4) 조달공무원의 전문성 강화

조달공무원의 전문성 확보의 미흡으로 부패가 발생하고 있다. 조달과정에 대한 정확한 이해부족으로 업자에게 피해를 전가하고 있으며, 이는 소극적 부패를 가져올 개연성이 있다. 계약당사자인 공무원이 순환보직으로 인해 전문성이 부족하고, 교육훈련체계가 미비한 실정에서 담당 공무원의 재량권이 확대되면 그만큼 전자조달서비스는 실효성이 감소되게 된다. 조달공무원의 순환보직을 제한하고 전문성을 강화하기 위한 인사제도가 확보되어야 할 것이다.

5) 전자조달률의 제고

비교적 성공적이라고 평가받고 있는 조달청을 통한 전자조달이 공공조달의 30% 수준에 불과하다. 이는 아직도 공공부문의 조달과정에서 미흡한 점이 많이 남아 있다는 점을 반증해 주고 있다. 그러므로 조달청을 통한 전자조달을 높일 수 있도록 해야 할 것이다. 즉 전체 조달시장에서 차지하는 전자상거래 규모가 작기 때문에 조달전산망을 통한 정부조달의 규모가 확대되어야 한다. 투명성이 제고

해야 부패가능성이 줄어든다는 측면에서 전자조달시스템을 확대해야 하며, 전 조달과정에 전산망을 활용하도록 해야 할 것이다. 전체 조달시장에서 차지하는 비중이 큰 건설부문과 국방부문의 전자조달이 이루어져야 할 것이다. 이를 통해 모든 공공 조달이 전자조달로 확대되어야 하며, 나아가 모든 공공 조달정보를 한 번에 검색·조회할 수 있는 Portal Site(Single Window)를 구축함과 동시에 조달요청, 납품요구, 전자입찰 외에 적격심사, 계약 등을 전자화해 모든 조달과정을 전자조달화해야 할 것이다.

▣ 조달행정(조달정책)과 정부정책수단

예전에는 '조달행정' 하면 단순 집행업무에, 떡고물이 좀 있는 3D 업종의 하나라는 인식이 지배적이었다. 그러다 보니 정권이 바뀔 때마다 조직개편이 있게 되면 축소 또는 폐지 대상으로 언급되어 왔다. 그러나 90년대 후반의 세계화와 지방화라는 급격한 환경변화에 조달청이 적극적으로 대응해 오면서, 지금은 조달행정을 담당하고 있는 조달청이 중요한 정책기능을 수행하는 부서로서 여타 행정 분야의 개혁을 선도하고 있다는 평가를 대내외로부터 받고 있다. 실례로 조달청은 행정서비스헌장 평가 우수기관으로 선정되더니 민원행정서비스 고객만족도 최우수기관, 이어 공공부문 혁신대회 최우수기관, 9월에는 중앙행정기관 정보화수준평가 최우수기관, 중소기업제품 공공구매 촉진대회 최우수기관으로, 그리고 정부업무평가 종합 우수기관으로 선정되었다. 공급자 위주가 아니라 고객의 입장에서 서비스를 제공하는 고객중심 조달을 강화해 오고 있는바 고객이 원하는 서비스를 한곳에서 One‑Stop으로 제공하기 위하여 조달서비스센터, 인터넷 민원부서, 전자조달 콜센터를 통합하여 '정부조달 종합지원센터'를 설치하여 민원인을 위한 PC, 팩스, 복사기, 소모품 등 Mobile Office 환경을 제공하고 있다. 다수의 공공기관이 사용하는 행정용품은 근무시간 내에 원하는 시기·장소까지 배달하고 있으며, 개별 수요기관의 조달물자 대금 미납정보에 대한 안내서비스를 제공하고 있다. 한편 외부참여와 교류·협력 확대를 통하여 열린 조달을 구현하고 있는바 조달업무 수행과 관련하여 클린조달위원회, 조달업무평가위원회 등 각종 위원회에 민간전문가, NGO 등의 참여 확대를 추진해 오고 있다. 또 구매조달기능의 학문적 체계 수립 및 민·관 공동발전을 위해 조달청·업계·학계가 참여하는 관·산·학 협력체제를 구축하였는바, 구매조달학회와 공동세미나를 개최하고 전문교육과정을 위탁하였으며 민간기업의 각종 조달기법을 벤치마킹하고 상호 정보교류를 활성화해 오고 있다. 이 외에도 미국 GSA 및 캐나다 PWGSC와 상호협력 MOU를 교환했으며 UN과 WTO, APEC 등이 개최하는 국제워크숍에 적극적으로 참가하고 있다.

앞으로 예산집행과 관련하여 행정부는 물론 의회에서도 관심을 두어야 할 점은 관리정조체계의 확립에 관한 문제이다. 현대의 예산에 대한 접근방법은 막대한 양의 정보를 필요로 한다. 회계제도는 주로 재원에 관한 정보와 특히 수입과 지출에 관한 것에 한정되어 있으므로 단지 필요한 정보의 일부분만을 제공할 뿐이다. 회계제도에서 얻을 수 있는 정보는 물론 통제, 관리, 기획, 예산편성, 승인, 집행 및 감사에 필수적이다. 그러나 효과와 산출 및 활동에 관한 사업계획정보도 마찬가지로 중요하면 이것은 재정정보와 함께 똑같이 그 필요성이 인정된다. 그리하여 정보체제는 징수, 보관, 조작 및 데이터수정에 있어서 조직단위기관의 조정문제를 해결하는 데 커다란 역할을 한다. 앞으로는 행정에서 기획, 조직, 동작화 및 통제의 기능을 효율화하고 이에 관련된 의사결정에 필요한 정보를 수집, 가공, 축적하여 언제든지 요구에 응하며 필요한 정보를 제공하여 주는 통합된 인간과 기계장치의 체계가 필요하다고 생각한다.

참고문헌

신희권(2003), 「정부정책수단으로서의 조달행정」, 한국행정학회 논문.
서울대학교 한국행정연구소(2000), 전자상거래시대에 부합하는 조달행정 발전방안.
이종원 외(2000), 『조달분야 부패방지대책』, (사)한국행정문제연구소.
이원희(2003), 「조달행정의 평가 - 입찰제도를 중심으로」, 한국정책분석평가학회 추계 세미나 발표논문.
조달청(2002), 「정부조달제도와 환경변화에 따른 조달행정 발전방향」.
조달청 부분의 내용에서 2002년도 g2b 추진현황, 실적, 효과성, 종합평가.
추욱호(1998), 조달행정의 정책적 기능 및 역할.
한만봉(2006), 『행정경제교육』, 한국학술정보(주).
한만봉(2009), 『사회복지정책론』, 한국학술정보(주).
한만봉(2009), 『사회복지행정론』, 한국학술정보(주).

13. 복지예산과정과 재무

1) 예산과정의 의의

예산과정은 예산의 편성, 심의, 집행 그리고 결산 및 회계검사의 4단계로 이루어지며, 이 과정에서 구체적으로 재원의 배분이 이루어진다. 예산과정은 정부 또는 행정기관의 목적을 선정하고 그 목적을 달성하기 위한 수단을 결정하는 과정이며, 기대했던 결과를 산출하도록 조직을 유도하는 과정이다.

2) 예산과정의 특징

① 예산과정은 일정한 단위로 하여 이루어진다.

예산은 그것이 집행되는 회계연도 전에 편성되어야 하며, 일정한 기간 동안을 단위로 하여 집행되어야 한다. 따라서 예산운영은 항상 시간의 압력을 받기 마련이다.

② 예산과정에는 다양한 참여자가 결정에 참여한다.

예산과정에는 서로 다른 이해를 가진 수많은 참여자가 공식적 · 비공식적으로 참여한다. 재원은 한정되어 있기 때문에 재원을 획득하느냐 못 하느냐 또는 보다 많은 재원을 획득하느냐 못 하느냐의 여부는 조직의 생존과 발전에 큰 영향을 미친다.

③ 예산과정은 상호의존적이다.

예산과정은 여러 단계로 구분되며, 한 단계의 결정은 또 다른 단계의 결정에 영향을 준다. 행정부의 예산안은 국회의 예산심의에 큰 영향을 주며, 국회의 예산의결은 행정부의 예산집행에 영향을 준다.

④ 예산과정은 주기적·반복적이다.

예산과정은 일정한 주기를 단위로 하여 계속 반복될 뿐만 아니라 예산에 관한 결정도 여러 차례 반복해서 검토된다. 우리나라의 경우 예산편성과 심의에 1년이 소요되며, 예산집행에 1년, 그리고 결산 및 회계검사에 또 1년이 소요된다. 예산은 이와 같이 3년을 단위로 주기적으로 반복된다.

⑤ 예산과정은 분할 처리된다.

여러 참여자가 예산과정에 참여하는데, 이들은 서로 다른 역할과 기능을 수행하면서 예산을 편성, 심의, 집행, 결산하는 등의 일을 처리한다.

⑥ 예산과정은 중앙 집약적이다.

예산과정은 본질적으로 재원을 둘러싼 경쟁과 갈등을 조정하는 절차이며 제도이다. 따라서 예산과정에는 갈등을 조정하고 기획과 분석을 종합하는 권위체제가 제도화되어 있다. 그리고 그 권위 체제는 중앙집권화되어 있다.

3) 예산과정과 회계연도

예산은 일정한 주기를 가지고 있다. 예산은 행정부에 의해서 편성되며, 입법부에 의해서 심의되고 다시 행정부에 의해서 집행되며, 끝으로 입법부와 회계감사 기관에 의해서 결산 및 회계감사가 이루어진다. 또한 예산이 성립되어 효력을 가지는 기간이 있는데 이 기간을 회계연도라 한다.

회계연도를 중요시하는 까닭은 성립된 예산에 의해서 국가의 수입과 지출을 명백히 정리하는 데 기준이 되는 기간이 필요한 까닭이다.

4) 예산과정과 환경

예산환경에 대해서 월다브스키 국가의 경제력, 재정의 예측 가능성, 지출규모, 정치구조, 엘리트의 문화 등을 중요시하였으며 케이든은 재원동원력, 책임성, 행정통제 등에 따라서 예산이 어떻게 운영되는가를 설명하였다.

예산환경을 대략적으로 외부환경과 내부환경으로 나눌 수 있다. 외부적 환경에는 사회적, 정치적, 경제적, 재정적 요인 등이, 그리고 내부적 환경에는 예산과정의 참여자를 비롯하여 법률, 사업, 예산의 성질 등이 포함된다.

(1) 외부적 환경

① 사회적 요인

사회구조의 변화는 공공서비스의 종류, 수준, 규모 등의 변화를 초래한다. 즉 도시화, 산업화, 인구구조, 직업구조, 교육수준 등에 따라서 예산의 구조와 수준이 변하게 된다.

② 정치적 요인

정치이념, 정부구조, 정치문화, 정치지도자의 성향, 선거, 정당, 이
익집단, 대중 등은 예산운용에 직접·간접으로 영향을 준다.

③ 경제적 요인

한 국가의 예산규모는 그 국가의 경제규모에 의해서 좌우된다. 그
리고 예산의 구조는 경제발전 정도에 따라서 결정될 것이다. 이 외에
도 고용구조, 산업구조, 인플레이션, 외채 등도 예산운영을 좌우한다.

④ 재정적 요인

세율, 조세 부담률, 보조금, 인건비, 방위비 등의 경직성 경비 등도
예산운영을 좌우하는 요인이다. 조세체계와 관련된 세율과 조세 부
담률은 재정의 예측력, 세출규모, 소득배분, 조세저항 등과 관계가
있다. 이러한 요인은 예산운용에 직접적으로 영향을 주며 경직성 경
비는 예산과정을 크게 제약하는 요인으로 결정권자의 재량권을 크게
제약하며, 새로운 사업을 착수하고자 해도 재원의 제약으로 그것을
어렵게 하는 요인이 된다.

(2) 내부적 환경

① 법률체계

세법, 예산관리법은 물론 예산지출을 요하는 각종 사회보장관계법,
정부조직법, 공무원보수규정은 예산운영에 직접적인 영향을 미친다.
예산관계법은 예산운영의 절차와 형태에 영향을 주며 사회보장관계
법, 정부조직법, 공무원보수규정은 경직성 경비의 규모를 좌우한다.

② 예산제도

예산의 종류, 분류 등을 포함한 예산 및 회계제도도 예산과정에 영향을 준다. 일반회계의 증가율이 과대하면 국민과 언론기관으로부터 팽창예산이라는 비판을 받기 쉬운 까닭에 특별회계를 이용한다든지, 중앙예산기관으로부터 예산통제를 받는 것을 피하기 위하여 각종 기금을 이용한다든지 하는 예가 많다.

③ 사업의 성질

법률체계와 깊은 관계가 있겠지만 경직성 사업 또는 일반사업과 특수사업 정책사업에 따라서 예산과정에서 취급되는 정도가 다르다. 경상사업에 대해서는 실무적, 절차적 문제만이 검토되는 경우가 많으며 정책사업이나 새로운 사업은 예산편성이나 심의 과정에서 보다 정밀한 분석과 심사를 받게 된다.

④ 참여자

예산과정에는 대통령, 대통령비서실, 중앙예산기관, 각종 행정기관, 국회, 정당, 전문가, 학자, 이익집단, 언론기관, 일반국민 등이 참여한다.

5) 예산과정의 4단계

예산과정은 예산의 편성, 심의, 집행, 결산 및 회계검사 등의 4단계로 이루어진다. 예산과정은 보통 3년의 기관이 소요되며, 행정부, 입법부, 감사기관의 3개 독립기관이 직접 참여하며, 예산정보가 투입되고 기관 상호 간 의사소통과 민의가 반영되고 예산에 관한 통제와 감독이 이루어진다.

(1) 예산의 편성

예산의 편성이란 다음 연도에 정부가 수행하고자 하는 계획과 사업을 구체화하는 과정이다. 일반적으로 예산편성의 의의는 정부의 재정 정책을 형성하며, 사업을 분석·조정·확정하며 예산관계 기관과의 정보 교환을 촉진하며, 세입·세출규모를 확정하는 데 있다.

○ 예산편성 과정

예산편성 과정은 예산편성지침의 작성 및 시달, 예산요구서의 작성, 예산의 사정, 예산안의 확정 등으로 이루어진다.

① 예산편성 지침서의 시달

가. 지침작성을 위한 자료수집과 재정운용계획의 수립

나. 시안의 작성

다. 국무회의의 심의와 대통령의 승인

라. 각 부처의 시달

② 부처의 예산요구서의 작성 및 승인

가. 간부회의 및 장관의 지침시달

나. 각 부처의 예산추계

다. 부처 내 조정

라. 예산요구서의 작성 및 제출

③ 예산실의 예산작성

가. 예산사정 준비

나. 부처예산요구의 사정

다. 세추계 확정

④ 정부예산안의 확정

가. 예산실안의 작성

나. 경제기획원안 확정

다. 정부예산안의 확정 및 국회제출

(2) 예산심의

예산의 심의는 국회에 의한 정책의 결정, 행정부 통제, 사업예산의 확정을 의미하며, 국회에서 행하여진다는 점에서 민주주의 이념을 실현하는 과정이다.

○ 우리나라 예산심의 절차

① 시정연설

정부는 회계연도 개시 90일 전에 예산안을 국회에 제출, 본회의에서 대통령이 시정연설.

② 예비심사

시정연설이 끝나면 예산안이 상임위원장에 회부한다. 상임위원회는 예비심사를 하여 그 결과를 의장에게 보고한다.

③ 종합심사

예비심사가 끝나면 의장은 예결위원회에 회부 심사한다. 예결위원회는 20인 이상 단체교섭 소속 의원 수에 비례하여 의장이 선임하되 상임위별로 3명씩 한다.

④ 본회의 의결확정

본회의에서는 정부 측의 제안설명과 특별위원회의 예산안심의 보고⇒정부에 대한 정책 질의와 토론⇒예결위원회의 수정안과 정부안의 부분별로 토론, 표결된 다음 예산총액 의결 확정.

(3) 예산집행

예산의 집행이란 국가의 수입 지출을 실행 관리하는 모든 행위를 의미하며 예산에 계상된 이외에 국고채무부담행위 지출원인 행위 및 예산 성립 이후 발생할 수 있는 세입세출 전부를 포함하는 수입 지출을 실행 관리하는 행위이다.

○ 예산집행과정

① 예산의 배정
가. 중앙관서의 서류제출
나. 재무부 장관과 경제기획원 장관의 계획서 작성
다. 국무회의 심의 및 대통령 승인
라. 경제기획원 장관과 재무부 장관의 통지

② 예산의 재배정

중앙관서에 대한 예산배정이 끝나면 이어서 중앙관서의 장은 예산배정의 범위 내에서 예산지출 권한을 하급기관에 위임하는 절차를 이행한다.
다. 수입

수입이란 조세 기타의 세입을 법령에 의하여 징수 또는 수납하는 것을 의미한다. 재무부장관은 세입의 징수와 수납을 총괄하고 각 중앙관서의 장은 소관세입의 징수와 수납을 관리한다.

③ 지출

국가의 지출을 총괄하는 기관은 재무부이고 각 소관부서의 지출을 관리하는 기관은 각 중앙관서의 장이다.

가. 지출원인행위: 지출원인행위는 예산지출의 원인이 되는 계약 또는 기타 행위로서 배정된 예산의 범위 내에서 하도록 되어 있다.

나. 지출: 재무관이 지출행위를 하면 지출관은 한국은행을 지급인으로 하는 수표를 발행하거나 정부계정 상호 간의 국고금 대체를 위하여 대체수표를 발행한다.

④ 기록과 보고

각 중앙관서의 장은 수입과 지출에 관한 내용을 장부에 기록·보관함과 동시에 월별로 재무부장관에게 재정보고서를 제출해야 한다. 또한 중앙관서의 장은 매 분기마다 사업진행보고서와 예산에 관한 보고서를 경제기획원 장관에게 제출해야 한다. 그리고 재무부장관은 분기마다 중앙관서의 재정 보고서를 종합하여 경제기획원 장관에게 보고하도록 되어 있다.

(4) 예산결산 및 회계감사

결산 및 회계검사는 예산과정의 마지막 단계로서 예산집행이 합법적으로 그리고 합리적으로 이루어졌는지의 여부를 비판적으로 검토하는 활동을 말한다. 즉 업무수행의 적법성, 내부통제의 적격성, 불합리한 관리의 존재 여부, 사업의 효과성을 확인하는 행위이다.

○ 과정

① 출납정리 기간

각 연도의 수입 지출은 연도 내에 행하여져야 함은 물론 출납정리를 위하여 다음 연도가 되어도 일정 기간 동안 수입 지출이 허용된다.

② 세입 세출결산서의 작성

결산심의의 기초로서 각 중앙관서의 장은 매 회계연도의 그 소관에 속하는 세입세출의 결산보고서, 계속비 결산보고서 및 국가의 채무에 관한 계산서를 작성하여 그 월 말일까지 재무부 장관에게 제출한다.

③ 감사원의 회계감사(결산의 확인)

재무부로부터 결산에 관한 서류를 감사원이 제출받으면 회계검사가 실시된다. 그리고 그 결과는 8월 20일까지 재무부 장관에게 송부된다. 감사원의 회계검사는 적법성과 정확성을 중심으로 이루어지며, 회계상의 비리 사실이 발견되면 시정조치를 요구할 수 있다.

④ 국회의 결산 심의

국무회의의 심의와 대통령의 심의를 받은 결산서가 다음 연도 개시 120일 전 국회에 제출되면 예산심의와 동일한 절차에 따라서 국회의 심의가 있게 된다.

예산편성	예산심의	예산집행	결산 및 회계검사
편성지침서 작성(기획원)	세정 연설 (대통령)	예산배정 (기획원)	출납정리 (중앙: 3.10. 지방: 2.28)
예산요구서 작성(부처)	국정감사 (상임NL)	제 배정 (중앙부처)	세입세출 결산서 작성 (부처 2월 말, 재무부 6월 10일)
예산사정 (예산실)	예비심사 (예결위)	수입 (세입조사, 납입고지서)	회계검사 (감사원: 8월 20일까지)
예산안 확정 (행정부)	예산 의결 (본회의)	지출기록 보고	결산 심의 (국회: 정기국회)

참고문헌

한만봉(2006), 『행정경제교육』, 한국학술정보(주).
한만봉(2009), 『사회복지정책론』, 한국학술정보(주).
한만봉(2009), 『사회복지행정론』, 한국학술정보(주).

http://mybox.happycampus.com/goreport/48574

14. 일본 복지재무의 조직(일본경제)

일본정부와 중앙은행은 경기가 조정국면에서 탈출했다고 선언했다. 작년 하반기 이후 수출증가세가 계속 둔화되는 가운데서도 소비와 투자가 지속적으로 회복된 데다 최근에는 수출도 다시 상승세로 반전했기 때문이다. 사실 지난 2/4분기의 일본 GDP는 소비가 3%, 설비투자가 9% 신장하고 수출의 경우도 11.6%로 1년 만에 두 자릿수 신장세를 기록했다. 일본 경제가 오랜 장기불황을 극복하게 된 원동력은 일본기업의 불황극복 경영에서 찾을 수 있다. 과감한 발탁 인사를 계기로 일본기업의 구조조정이 본격화되었으며, 기존 기업을 밀어내는 신진기업의 도약도 경제와 산업의 활력을 제고시켰다. 장기불황 극복 과정에서 일본기업은 현장 기능 인력을 활용한 전통적인 강점을 살리면서 경영진의 전략경영 체제를 강화했다. 물론, 최근의 국제유가 급등, 미국금리의 상승, 디지털 제품의 디플레이션 기조 등 세계경제의 불확실한 요인도 많아서 일본 수출경기의 지속 여부를 단언하기 어려운 것은 사실이다. 그럼에도 불구하고 일본정부가 사실상 경기회복을 선언한 것은 일본경제가 장기불황을 서서히 극복하고 있다는 자신감 때문이라고 할 수 있다.

▣ 유가상승에도 지속되는 성장

일본이 장기불황을 극복한 원동력은 정부의 경기부양책이 아닌, 구조조정에 성공한 일본기업의 파워에 있다. 고유가와 엔화의 강세가 부담이 되고 있지만 일본 상장기업의 수익은 지난 2/4분기에도 증가세를 유지한 것으로 나타나고 있다. 일본경제신문사가 기업실적 발표치를 집계(1,186개 사)한 결과에 따르면 전체 산업의 2/4분기 경상이익은 전년도에 비해 7.6%, 제조업은 4.6% 증가하였다. 동경 증권거래소 1부시장 상장기업 주식의 시가총액도 2003년 봄의 230조 엔에서 401조 엔으로 확대되었다. 이에 힘입어 일본기업은 2006년도 설비투자 계획을 전년도 대비 11.6% 증가한 22.3조 엔으로 책정(일본정책투자은행 6월 조사 기준)하고 있다. 재무구조 개선에 성공한 일본기업들이 여유자금을 적극적으로 활용하면서 기존 설비의 성능을 향상시키는 등 중장기적인 경쟁력 강화에 주력하고 있는 것이다. 예를 들면 일본기업은 원래 무재고경영 등을 통해 에너지 및 원자재 절약에 주력해 왔으며 이러한 전략을 통해 고유가에도 수익을 확보할 수 있는 체제를 강화해 왔다. 최근의 고유가에 대응하면서 일본기업은 에너지 효율을 더욱 높이는 한편 환경 친화적인 이미지를 부각시키는 데에 주력하고 있다. 구체적 사례로 일본기업들은 가볍고 용량이 작은 소재를 활용하면서 생산 공정 및 수송 과정의 작업 부담 경감에 주력하고 있다. 또 전자산업에서는 금속 소재 비율을 낮추고 합성수지로 대체하면서 생산 원가 절감 효과가 높아지고 있다. 뿐만 아니라 Material Flow Cost 회계 등의 경영기법을 통해 원가 절감 성과를 거두는 일본기업도 늘어나고 있다. 이러한 원가절감 효과와 함께 일본제품의 높은 에너지 효율성은 고유가 시대를 맞이하여 자동차 등의 분야에서 일본기업의 경쟁력을 더욱 높이는 요인으로 작용하고 있다.

▣ 장기불황 탈출의 노하우

일본식 장기불황은 부동산 버블 붕괴로 토지 자산가치가 1,000조 엔 이상, 명목 GDP의 두 배 이상이나 감소하여 은행부실채권이 누적된 것이 근본 원인이었다. 이러한 거대한 자산 가치 하락은 부동산 거품의 형성과 붕괴 때문에 발생한 것이며, 이 과정에서 차입을 늘려 자산을 매입했던 기업과 개인의 파산이 확대될 수밖에 없었다. 그 결과 1993년 3월에서 2003년 9월까지 일본계 은행의 부실채권 처리 손실의 누계 금액은 90조 엔에 달했으며, 이는 일본계 은행의 신용창출 능력을 떨어뜨려 경제의 혈액이라고 할 수 있는 통화의 정상적인 순환을 마비시켰다. 이러한 금융경색은 지속적인 자산 가격 하락→통화량 위축으로 이어져 실물경제를 위축시켰다. 물론 이러한 수요 위축의 악순환은 경기침체기에 어느 정도 나타날 수 있는 것이지만 1990년대 일본의 경우는 자산버블의 붕괴 규모가 워낙 컸던 데다 기업과 가게의 부채구조조정을 통한 부실채권 문제의 해결이 늦어진 것이 치명적이었다. 그동안 일본기업은 과잉채무, 과잉인력, 과잉설비의 청산이라는 구조조정을 완만한 속도로 추진해 왔다. 이에 따라 우리나라의 IMF 경제위기와 같은 극심한 경제·사회적인 혼란은 없었지만 구조조정의 부진으로 일본경제는 장기간 침체를 면치 못했다. 그리고 이러한 장기침체 구조가 정착된 결과 1990년대 후반부터 일본경제는 지속적인 물가하락이라는 디플레이션에 빠지기도 했다. 디플레이션하에서 기업 매출이나 임금이 감소하는 시대를 맞이하여 유일하게 가격이 고정된 채무에 대한 부담만 가중되었다.

이러한 장기불황 구도에 순환적인 경기후퇴기가 겹친 1998, 2002년
의 경우에는 마이너스 성장과 함께 금융 불안이 고조돼 각종 일본경
제위기론이 등장하기도 했었다.

▣ 새로운 기업들의 출현

기업 인사상의 변화와 함께 기존 기업을 밀어내는 신진기업의 도
약이라는 또 다른 변화도 일본 산업과 경제에 활력을 불어넣었다.
특히 소프트뱅크나 라쿠텐, 라이브도어 등과 같이 인터넷 경영을 주
도하는 신진기업이 오랜 역사를 가진 대기업을 능가하는 존재로 등
장했다. 소프트뱅크는 ADSL 통신 비즈니스를 강력하게 주도하면서
후진적이었던 일본의 고속인터넷 환경을 우리나라 못잖은 수준으로
고도화시키는 데 기여했다. 일본 최대의 인터넷 쇼핑몰로 성장한 라
쿠텐도 일본의 인터넷 비즈니스를 활성화시켰으며, 소프트뱅크에 이
어 프로야구팀도 창단했다. 전반적으로 기존 기업의 스포츠 마케팅
지출이 위축되는 가운데 인터넷 관련 신진 기업들은 일본의 스포츠
계에도 크게 기여하기 시작한 것이다. 이들과 함께 금년 들어서 지
상파 방송사에 대한 적대적 M&A로 국제적으로 이름을 날린 라이브
도어도 일본의 인터넷 신진기업 3인방으로 평가받고 있다. 이들 외
에도 인터넷이나 각종 서비스업에서 창업에 성공한 30대의 젊은 창
업주가 늘어나고 있다. 이들은 일본경제가 10년 불황을 겪은 어두운
시기에 학창 시절을 보냈기 때문에 기존의 비즈니스 상식이나 질서
를 깨고 새로운 비즈니스를 전개하려는 의욕이 강하다. 신진기업의

이러한 도전은 기존 기업을 도태시키는 측면도 있지만 새로운 활력 소로서 해당 산업을 신장시키고 기존 기업을 활성화시키는 측면도 있다. 예를 들면 통신시장에 대한 소프트뱅크의 공세로 기존의 NTT 그룹도 고속인터넷 통신 비즈니스를 강화해 매출을 확대시키고 있으며, 같은 계열의 NTT도코모의 휴대폰 인터넷 통신 비즈니스도 활성화되는 효과가 나타나고 있다.

▣ 새로운 CEO들의 활약

혹독한 장기불황을 극복하는 과정에서 일본기업은 과감한 발탁 인사를 단행해 왔다. 원래 일본기업의 경영자는 정형화된 출세 코스에서 각 조직을 거치면서 적을 만들지 않으면서 원만한 조정능력을 갖춘 무난한 인재 중에서 선발되는 경향이 강했다. 개성이 약한 경영자가 선호되었기 때문에 아무리 글로벌한 유명기업이라도 일본인조차 그 회사 사장의 이름이나 얼굴을 잘 모르는 경우가 허다했다. 그러나 장기불황기에 발탁된 경영자들은 과거와 달리 개성이 강하고 또 기존의 승진 후보자 서열이 파괴된 경우도 많았다. 일본 최대의 종합전기전자 기업인 히타치제작소의 경우 원래 원자력 등 중전기 분야의 출신자가 우대되어 왔지만 1999년에 사장에 취임한 쇼야마 사장은 가전사업 본부장 출신이었다. 대형 은행그룹인 미즈호FG의 도약을 주도한 마에다 사장의 경우도 2002년 취임 당시 선배 임원보다 젊고 또 세계최대급의 은행그룹을 이끄는 총수로서는 검소한 의외의 인물이라는 평가를 받았다.

경영진의 발탁 인사로 인해 각 사업부 차원에서도 발탁인사가 늘었는데, 그 결과 전반적으로 일본기업의 경영진이 젊어지는 한편 과거의 관습과 관행에 구애받지 않는 과감한 경영개혁이 가능해졌다. 이 결과 현장은 우수하지만 경영고위층으로 올라갈수록 조정 업무에 그치고 만다는 일본기업 경영의 약점이 완화되었다. 한마디로 위기적인 경영환경 속에서 경영진의 전략적 결단력과 현장 조직에서 축적된 노하우가 결부되면서 일본기업의 경쟁력이 향상되었다고도 할수 있다. 이러한 발탁 인사 중에는 실패사례도 있었다. 예를 들면 1995년에 14명의 선배 임원을 뛰어넘어 사장에 취임한 소니의 이데이 전 회장은 IT혁명을 활용하는 경영을 통해 한때 소니의 주가를 크게 올리는 데 성공했지만 전통적 수익원이었던 TV 등의 전자 하드웨어 사업의 부진으로 '소니 쇼크'라고 할 정도의 주가 급락과 브랜드 가치 손상을 초래했다. 실력파 경영자에 주도된 일본기업의 전략경영은 방향이 잘 맞아떨어질 경우에는 큰 성과를 거두었지만 반대의 경우에는 부정적 효과도 컸다고 할 수 있다. 최근 일본경제 및 산업이 살아나고는 있지만 이러한 전략경영의 중요성 증가로 동일 산업 내의 기업 간 격차는 상대적으로 확대되고 있다. 예를 들면 샤프와 산요전기는 부품에 강하고 디지털 가전 분야에 주력하고 있다는 공통점이 있으나 산요는 브랜드 전략이 부진해 적자에 허덕이는 한편 샤프는 일본 LCD TV의 대명사가 될 만큼 호조를 보이는 등 두 기업 간의 격차는 커지고 있다.

▣ 일본식 경영을 벤치마킹하라

첫째, 일본기업의 장기불황 극복 전략은 일본식 경영의 새로운 진화로 볼 수 있을 것이다. 이와 같은 일본식 장기불황 극복경영은 우리에게도 시사하는 바가 크다고 할 수 있다. 우리 경제는 일본식 장기불황과 상황이 다르긴 하지만, 성장잠재력이 계속 떨어지고 있고 또 단순한 경기순환으로 보기 어려운 구조적인 문제점들이 부분적으로 나타나고 있기 때문이다. 둘째, 재무구조의 건전성을 유지하면서도 중장기적으로 경쟁력을 상실하지 않도록 합리화 투자나 에너지 절약 기술·장비에 대한 투자를 통해 경쟁력을 향상시키는 적절한 투자전략이 요구된다. 셋째, 우리 기업으로서는 거시경제적 여건의 호전을 기다릴 것이 아니라 기업 스스로 시장을 창조하여 경제를 부양하려는 자세가 요구된다. 넷째, 기존 비즈니스의 한계를 뛰어넘는 신진 기업의 육성이 필요하다. 장기불황은 단순한 경기순환이 아니며, 중장기적인 트렌드이다. 우리의 경우도 부진한 기업이나 사업이 장기간 쇠퇴할 수 있기 때문에 경영자원을 성장분야로 전환할 수 있는 능력이 필요하다. 대기업의 경우도 별동부대를 통해 새로운 영역을 개척하는 전략이 중요해질 것이다. 다섯째, 일본 기업들이 현장의 기능(技能) 경쟁력과 미국식 경영기술을 접목하는 데에 주력한 바와 같이 전략경영 능력과 현장 능력을 결합하는 노력이 필요하다. 이를 위해서는 장기고용을 유지하고 현장 근로자들의 고용불안감을 해소하면서 기능 축적에 매진하는 한편, 경영층에서는 과감한 발탁 인사 등을 통해 조직에 활력을 불어넣어야 할 것이다. 여섯째, 우리 기업

고유의 강점을 살리면서 경영의 혼(魂)을 잃지 않고 일본식 경영이나 미국식 경영의 장점을 수단으로서 활용해서 경영시스템을 끊임없이 진화시키는 자세가 요구된다.

▣ 경쟁력 업그레이드

일본기업의 또 다른 활력은 경영혁신과 함께 기존의 경영강점을 시대의 변화에 맞게 진화시키고 있는 데에서 찾을 수 있다. 구조조정이나 경영혁신은 필요하지만 일본 기업은 지금까지 존재할 수 있었던 고유의 강점을 버리지 않고 끊임없이 고도화시키는 데에 주력하고 있다. 도요타자동차나 히타치제작소 등 상대적으로 인재를 중시하고 가급적 장기고용을 유지하면서 기술자들이 기능의 향상에 안정적으로 주력할 수 있도록 유도해 왔던 기업에서 경영혁신 효과가 오히려 크게 나타났다. 특히 일본 기업은 부품 및 소재 분야의 경쟁력을 조립분야의 경쟁력으로 연결시키기 위해 현장 기능 인력을 활용한 계열형 수직분업체제에 강점을 갖고 있다. 일본 기업은 이러한 부품 및 소재분야의 경쟁력을 디지털 혁명에 맞게 고도화시키고 있는 것이다. 이러한 고도화 및 진화 과정에서는 전문적인 기술력이 중요한 역할을 하고 있다. 과거와 달리 아시아 기업의 추격을 받고 있는 일본 기업으로서는 모든 분야에 진출하기보다는 이들과 차별화할 수 있는 영역에서 전문화하는 데에 총력을 기울이고 있는 것이다. 예를 들면 일본 기업은 휴대폰용 카메라 렌즈나 모터 등의 소형화 · 경량화에 주력해 왔으며, 내년에는 약 폭 10㎜의 휴대폰을 출시할 수 있도록 부품 및 소재 기술의 향상에 주력하고 있다. 또한 자동차에서는 도요타자동차 등이 휘발유와 전기를 겸용한 하이브리드 자동차 등의 새로운 영역을 개척했다. 샤프의 경우 하나의 디스플레이 화면으로 각도에 따라 운전자는 지도 정보를 보고, 또 조수석에 앉은 사람은 동시에 TV를 볼 수 있는 독자적인 디스플레이의 개발에 성공했다. 한편 소니의 이데이 전 회장의 경우 기술자의 자존심이나 잠재력을 다소 경시하고 경영전문가 등 문과계 인재들을 중용하면서 구미식의 다양한 경영 시스템 개혁을 통해 IT혁명에 대응하겠다는 전략으로 나갔지만, 이는 일본 고유의 기능에 기초한 소니의 하드웨어 기술력을 약화시키는 결과를 가져왔다고 할 수 있다.

15. 우리나라 조세제도의 문제점

우리는 정부에게 재산의 보호, 범죄예방, 교육, 경제발전, 사회복지, 환경개선과 같은 다양한 서비스를 제공해 주기를 바란다. 이러한 요구는 국민의 소득수준이 높아질수록 많아지기 마련이다. 그럼에도 불구하고 그러한 요구에 상응한 세금을 납부하기는 꺼린다. 후진국으로 갈수록 이러한 경향이 심하다. 그 이유는 후진국일수록 주세제도가 불공평하고 불투명하여 납세자들의 불만이 커지는 경향 때문이다. 각자의 돈을 내기 싫어하는 것은 어쩔 수 없다지만 남들보다 상대적으로 더 세금을 많이 낸다고 느끼기 때문이다. 그리고 세무부조리와 탈세가 만연하기 때문이다. 따라서 이러한 문제점들을 개선하여 조세제도에 있어서 공평성을 기여하고 세금을 내는 데 있어서 당연이 내야 하는 인식을 같도록 해야 할 것이다.

▣ 조세제도의 문제점

1) 조세제도의 공평성

공평한 조세란 모든 사람이 자신의 능력에 맞게 세 부담을 하도록 하는 것이다. 하지만 현실적으로 본다면 이러한 조세부담은 잘 이루어지지 않고 있다. 예를 들어 봉급생활자와 사업소득자 간의 불공평성이 그 대표적 예이다. 같은 수준의 소득을 벌어들이는 봉급생활자와 사업소득자 중에서 사업소득자가 훨씬 더 낮은 소득세를 내고 있는 것이다. 그 근본적 이유는 사업소득자의 경우 탈세가 많이 이루어지고 있기 때문이다. 많은 사업자들이 장부를 기록하지 않고 세금계산서를 제대로 발부하지 않아 근거과세가 제대로 되지 않기 때문이다.

2) 조세제도의 효율성

효율적 조세란 조세의 부과로 인해 발생하는 왜곡을 최소화하는 것인데 조세의 부과로 인해 근로자의 근로의욕이 지나치게 저해되고, 기업의 설립이나 투자활동에 있어서 지나친 부과로 위축되게 된다.

또한 저축이나 재산형성에 있어서 지나친 조세의 부과로 인해 저축
이나 재산형에 많은 제약을 두게 된다.

▣ 조세제도의 개선방안

1) 탈세방지

탈세방지를 위해서는 전산화에 대한 과학화, 근거과세 확립, 세무
조사 강화 및 조세범 처벌 강화, 세무공무원의 자질 향상과 각종 세
제의 개혁이 필요하다. 둘째, 조세행정비용의 최소화를 위해서 자진
신고제도를 확대하고 자진신고비용을 최소화하기 위한 다양한 제도
도입 및 지원의 확대가 필요하다. 셋째, 납세자의 편의 및 권리 증진
을 위해서 현재의 납세자 권리헌장을 좀 더 강화하고 과세적부심제
도를 개선할 필요가 있다.

2) 공평과세

공평과세를 위해서는 소득 유형 간 그리고 소득 계층 간 수직적 · 수
평적 형평성을 제고해야 한다. 이를 위해서 부가가치세의 정비, 소득추
계의 과학화, 개인소득세제의 정비 및 재산세제의 광화가 필요하다.

(1) 부가가치세의 정비

현재 세 부담 불공평의 가장 주요한 원인은 부가가치세와 사업소
득세의 탈세가 심하게 이루어지고 있기 때문이다. 사업소득세의 과
표는 부가가치세 신고에 기준을 하고 있기에 부가가치세의 정비가
시급하다. 특히 기장과 세금계산서의 의무가 면제됨으로써 탈세를
조장하고 있는 과세특례자와 간이과세자를 폐지하고, 부가가치세 납
세의무자를 일반과세자와 부가가치세가 면제되는 소액부징수자로 편
입해야 한다.

(2) 소득추계의 과학화

소득추계와 세무조사 대상 선정방식을 보다 과학화함으로써 세무
비리와 탈세의 가능성을 원천적으로 봉쇄해야 한다.

(3) 개인소득세제의 정비

과세대상에 대한 제한적 열거주의 방식에서 포괄적 과세주의로 전
환해야 한다. 즉 금융소득종합과세를 재도입해야 하고, 복리후생급여
와 연금, 주식양도차익 등을 세원에 포함해야 한다.

(4) 재산세제의 강화

현재 보유 단계보다 거래 단계에 중과세되는 기형적인 재산세제를
보유과세 중심으로 전환해야 하며, 사전상속의 금지를 위한 상속세
제의 강화, 변칙증여 방지를 위한 증여세제의 보완이 이루어져야 한

다. 그리고 종합토지세의 과표현실화를 통한 과세 강화가 이루어져
야 한다.

3) 납세의식의 개혁

국민들이 세금을 불필요한 부담으로 또는 단지 빼앗기는 것으로
느끼지 않도록 납세의식의 변화가 있어야 한다. 이를 위해선 모든
국민들이 세금이라는 것이 우리나라의 체제 유지와 발전을 위한 우
리 모두의 기본적인 의무라는 의식을 갖도록 홍보, 교육할 필요가
있다. 특히, 공공서비스, 경제 성장 및 삶의 질 향상과 같은 더 좋은
정부의 서비스를 요구하려면 그에 상응하는 조세부담을 자기 능력에
맞게 기꺼이 분담하려는 의식을 가질 필요가 있음을 주지시켜야 한
다. 그리고 조세부담률이 선진국에 비해 아직 상당히 낮다는 사실을
인식시킬 필요가 있다.

우리나라의 조세제도는 아직 불완전한 상태이다. 조세제도를 통해
다양한 서비스를 제공하자는 의의가 있지만 오히려 공평치 못한 제
도로 인해 불만을 쌓고 있는 실정이다. 하지만 탈세를 방지하고 공
정하게 각자의 능력에 맞는 세금을 낼 수 있게 제도화를 한다면 모
두에게 좋은 삶의 질을 제공하게 될 것이다. 무엇보다 중요한 것은
위에서도 언급한 내용이지만 국민 개개인의 의식을 바꾸는 것이다.
단지 빼앗기는 것이 아니라 당연이 국민으로서 내야 하는 의식이다.
또한 서비스를 강화하고 복잡한 절차는 되도록이면 대기시간 없이
빠르게 진행하도록 해야 하고 억울한 세금이 발생할 경우 적극이고
신속하고 친절하게 처리하여 좋은 인식을 갖도록 해야 할 것이다.

참고문헌

한만봉(2006), 『행정경제교육』, 한국학술정보(주).
한만봉(2009), 『사회복지정책론』, 한국학술정보(주).
한만봉(2009), 『사회복지행정론』, 한국학술정보(주).
한겨레신문   http://www.hani,co.kr
네이버지식인   http://kin.naver.com/detail/detail.php
한국조세연구원   http://www.kipf.re.kr/

16. 예산과 국가살림의 상관관계

국가살림을 꾸리는 데 있어서 가장 중요한 것이 무엇일까. 개인적인 생각으로는 국가예산의 책정이 국가살림을 위한 정책결정보다 중요하다고 생각한다.

▣ 예산과 국가살림과의 상관관계

1) 예산과 회계연도

예산이란 정부의 수입, 지출에 관한 예정된 계획으로 정부의 재정활동은 예산을 중심으로 이루어진다. 즉 예산은 일정 기간 동안 국가가 어떠한 정책이나 목적을 위해 얼마만큼 지출하고 이를 위한 재원을 어떻게 조달할 것인가를 금액으로 표시한 것이다. 국가예산은 기업과 국민들이 납부한 세금과 관세, 그리고 정부자체의 수입 등으로 이루어지게 되는데 세금은 가게와 기업에 일정한 세율을 적용시켜 징수하거나 위법행위로 인한 과태료 등으로 걷게 되고, 관세는 수입물품에 대하여 징수한다. 마지막으로 정부자체의 수입은 국영기업의 수익 등과 국유지매각, 국공채 발행 등으로 인하여 얻게 된다. 행정부는 매년 예산을 편성해서 국회에 제출하여 의결을 받고, 의결을 받은 예산에 따라 국가의 수입과 지출을 실행하여 그에 대한 결산을 하여 국회의 심의를 받아 한 해의 예산을 마무리한다. 회계연도란 수입과 지출을 기간별로 구분하여 그 대응관계를 분명히 하기 위해 정하고 있는 기간으로 보통 1년간인데, 예산은 회계연도를 기준으로 하여 연도별로 편성된다. 예산에 대한 국회의 의결도 1년간을 원칙으로 하고 있으므로 예산은 당해 연도 개시 전과 연도 경과 후에는 이를 사용할 수 없는 것이 원칙이다. 우리나라 회계연도는 독일, 프랑스와 같이 1월 1일부터 12월 31일까지이다. 우리나라의 예산은 회계연도 단위로 작성되고 있으며, 이를 예산 단년주의라고 한다.

2) 우리나라 예산의 각 분야별 비율 및 관계

(1) 보건복지 분야

첫 번째로 보건복지 분야에 대하여 말하겠다.

보건복지 분야의 예산 할당비율이 가장 높다는 것은 바로 국가가 국민들이 건강하고 안락한 삶을 영위할 수 있도록 노력을 기울인다는 것을 의미한다고 보인다. 국가성장의 가장 기본적인 밑바탕이 되는 것은 인적 자원이라고 개인적으로 생각하는데 보건복지 분야에서의 지원이 제대로 이루어지지 않으면 인적 자원의 양적, 질적 향상이 어렵다고 보이기 때문에 가장 높은 예산이 책정된 것이 당연하다고 생각한다.

(2) 일반 공공행정 분야

공공행정 분야의 예산편성증가는 국민들에게 더 나은 공공재의 공급을 위하여 증가된 것이라고 판단된다. 기본적으로 보건복지서비스를 통한 건강과 안락한 삶의 영위가 보장이 된 상황에서 국민들은 자신들에게 더 나은 서비스가 지원되기를 바라기 때문에 예산안의 편성이 위와 같이 이루어진 것 같다.

(3) 교육 분야

"교육은 나라의 근간"이라는 말이 있다. 근간이란 무엇의 바탕이나 중심이 되는 중요한 것을 의미하는 데 교육의 중요성을 아주 잘 표현한 말이라 생각된다.

앞서 제가 말한 인적 자원의 질적 향상을 도모하기 위해서는 교육이 가장 기초적인 밑바탕이 되어야 하는데 국가예산 비중의 세 번째를 차지할 만큼 예산편성에 있어서도 교육의 중요성을 염두에 두고 있는 것 같다.

(4) 국방 분야

국가가 없으면 국민도 없듯이 국가의 안보를 위협하는 적에 맞서 대항하는 힘을 기르는 것 또한 매우 중요한 부분이다. 지난 정부 때부터 국방정책은 '인력의 감축과 장비의 질적 향상'이라는 모토를 가지고 복무 기간 단축과 더불어 첨단무기의 개발 및 수입에 노력을 기울이고 있다. 국가의 안보가 위협받는 상황에서 국가발전을 꾀하는 것은 물론이거니와 국민들이 마음 놓고 생활할 수 있는 것을 상상할 수도 없기 때문이다.

(5) SOC(사회간접자본) 분야

우선 SOC가 무엇인지에 대해 알아보겠다.

SOC란 social overhead capital의 약자로 '사회적 간접자본', '사회자본', '간접자본' 등 여러 가지로 불리고 있는 사회과학 용어이다. 운수(통신·용수), 그리고 전력 같은 동력 및 공중위생 등 산업 발전의 기반이 되는 여러 가지 공공시설을 말하며, 이 시설들은 대부분 정부나 지방 공공단체의 통제하에 있기 때문에 '사회적 자본'이라 불리고, 또한 특정 기업 또는 개인에게만 혜택이 돌아가는 게 아니라 다수의 기업 활동 또는 전체 공익과 관련되는 간접적 필요에 의해 마련되는 것이므로 '간접자본'이라고도 불린다. 사회간접자본에 대한 투자는 매우 중요하고 SOC의 수준이 곧 그 나라의 산업활동 가능성을 판단하는 척도가 된다고 보인다. 또한 SOC투자는 그 규모가 매우 크고 효과가 사회/경제 전반에 미치기 때문에 국가예산에서 상당량 많은 부분을 차지하고 있다고 생각한다.

▣ 예산편성의 문제점

왜 예산편성이 필요할까? 그것은 계획성과 재원배분을 위하여 필요하다고 생각한다. 정부의 기능과 역할이 매우 단순하여 미리 계획을 세우지 않더라도 그때그때의 형편에 따라서 업무를 처리해 나갈 수 있을 만큼 단순한 경우라면 복잡한 절차를 필요로 하지 않을 것이다. 그러나 오늘날의 여러 정부가 수행하는 기능은 방대하고 다양

하기 때문에 다양하고 복잡한 기능 간에 분업과 조정이 이루어져야
만 국민의 요구를 수용하고 행정을 관리해 나갈 수 있을 것이라 생
각한다. 즉 사업계획을 수립하고 조정하기 위하여 예산편성절차가
필요하다고 보인다. 그러나 우리나라의 예산 심의와 편성과정에 있
어서 여러 가지 문제점이 있어 예산의 효율적인 편성이 어렵다고 생
각한다. 이번에는 예산의 심의와 편성과정에 어떤 문제점이 있는지
에 대해서 알아보고 개선방안에 대하여 생각해 보았다.

1) 예산편성의 문제점

(1) 자원배분의 비합리성

정책과 사업계획의 우선순위에 관한 조정이나 전반적인 검토 없이
계획은 거의 무시된 가운데 예산의 사정에 타협적으로 행하여지는
일이 많았으며 실력자의 주먹구구식 메모가 큰 작용을 하여 왔다.

(2) 예산요구액의 가공성

각 부처는 예산요구액을 산정함에 있어서 필요로 하는 금액보다
훨씬 많은 가공적 금액을 제시함으로써 예산의 사정과정에서 예산을
삭감하는 데만 치우치는 폐단을 야기하였다. 부처 사업부서 및 산하
기관 예산담당자는 다음 연도 예산 요구 시 사업비의 경우 보통 200
~300% 수준을 요구한다. 그것은 충분한 정책연구나 필요성 외에도
부서 업무의 확대와 담당 사업비의 확충을 위한 과다증액이며 상당

부분 삭감을 전제로 요구한다. 최근 3년간 정부부처 예산요구율은 인건비 및 경상비를 제외하고 전년대비 30% 증액수준으로 사업비의 경우 100% 전후를 기획예산처에 요구하는 실정이다.

(3) 전년도 답습주의와 점증적 예산편성

대부분의 예산사정의 기초는 과년도의 예산액이 기준으로 되었으며 사업계획의 기본적인 구조나 실적에 대한 검토는 행하여지지 않았다. 전년도 예산액에 대하여 증액요구가 있는 예산항목에 대해서만 주로 예산의 사정을 하게 되는 점증적 예산편성은 지양되어야 할 것이라는 게 나의 생각이다.

2) 예산심의 과정상의 문제점

(1) 전문성의 결여

국회의원은 국정의 전문성 · 복잡성에 대한 인식이 부족하고 예산행정에 대한 전문적 지식이 별로 없을 뿐만 아니라 의원 스스로 연구해 낸 자료는 거의 없고 행정기관으로부터 제공받은 간접정보에 의존하고 있다고 생각한다.

(2) 국정감사 · 정책질의의 비효율성

정기국회 시 충분한 심의 기간과 합리적인 삭감기준을 가지지 못하고 있으며 예산과는 무관한 정책질의가 대부분을 차지하게 된다고 생각한다.

(3) 예산결산특별위원회의 비전문성과 구성원의 불안정성

우리나라의 예산심의절차는 예산결산특별위원회가 주된 역할을 하는 형태이다. 예산결산위원회가 최근 상설화되기는 하였으나 위원들이 예산·결산에 관한 지식이나 경험과는 관계없이 정치적으로 임명되기 때문에 전문성이 낮고 구성원이 불안정하며 예산위원회와 결산위원회가 분리되어 있지 않고 예산심의가 흥정의 대상이 되는 사례가 빈번하다.

(4) 짧은 심의 기간과 심사의 형식화

예산결산위원회의 심의는 상임위원회의 심의와 중첩되므로 심의시일이 짧아 예산을 충분히 검토할 시간적 여유가 없어 졸속심의가 반복되어 왔으며 또한 정책중심의 심의가 이루어지지 못하고 심의가 극히 형식적이었다.

(5) 삭감기준의 비합리성

예산요구의 정당성·타당성을 비교하고 사업의 능률성·필요성을 평가한 후의 예산삭감이 아닌 무분별한 일률적인 삭감이 계속되어 왔으며 삭감규모의 조정은 어떤 합리적인 근거하에서 이루어지기보다는 여·야 간의 정치적 타협으로 이루어지는 경우가 빈번하다.

(6) 국회의원들의 의식부족

국민이 국회의원의 활동을 잘 주시하지 않음에 따라 의원 자신들의 공천이 중요하지 국회 내에서의 활동이 차기선거에 영향을 크게 미친다고 생각하지 않기 때문에 말만 대의원이지 그 인식이 뚜렷하지 못할뿐더러 실제 대의행위를 자주 할 필요도 느끼지 않는다고 보인다.

(7) 예산 증액의 문제

본격적인 예산 심의 작업을 시작하는 상임위의 예비심사 과정을 보면 예산의 삭감보다는 증액 결정이 많다. 예산결산특별위원회에서 최종적인 조정이 이루어지기 때문에, 해당 부처와의 원만한 관계를 형성하기 위해 선심성 증액을 하고 있다.

3) 개선방안

(1) 예산편성 과정의 개선

우선 예산편성 시 사업계획을 보다 철저하고 세밀한 검토가 이루어져야 하겠다고 보인다. 예산 낭비 일말의 흔적이라도 배재하는 자세가 요구되며, 한 나라의 전반적 정책을 좌우하는 데 절대로 타협이 있어서는 안 될 것이다. 그리고 각 부처는 전년도 예산을 답습하여 어떻게든 일단 더 많은 예산을 배정받고 보자는 비합리적인 생각을 지양하고 객관적이고 현실성 있는 예산을 배정받아야 할 것이다.

그리고 3권이 명확하게 분리되어 서로 견제할 수 있는 제도가 마련되어야 하며, 마지막으로 시민들은 투철한 시민의식을 가지고 예산편성에 관심을 기울여야 할 것이라고 생각한다.

(2) 예산심의 과정의 개선

심의 과정의 개선방안으로는 우선 가장 중요한 것이 국회의원들의 전문성 제고라고 할 수 있다. 예산을 심의하는 주체가 전문적인 시각으로 심의를 해야지 다른 여러 가지 문제점들을 해결할 수 있는 기본적 바탕이 마련되는 것이다. 그래서 국정감사나 정책질의 시에 전문적 분석을 통한 결과를 가지고 효율성 있게 임해야 할 것이다. 또 예산결산특별위원회의 구성원을 매년 연계될 수 있는 방안을 마련해서 안정성을 확보한 뒤에 위원회로서의 일을 시작하게 함이 옳을 것이라 생각된다. 그리고 예산의 심의 기간을 충분하게 늘리고 그 과정을 간소화해서 불필요한 시간을 줄이고 더 세밀하게 심의할 수 있는 여건을 마련해야 할 것이다. 예산의 삭감기준도 정치적 타협을 벗어나서 국민을 위한 본의의 자세로 돌아가 일관적인 기준을 마련해야 할 것이다. 그래서 선심성 증액 같은 부조리를 없애야 한다고 생각한다.

우리가 낸 세금이 제대로 활용되기를 바라는 만큼 관련 담당자들은 좀 더 전문적인 능력을 배양시켜서 국민의 기대에 부합해야 할 것이다. 국가재정은 한 나라의 살림을 좌우하는 중요한 요소이다. 국가가 성장하고 후퇴하고는 모두 예산의 쓰임에 따라 많은 영향을 받는다고 생각하고 있다. 내가 사는 곳에서 해마다 연말이면 도로에 있는 보도블록을 뒤집고 새로운 블록을 까는 것을 보았다. 그리고 올해에는 다리의 인도부분 확장을 위해 다리의 일부분만을 확장시켜 놓은 채 공사가 중단된 다리 리모델링 사업을 실시, 중단한 상태이다. 어째서 해마다 예산결정 시기가 되면 이러한 세금의 낭비가 지속되는 것일까 생각을 해 보니 예산이 남게 되면 내년 예산책정 시에 전년도 예산을 기준으로 내년예산을 책정하기에 억지로 남는 예산을 소비하는 것이라 생각된다. 그러기에 정부는 예산결정, 심의과정의 문제점을 확실히 파악하고 지자체에서는 예산을 남기지 않는 것이 최선이겠지만 예산이 남을 경우에는 보도블록 정비 같은 쓸데없는 곳에 돈 낭비를 할 것이 아니라 지역사회의 장애인, 노인 요양 보호시설이나 결식학생들 급식비, 장학금 지원 등 국민들에게 실질적으로 득이 되는 잉여예산 사용이 되었으면 하는 바람이다.

참고문헌

신무섭(2007), 『재무행정학』, 대영문화사.
박영희(2006), 『(신)재무행정론』, 다산출판사.
이영조(2006), 『재무행정론』, 대명출판사.
한만봉(2006), 『행정경제교육』, 한국학술정보(주).
한만봉(2009), 『사회복지정책론』, 한국학술정보(주).
한만봉(2009), 『사회복지행정론』, 한국학술정보(주).
기획재정부   http://www.mosf.go.kr/
네이버 지식인   http://kin.naver.com/
네이버 블로그   http://blog.naver.com/
위키피디아 백과사전 한국판   http://ko.wikipedia.org/

17. 이명박 정부의 예산 분석

　　최근 우리나라의 경제 성적표는 갈수록 초라해지고 있다. 산업생산은 위축되고 국제수지도 불안정해지고 있는 실정이다. 현재 경기를 보여 주는 동행지수 순환변동치도 하락하고 있는 추세이다. 나아가 경상수지 적자 역시 계속해서 누적되고 있는 실정이다. 더 큰 문제는 앞으로의 경제 전망도 밝지 않다는 것이다. 세계경제의 성장세 악화, 북핵문제, 고유가, 환율 강세 등의 영향으로 국내 경상수지가 적자를 기록할 것으로 보이고 있다. 이런 정황들을 살펴볼 때 현 정권은 지금부터 중장기적으로 우리나라 경제의 미래를 건설하는 일은 선택사항이 아닌 필수 과제라고 할 수 있다. 이러한 계획의 가장 기본적인 토대가 될 수 있는 것 중 하나가 정부가 제시하는 경제 예산안을 분석하는 일이라고 생각한다. 따라서 예산안을 분석하고 평가해 보는 것은 매우 큰 의미를 가지며 오늘날과 같은 경제난의 시대에 특히 경제 예산안을 분석해 보는 것은 매우 중요하다고 생각한다. 지금부터 예산의 이론적 배경을 살펴보고, 현 정권의 예산안을 분석하고 평가해 보도록 하자.

▣ 예산의 이론적 배경

□ 예산의 개념[26]

예산이라고 하면 두터운 서류 뭉치가 생각날 것이다. 우리의 머릿속에 떠오르는 생각으로서 서류를 예산이라고 하는 경우, 그것은 일정 기간의 수입과 지출의 예정적 계산이라고 할 수 있다. 즉 예산은 ① 일정한 회계연도 동안 ② 정부의 현실적인 경제 능력을 감안한, 그리고 ③ 화폐 단위로 표시한 세입세출에 관한 계획이라는 것이다. 위의 정의는 정부가 회계연도 동안 자원 배분을 어떻게 할 것인가에 관한 계획으로 예산을 정의한 것으로서 재정학적 관점이 강하다. 버크헤드(Burkhead), 엑스타인(O. Eckstein) 등이 예산을 국가 수입과 지출에 관한 예정적 계산 또는 명세서라고 한 것이 이에 해당한다. 이와 같은 정의는 예산이라는 문서의 뜻을 밝힌 것 이외에 예산과 행정과의 구체적 관계를 밝혀 주지는 못한다. 『정부예산체제론』의 저자인 리와 존슨(Lee & Johnson, 1977: 11)은 예산을 세입, 세출, 활동, 그리고 목적에 관한 정보 등 조직의 재정 상황을 표시한 문서로, 그리고 린치(Lynch, 1977: 5)는 예산을 일정 기간 동안의 목적과 관련된 사업의 달성을 위한 계획으로 정의한다. 이것은 정부가 일정한 기간 동안 어떤 목적을 위하여, 어떠한 사업을 계획하고, 이에 따라서 어떻게 자원을 배분할 것인가를 나타낸 정보로서 또는 계획으로서 예산을 정의한 것이다. 이렇게 생각할 때 예산은 정보, 계

---

26) 신무섭(2008), 『재무행정학』, 대영문화사, p.43.

획, 정책 등의 측면을 가지고 있다고 볼 수 있다.

□ 예산의 기능[27]

1) 정치적 기능

예산이란 누가 비용을 부담하고 누가 편익을 얻는가에 관한 계획서라고도 할 수 있다. 따라서 예산이 편성, 심의, 집행되는 등의 예산과정에서 사회의 각종 세력과 집단들이 자신들의 요구를 표명함으로써 더 많이 자신들의 이익을 예산에 반영하려 할 것이다. 한편 예산편성의 책임을 맡고 있는 행정부는 여러 사회집단의 이해를 조정하여 예산에 반영하려 할 것이다. 또한 입법부는 예산 심의를 통하여 행정부의 예산 결정을 재검토하여 국민의 요구를 반영하려 할 것이다. 이와 같은 예산과정을 통하여 정부 자원의 배분이 이루어지는데, 이것이 곧 정치이다.

2) 행정적 기능

예산을 목적, 정책, 사업 등에 관한 정보라고 하는 경우에, 예산은 정부에 부여된 목적과 자원을 연계한 것이다. 즉 정부는 사회 문제를 해결하기 위하여 정책을 결정하고, 그 정책을 수행하기 위하여

---

27) 신무섭, 『재무행정학』, 대영문화사, 2008, pp.50 - 52.

인적·물적 자원을 조직화하고, 이러한 활동이 소기의 성과를 거둘 수 있도록, 관계 공무원의 행동을 통제하게 되는데, 이때 예산이 필수 불가결한 도구로 이용된다.

3) 법률적 기능

예산은 입법부가 행정부에 대하여 재정권을 부여하는 중요한 형식이다. 예산이 영국과 미국처럼 법률의 형식을 갖는 경우도 있고, 우리나라처럼 그렇지 않은 경우도 있다. 어느 경우이든 입법부가 승인한 예산의 용도와 액수를 행정부는 엄수하여야 한다. 또한 세입은 물론 세출도 법령의 근거가 있어야 한다. 세입예산을 작성할 때, 그리고 집행할 때, 조세 등의 법령에 근거하여야 됨은 물론이고, 세출예산을 산정할 때 법령에 근거한 것이 많이 있다. 바꾸어 말하면, 법령에 따라서 예산이 편성되고 집행되므로 예산은 법령을 시행하는 기능을 갖는다고 할 것이다.

4) 경제적 기능

정부의 세입세출 예산이 어떻게 구성되느냐에 따라서 국민 경제에 영향을 미친다. 즉 정부가 민간 부문으로부터 얼마나 자원을 동원하고, 이들 자원을 이용해 공공의 욕구를 충족시킬 수 있는가 하는 민간 부문과 공공 부문 간의 자원 배분에, 또 위의 과정에서 조세 제도, 세출구조 등을 통하여 소득 계층 간의 소득재분배에 그리고 고

용 확대, 물가 안정, 경제 성장 등의 경제 안정에 예산은 큰 영향을
준다. 따라서 우리나라 교과서에서 많이 인용되고 있는 『재정학』의
저자인 머스그레이브는 예산의 주요 기능을 자원 배분, 소득재배분,
경제 안정 등으로 요약하였다(Musgrave & Musgrave, 1980:6~20).
우리나라와 같은 발전도상 국가에서는 경제 안정 기능 가운데서 경
제 성장을 더욱 강조하는 것이 선진국과 다른 점이다.

□ 예산의 원칙[28]

1) 예산 공개의 원칙

예산 운영의 모든 상태가 국민에게 공개되어야 한다는 원칙이다.
예산 운영 시에 국가의 재정상황, 예산의 내용, 즉 일반 및 특별회계
세입 세출, 기금운영현황, 국고채무 부담행위, 명시이월비, 계속비,
예산의 심의와 결산 과정, 결산의 내용 등이 국민 또는 국민을 대표
하는 입법부에 공개되어야 한다. 우리나라에서도 '국회법'과 '국회재
정법'에 이를 명시하고 있으며, 정부의 각종 간행물과 기자 회견을
통하여 예산을 공개하고 있다.

2) 예산 사전 의결의 원칙

예산은 집행하기 전에 입법부의 의결을 반드시 받아야 한다. 행정

---

28) 신무섭, 『재무행정학』, 대영문화사, 2008, pp.55 - 58.

부가 입법부에 제출한 예산은 늦어도 회계연도 개시 전에 입법부의 승인을 받아야 하는데, 그것이 어려운 우리나라에서는 준예산을 이용할 수 있게 하였다.

3) 예산 한정성의 원칙

예산의 각 항목은 상호 명확한 한계를 지니고 있어서 ① 각 항목 간의 융통을 금하며, ② 계상된 금액 이상의 지출을 금지하고, ③ 정해진 회계연도 내에 지출이 이루어져야 한다. 우리나라 국가재정법 제3조와 제45조에서도 각각 회계연도 독립의 원칙과 예산의 목적 외 지출을 금지하고 있다. 그러나 예산의 전용과 이용, 그리고 예산의 이월, 계속비, 과년도 수입, 과년도 지출 등을 허용함으로써, 예산 한정성의 예외를 인정하고 있다.

4) 예산 총계주의 원칙

예산 완전성의 원칙이라고도 하는 것으로 한 회계연도의 세입 세출은 모두 예산에 계상함으로써 예산의 규모, 수지 균형, 예산의 흐름 등을 명료하게 파악할 수 있도록 하자는 것이다. 예산총계주의 원칙에 따르면 회계 간 또는 계정 간 돈의 흐름이 나타나게 되고 정부의 활동이 서로 어떻게 관계되어 있는지 설명이 된다. 예산 규모, 정부 활동의 관계 등을 이해함으로써 입법부나 국민들은 예산에 대한 통제를 용이하게 할 수 있다. 이에 대한 예외로, ① 순계 예산, ② 예산 외로 운영되는 기금, 현물 출자, 외국 차관의 전대 등이 있다.

5) 예산 단일의 원칙

정부의 재정 활동을 손쉽게 알아볼 수 있도록, 정부 예산은 하나여야 한다는 것이다. 그러나 현실적으로 특별회계, 정부투자기관의 예산, 기금 등의 운영 주체가 다양한 까닭에 다양한 형태로 여러 종류의 예산이 운영되고 있다. 현재 우리 정부가 사용하고 있는 통합 예산은 예산 단일의 원칙을 추구하는 것이라고 할 수 있다.

6) 예산 통일의 원칙

한 회계연도 정부의 모든 수입이 곧 세입이며, 모든 지출이 세출이다. 이때 특정 수입으로 특정 지출을 하도록 되어 있는 것이 아니라, 모든 수입은 국고에 편입되고 여기서부터 지출이 이루어지는 것이다. 이것을 예산 통일의 원칙이라 한다. 여기에 예외가 되는 것으로 특별회계와 목적세가 있다.

▣ 지난 이명박 정부 2009년 분석

이명박 정부가 발표한 2009년도 7% 성장을 우리 경제의 기초 체력을 키우는 동시에 복지 분야에 대한 지출도 늘려 사회안정 기조를 유지하는 데 초점이 맞춰졌다. 예산 규모는 209조 2,000억 원으로 처음 200조 원을 넘어섰고, 기금을 합한 총지출은 273조 8,000억 원으로 6.5% 늘어났다. 이에 따른 재정수지는 국내총생산(GDP) 대비 1.0% 적자로 작년보다 조금 개선되었다. 이명박 정부는 "2009년 일자리 창출을 위한 경제 재도약 예산"이라고 명명하였다.

◨ 2009년 기금운용 전체 모습

2009년 경제성장률은 실질기준 4.8∼5.2%, 경상기준 7.2∼7.6%로 예상하고 있었으나 실질적으로는 실업률 증가와 경기부양이 제대로 이루어지지 않고 있었다. 그 이유는 세종 시 문제와 당내 갈등, 그리고 여당 야당 간의 불필요한 논의로 에너지를 많이 소진시켰기 때문이다.

◨ 재원 배분의 중점

1) 12대 과제[29]

(1) 일자리 창출과 성장능력 확충

① 일자리 창출을 통한 경제 활력 제고

② 성장잠재력 확충을 위한 R&D 투자 확대

---

29) 기획재정부, 『2009년 예산·기금안 주요 내용』, 보도자료, 2008. 9. 24, p.3.

③ 지역발전을 위한 SOC 투자 확충

(2) 서민생활 안정과 삶의 질 선진화

① 내실 있는 복지전달을 통한 맞춤형 복지 확대
② 교육기회 확대 및 글로벌 인재양성 강화
③ 고부가가치화를 통한 돈 버는 농업으로 전환

(3) 녹색성장, 안심사회 등 미래대비 투자

① 지속 가능한 발전을 위한 녹색성장[30] 지원
② 재해투자를 사후복구에서 사전예방으로 전환
③ 법과 원칙이 지켜지는 법치사회 구현
④ 최첨단 정예강군을 지향하는 국방투자
⑤ 상생공여의 남북관계 및 글로벌 코리아 추진

(4) 작고 효율적인 실용정부 구현

공무원 정원 및 보수 동결

위의 12대 과제 중 주요 과제에 대한 내용에 대해서 간략하게 살펴보도록 하겠다.

---

30) 녹색성장은 온실가스와 환경오염을 줄이는 지속 가능한 성장이며, 녹색 기술과 청정에너지로 신성장동력과 일자리를 창출하는 신국가발전 패러다임이다.

2) 과제별 내용

(1) 지역발전을 위한 SOC 투자 확충[31]

정부는 재정투자 확대 및 제도의 개선을 통해서 SOC 사업을 적기에 확충하고, 환경·에너지 효율적인 대중교통시설에 대한 지원을 확대할 뿐만 아니라 기업생산·물류 지원 및 광역경제권 발전을 위한 기반시설 건설을 적극 뒷받침하는 것으로 정책방향을 설정하였다. 정부는 민간 선(先)투자, 토지은행 등 신규제도의 활용 및 재정투자 확대를 통해 SOC 사업의 완공을 위주로 집중 투자한다. 재정투자는 지난 5년간의 평균 증가율인 2.5%에서 7.9%로 대폭 확대하였다. 또한 계속비 대상 확대를 통해 민간 선(先)투자를 활성화하고, 토지은행을 설치하여 향후 5년간 10조 원 규모의 SOC·산업단지 용지를 비축하는 정책을 수립하였으며 이를 통해 사업의 완공 시기를 단축시키고, 국민편익을 조기에 가시화할 수 있을 것으로 예상했었다. 또한 고유가 시대에 대응하기 위하여 대중교통 활성화 및 수송 효율을 높이기 위한 방안으로 전철망, 간선급행버스 등 대중교통 수단을 확충하고, 저상버스, 광역버스정보시스템 등의 구축으로 편의성을 향상시키기 위한 정책들을 추진할 계획이었다. 그러나 국가재정과 계획은 항상 계획대로 이루어지지 않는다. 2009년 경제실적이 지지부진한 역할을 하였으며, 2010년 발전을 향해 계획하고 나아가던 것이 천안함 사태와 국가 대외여건 악화로 인하여 암초를 만나고 있는 듯하다. 이런 문제는 단순한 사건에 머물러 있지만은 않다. 상호 연관

---

31) 기획재정부, 『2009년 예산·기금안 주요내용』, 보도자료, 2008. 9. 24, p.6.

되어 국가 발전을 장애하는 요소로 작용하기 때문이다.

(2) 내실 있는 복지전달을 통한 맞춤형 복지 확대가 필요하다[32)

이명박 정부의 2009년의 주요 특징 중 하나로 복지부분 예산의 증가를 들 수 있다. 정부는 저소득층 및 취약계층의 생활안정과 자활 사업 지원을 확대하고, 저출산·고령화 추세에 대응한 선제적 투자를 확대하는 것을 정책방향으로 설정하였다. 또한 복지전달체계를 선진화하여 복지의 중복지대 및 사각지대를 해소하고, 복지서비스의 체감도를 높이기 위한 정책을 수립하는 것을 정책방향으로 설정하였다. 이를 위하여 국가가 보장하는 기초생활보장 수급자의 최저생계비를 4.8% 인상하고, 성과관리형 자활사업을 시범적으로 도입하기로 하였다. 또한 지적 장애 아동의 재활치료 사업을 도입하였으며, 서민층의 양육비 경감을 위한 무상보육 대상을 호가대하고 보육시설 미이용 아동에게는 자가 양육비를 지원하기로 하였다. 또한 노후 생활 안정을 위한 기초노령연금 지급대상을 65세 이상 노인의 60%에서 70%로 확대하기로 하였으며, 노인장기요양보험의 확충을 계획하고 있다. 마지막으로 복지수요와 자원의 체계적 관리를 위한 사회복지 통합 정보망을 구축하고 원스톱 복지서비스를 제공하는 129센터를 설립하기로 하였었다. 복지 관련 부분의 예산은 예년에 비하여 9.0%가 증가하였다. 그러나 이것이 실행되기까지 많은 상호관계 어려움들이 도사리고 있다. 정치, 경제, 문화, 사회 등 뒷받침해 주어야 하는 부분들이 많다.

---

32) 기획재정부, 『2009년 예산·기금안 주요내용』, 보도자료, 2008. 9. 24, p.10.

(3) 지속 가능한 발전을 위한 녹색성장 지원[33]

이명박 정부는 그린에너지 등 기후친화사업을 신성장동력으로 육성하고 에너지 절약구조로의 전환을 통해 저탄소 녹색성장의 견인을 정책방향으로 설정하였다. 이를 위하여 태양광·풍력·수소 연료전지·그린카 등 선진국 수준의 녹색기술 확보를 위한 기술 개발을 강화하는 정책을 수립하였고 그에 대한 예산을 더욱 증액시켰다. 또한 신재생에너지, 에너지 절약시설 등 에너지 고요율 보급 확산을 추진하고 있으며, 대기오염 저감, 폐기물 자원화 등 친환경사업을 지원하여 수출산업으로 육성하기 위한 정책을 수립하였다. 뿐만 아니라 post - 2012에 대비하여 온실가스 통계 기반을 구축하고 탄소배출권 거래제 실시, 국제 협력 강화 등 기후변화 대응기반을 조성하도록 하였다. 우리나라도 온실가스 배출 감축 의무국으로서 이에 대한 대비를 철저히 해야 하며, 이를 위하여 녹색성장 및 친환경사업에 더욱 많은 투자와 관심이 필요한 실정이다. 2009년 국제적인 경향이 반영되어 이에 대비하기 위한 예산이 상당히 증가한 것을 알 수 있다. 예산의 증가율을 보면 23.7% 증가한 것을 볼 수 있다. 그러나 영국이나 미국, 호주, 일본 등의 나라에서 수년 전부터 post 교토 체제에 대한 대비를 한 것에 비하면 한국의 대비는 상당히 뒤처져 있다고 할 수 있으며, 더욱 많은 부분에 투자와 예산 증액이 필요하다고 할 수 있다.

---

33) 기획재정부, 『2009년 예산·기금안 주요내용』, 보도자료, 2008. 9. 24, p.13.

녹색성장 예산

(단위: 억 원)

구 분	'08	'09안	비 고
• 녹색기술 개발	10,812	13,069	· 신재생에너지(2,079→2,424) · 원자력 · 핵융합(3,775→4,683), 그린카(173→234)
• 신재생에너지 및 에너지절약시설 등 보급확산	11,058	13,820	· 신재생에너지(3,103→4,482) · 에너지절약시설 융자(4,837→5,337) · CNG · 新대중교통수단(1,054→2,085)
• 친환경산업 육성	879	1,408	· 폐기물 자원화(32→344)
• 기후변화대응 기반 조성	7,895	9,619	· 농업 온실가스 저감(2,200→2,663) · 기후변화대응 국제협력(42→420)
計	30,644	37,916	23.7% 증

자료: 기획재정부, 『2009년 예산 · 기금안 주요내용』, 2008.

(4) 재해투자를 사후복구에서 사전예방으로 전환[34]

과거 정부의 재해투자를 살펴보면 사후복구적인 성격의 것이 대부분이었음을 알 수 있다. 이는 거듭되는 예산의 낭비와 주민들의 피해로 이어지는 것이었는데 이를 해결하기 위하여 정부는 재해에 대비하여 사전 예방투자 규모를 획기적으로 확대하도록 하였다. 또한 재해 대비 사업의 조기완공을 통해 재해 대응능력을 대폭 확대하는 데 정책방향을 설정하였다. 이를 위하여 목적예비비 중에서 약 2천억 원을 사전예방투자로 전환하여 재해 예방효과가 큰 사업에 집중적으로 투자하기로 하였다. 재해위험지구 정비사업에 투자를 확대하

---

34) 기획재정부, 『2009년 예산 · 기금안 주요내용』, 보도자료, 2008. 9. 24, p.14.

여 완료 시기를 2018년에서 2014년으로 4년 단축을 목표로 하였으며, 산사태 예방효과가 큰 사방댐 건설은 367개에서 500개로 확대하기로 하였다. 또한 한탄강댐 건설, 굴포천 정비에도 투자를 확대하여 재해예방효과를 높이는 데 주력하는 정책을 수립하였다.

재해예방 예산

(단위: 억 원)

구 분	'08	'09안	비 고
• 재해위험지구정비사업	1,583	2,583	사업완료 시기 단축(' 18→' 14)
• 사방댐 건설	722	958	367개소→500개소(증 133개소)
• 한탄강댐 건설	500	715	공정률 6→3%(증 7% p)
• 굴포천 정비	580	920	공정률 45→61%(증 16% p)
재해예방 計	30,029	33,287	10.9% 증

자료: 기획재정부, 『2009년 예산·기금안 주요내용』, 2008.

(5) 공무원 정원 및 보수 동결[35]

이명박 정부는 대선 당시에 주장한 작고 효율적이며 절약하고 일 잘하는 정부 구현을 목표로 공무원 정원 및 보수를 동결하기로 결정하였다. 이는 실질적 규제완화를 위해 공무원 증원을 최대한 억제하고, 공직사회부터 경제 살리기에 앞장선다는 정부의 의지를 표현한

---

35) 기획재정부, 『2009년 예산·기금안 주요내용』, 보도자료, 2008. 9. 24, p.18.

것이라고 할 수 있다. 먼저 공무원 정원은 현 수준으로 유지하기로 결정하였다. 불가피한 증원소요는 해당 부처 내 인력재배치 또는 타 부처 정원을 감축하여 충당하기로 하였다. 또한 공직사회의 고통부담 선도 차원에서 내년 보수 인상을 동결하였다. 보수 동결로 절감되는 예산은 일자리 창출, 서민 생활 안정 등에 활용할 것으로 보인다.

지난 노무현 정부의 예산과 현재 이명박 정부의 예산을 주요 분야별 재원배분을 이용하여 비교해 보면 국가운영의 상태를 파악할 수 있을 것이다. 먼저 일자리 창출에 있어서 노무현 정부는 사회서비스 일자리 지원을 중심으로 하였다. 그러나 이명박 정부는 벤처기업의 창업 활성화 및 Job Training 강화를 통하여 일자리를 창출하고자 노력하였다. 또한 R&D 분야에 있어서도 지난 정부는 부처별 분산·중복투자가 많았고, 지나치게 연구관리기관이 많았던 것에 비하여 이명박 정부는 부처 간의 통합을 통한 선택과 집중을 추구하였다. 또한 연구관리기관을 통합하여 사업의 효율성을 추구하였다.

SOC의 확충에 있어서도 노무현 정부와 이명박 정부는 차이를 보인다. '04년에서 '08년간 연평균 2.5%가 증가하여 다른 분야에 비해서 낮은 재정투지 증가율을 보였다. 그러나 이명박 정부는 민간 선(先)투자, 토지은행 등을 활용한 투자 증가율을 높이기 위해 노력하고 있다. 지역 발전 정책에 있어서도 노무현 정부는 시군구/시도 간의 균형발전을 추구하였다. 그러나 이명박 정부는 광역경제권 중심의 지역경쟁력 강화에 중점을 두었으며, 수도권 규제 완화 등을 통하여 침체된 경기를 활성화시키고 수도권의 발전을 다시 한 번 촉진하고자 하는 정부의 의도를 엿볼 수 있다. 그러나 이러한 이명박 정부의 지역발전 정책은 국가 불균형을 더욱 가속화시킨다는 비판을 받고 있다. 복지와 관련된 내용을 살펴보면 노무현 정부는 복지지출의 양적 확대에 우선하였다. 따라서 지원대상이 급속도로 확대되었다. 그러나 이명박 정부는 복지서비스에 대한 전달체계 개선 등 제도 내실화와 저소득 서민층에 대한 맞춤형 지원을 추진하고 있다. 이는 무분별한 퍼주기식 복지서비스의 제공을 지양하고 정확한 수요를 파악하고 이에 상응하는 서비스를 제공하기 위한 방법으로 복지부분에 있어서의 낭비를 최소화할 수 있을 것으로 예상된다. 또한 국방 분야에 있어서도 노무현 정부는 국방 개혁 초기에 재원이 과도하게 집중되었던 반면에 이명방 정부는 국방개혁의 안정적 추진을 위해 균형 있게 배분하는 것을 대단히 중요하게 생각하였다. 또한 대북관계에 있어서도 지난 정부는 대북지원 확대에 중점을 두고 동북아 현안 중심의 외교정책을 펼쳤으나 이명박 정부는 상생과 공영의 대북정책을 추진하고, 에너지 협력 등 실용외교를 더욱 강화하기 위한 재원배분에 중점을 두고 있다. 대북관계를 햇빛정책에서 강력한 정책으로 방향 선회하는 모습을 볼 수 있으며, 이러한 사상과 정책기조에 천안함 사태로 인한 대북견제 가치관이 정책기조에 영향을 많이 주는 동기부여로 작용하고 있다.

노무현 정부는 5년간 10만 명의 공무원을 늘렸으며 처우개선 증가율도 2.4%에 달했다. 그러나 이명박 정부는 작은 정부 및 실질적 규제완화를 위해 총정원을 평년도 수준으로 유지하기로 하였으며, 처우개선에 있어서도 동결하기로 결정하고 실행에 옮기고 있다. 다만 지자체 선거와, 국회의원선거, 정권창출을 위해 약간의 변화는 예상된다.

노무현 정부와 이명박 정부의 재원 배분의 변화를 살펴보았을 때 이명박 정부가 당선 초기에 설정한 목표를 달성할 기초를 다지기 위한 예산들을 상당수 편성하고 있음을 볼 수 있다. 예를 들면 R&D 부분에 대한 집중투자나 SOC 유치를 위한 노력 복지 서비스의 개선을 위한 투자 등 상당부분에서 이전의 정부와는 다른 모습으로 예산안이 편성되었음을 알 수 있다.[36]

참여정부의 예산은 그동안 우리나라 국가발전 전략이 '(先)성장 후(後)복지' 패러다임에 빠져 양적 위주, 정부 주도, 수출 위주의 불균형 발전 전략을 추구해 왔다는 반성하에서 작성됐다. 이전 우리 경제는 성장과 함께 고용이 늘어 개개인의 소득 수준이 높아지고 전 사회계층이 성장의 과실을 공유했다면 외환위기 이후에는 지역 간·업종 간·계층 간 양극화가 심화되면서 성장을 통한 일자리 및 복지 문제 해결이 한계에 부딪힌 것으로 참여정부는 판단했다. 그 결과 나온 것이 성장과 복지를 통합적으로 보고 양질의 일자리 창출 및 모든 계층의 시장 참여 기회를 확대해 생산능력의 극대화를 지향하는 '동반성장'이다. 이러한 패러다임 전환을 뒷받침하기 위해 참여정부는 재정운용에 있어서도 보다 적극적인 역할을 강조하면서 재정지출의 무게 중심을 경제 분야에서 복지 분야로 옮겼다.

반면 '경제 살리기'를 내걸고 출범한 이명박 정부는 그동안 5%에도 채 못 미쳤던 우리 경제의 성장잠재력을 7% 수준으로 끌어올려 재도약하는 데 초점을 맞췄다. 참여정부 기간에 이뤄진 조세부담률의 상승, 급속한 복지지출 확대 등이 오히려 우리 경제의 성장 잠재력을 떨어뜨렸다는 반성하에 이명박 정부는 감세와 규제완화로 시장 스스로 활력을 높이는 전략을 선택했다. 아울러 '일자리가 최고의 복

---

36) 기획재정부, 『2009년 예산·기금안 주요내용』, 보도자료, 2008. 9. 24, p.19.

지'라는 모토 아래 연구·개발(R&D) 확대, 사회간접자본(SOC) 확충 등을 통해 성장능력을 제고하는 한편 복지 분야에서는 전달체계 효율화, 맞춤형 지원 확대 등을 택함으로써 '체감 복지수준 제고'에 초점을 맞췄다.

이명박 정부는 양극화 해소 및 사회안전망 확충을 위해 확장적 재정정책을 추구한 참여정부와 달리 감세를 통해 국민 부담을 최소화하는 대신 재정지출은 경상성장률 이내로 관리, 재정의 건전성도 확보한다는 계획을 갖고 있다.

이처럼 예산 분석은 국가를 효율적으로 운영하고, 급변하는 현대사회에 적정한 곳에 예산을 투입할 수 있도록 방향을 제시해 주는 역할을 한다. 앞으로 정책결정자들이 예산분석을 바탕으로 꼭 필요하고, 국가발전을 이룰 수 있는 곳에 예산을 투입하였으면 좋겠다.

참고문헌

기획재정부(2008), 『2009년 예산·기금안 주요내용』, 보도자료.
기획재정부(2008), 『2009년 예산·기금안 문답자료』, 보도자료.
기획재정부(2008), 『2009년 주요 분야별 재원배분방향』, 보도자료.
기획재정부(2008), 『2009년 예산·기금 이색사업』, 보도자료.
신무섭(2008), 『재무행정학』, 대영문화사.

학술연구정보서비스 http://www.riss4u.net/
http://www.etnews.co.kr/news/detail.html?id＝200809300052
http://www.kipf.re.kr/balgan/file/0810_%EC%A0%95%EC%B1%85%ED
%9D%90%EB%A6%84_03.pdf
http://news.chosun.com/site/data/html_dir/2008/09/30/2008093000757.html
http://www.nizform.com/news/view.htm?nc1＝A15&nc2＝A15B18&key
＝77286
http://www.donga.com/fbin/output?n＝200809300356

18. 한국 조세제도

조세정책이 민간경제에 미치는 영향이 지대함에 따라 세계 각국은 조세개혁에 많은 관심을 기울이고 있다. 특히, 미국의 경우에는 전통적인 소득기반 과세제도에서 소비기반 과세제도로의 근본적인 세제개혁(fundamental tax reform)에 대한 논의가 오랫동안 진행 중에 있다. 우리나라에서도 조세정책이 추구해야 하는 효율성, 형평성, 단순성 등과 같은 원칙을 중심으로 세제개혁에 대해 다양하게 논의되고 있다. 그럼에도 불구하고, 이러한 원칙들에 대한 논의 이전에 조세정책이 근본적으로 준수해야 하는 대원칙으로 '조세법률주의'가 있다. 조세법률주의는 국가가 국민들에게 마음대로 세금을 부과하는 것을 방지하기 위해, 즉 국민들을 세금으로부터 보호하기 위해 헌법에 명시되어 있다. 조세법률주의는 오랜 역사적 배경을 가지고 있으며, 모든 국가에서 조세정책을 입안하는 데 가장 중요한 원칙으로 자리하고 있다. 세금에 대한 정책은 반드시 국민들의 대표기관인 국회를 통과해야만 집행할 수 있다는 것이다. 우리나라에서도 조세법률주의를 명목적으로 표방하고 있지만, 조세정책을 수립하는 데 있어서 조세법률주의를 실제로 실현하고 있는가에 대한 근본적인 질문을 제시할 필요가 있다. 조세법률주의는 투명한 과세기반하에서 세율을 법률로써 명시함으로써 실현될 수 있다. 그러나 과세기반이 투명하지 못할 경우에는 행정부에서 과세기반을 간접적으로 추정해야 하므로, 과세기반을 행정부에서 조정할 수 있게 된다. 따라서 조세법률주의를 헌법에 명시하고 있지만, 실제로는 조세행정주의에 의해 국민들의 세 부담이 결정되는 결과를 가져온다.

우리나라의 과세기반은 불투명한 것으로 잘 알려져 있다. 행정부에서는 과세기반을 간접적으로 산정하기 위해 높은 행정비용을 지불함에도 불구하고, 빠르게 변화하는 민간시장의 과세기반을 탄력적으로 산정하지 못하는 한계가 있다.

조세 법률주의에 의해 국회가 정상적인 역할을 하기 위해서는 조세정책에 대한 전문지식과 정보가 축적되어야 한다.

1) 조세법률주의의 의미

조세법률주의는 조세의 부과 및 징수는 반드시 법률에 의하여야 하며, 법률에 의하지 않고는 국가가 국민에게 과세할 수 없다는 원칙을 말한다.

헌법 제38조는 국민의 납세의무를 규정하고 있을 뿐 아니라, 국민의 납세의무는 국민의 대표기관인 국회에서 정한 법률을 통해서만 이루어진다는 것을 의미한다. 또한 헌법 제59조는 조세를 부과함에 있어서 과세요건을 법률로 규정하도록 요구하고 있으며, 국민의 동의를 얻지 아니한 행정부의 자의적인 조세부과를 금지하는 것이다.

경제 환경이 빠르게 변화함에 따라 세법에서 탄력적으로 국회를 통해 이를 수용하는 것은 현실적으로 어렵다. 조세부과로부터 보호하기 위해 이루어진 원칙이므로, 궁극적으로 조세법률주의가 의미하는 것은 세율 자체가 아닌 실질적인 세 부담으로 볼 수 있다. 그러나 실제로 세법에서 규정하고 있는 많은 조항은 세율로 한정되어 있고, 과세기반에 대한 사항은 행정부에서 통제가 가능하다고 할 수 있다. 즉 과세기반이 투명할 경우에는 세율을 세법에서 규정함으로써 결과적으로 실질 세 부담도 결정되므로, 조세법률주의에 충실한 구조가 된다. 그러나 과세기반이 불투명할 경우에는 세율을 아무리 법률로 규정한다고 해도, 과세기반을 임의로 조정함으로써 실질적인 세 부담 수준을 조정하는 것이 가능하게 된다. 따라서 세율을 통해 조세법률주의를 실시하고 있다고 해도, 과세기반을 행정부에서 조정하게 되면 결과적으로 국민들의 세 부담은 조세법률주의에 의해서가 아닌, 조세행정주의에 의해 결정된다.

우리나라의 과세기반은 불투명한 것으로 잘 알려져 있다. 따라서 조세법률주의를 표방하고 있지만, 실제로는 조세행정주의에 의해 이루어지고 있는 현실을 잘 인식할 필요가 있다. 과세기반이 불투명할 경우에는 행정부에서 과세기반을 간접적으로 파악하여야 하며, 이를 위해 높은 행정비용을 지불하게 된다. 우리나라 조세정책이 실질적으로 조세법률주의를 실현하기 위해서는 우선적으로 투명한 과세기반을 확보하여야 한다.

2) 투명한 과세기반의 문제와 제도적 요인

조세를 부과하는 기반으로 크게 소비, 소득, 재산의 세 가지로 나눌 수 있다. 조세정책이 어떠한 철학을 바탕으로 입안되든지, 과세기반은 가장 기본적으로 정확하게 파악해야 하는 정보이다. 우리나라의 경우는 개별 납세자들에 대한 과세기반 종류별 정확한 정보를 세무당국에서 파악할 수 있는 인프라가 구축되지 않았기 때문에, 간접적으로 파악하기 위해 높은 행정비용을 지불하고 있다.

첫째, 소비의 경우, 사업자들의 매출액 파악을 대표적으로 들 수 있다. 매출액을 세무당국에서 파악하기 위한 제도적인 노력으로 신용 카드 사용의 확대를 들 수 있다. 즉 신용카드 사용자들에게 경제적인 유인책을 주기 위해 신용 카드사용에 대한 복권제도의 도입 및 신용카드 사용액의 일정부분에 대한 소득공제제도의 도입을 들 수 있다. 현재 실행되고는 있지만 형식적인 것이 너무 많아 손볼 것이 많다.

둘째, 소득의 경우, 근로소득자의 소득은 비교적 정확하게 파악할 수 있으나, 자영사업자의 경우에는 성실신고를 하지 않을 경우 정확히 파악하는 데 한계가 있다. 자영사업자의 매출대비 소득규모를 파악하는 방법으로 표준소득률을 들 수 있다. 이는 업종별 매출 대비 소득비율을 매년 계산한 자료로서 자영업자의 신고소득에 대한 사실 여부를 판단하는 데 중요한 기초자료로 활용한다. 세무당국으로는 매년 업종별로 사업체의 매출과 소득 자료를 분석하여 발표하고 있으므로, 행정비용이 매년 소요된다. 이러한 표준 소득률 표와 함께 세무조사, 가산세 등 세무행정을 통해 납세자들의 성실신고를 유도하고 있다.

셋째, 재산의 경우에는 부동산 가격을 산정하기 위해 여러 가지 방법을 사용하고 있으며, 또한 산정하는 행정부서도 서로 다르다. 먼저 공시지가의 경우에는 건설교통부에서 담당하는 것으로 전국 필지의 시가를 산정하기 위해 45만 필지의 표준지를 설정하고 가격을 산정하고 있다. 조세기반인 소비, 소득, 재산에 정확한 세금을 부과하기 위해 정부에서는 높은 행정비용을 투입하여 가격을 산정하고 있다. 그러나 이러한 높은 행정비용에도 불구하고, 조세기반의 가격을 정확히 산정하지 못하고 있다. 이에 따라 조세정책의 명목적 특성과 실질적 특성은 괴리가 존재하고, 세 부담의 불공평성 문제가 발생하게 된다.

과세기반을 파악하기 위해 높은 행정비용을 치르고 있으나, 실제와는 여전히 괴리를 가지고 있다. 과세기반을 시장가격과 연계하여 설정하기 위해서는 궁극적으로 납세자들이 자발적으로 시장가격을 신고할 제도적 유인책을 가져야 한다. 이러한 유인책이 정상적으로 작용하여 정착되기까지는 정부에서 과세기반을 간접적으로 파악할 수밖에 없을 것이다. 여기에서는 납세자들로 하여금 세 부담의 근거가 되는 과세기반을 오히려 거짓으로 신고하게 하는 제도적 유인책을 살펴보도록 한다. 이러한 제도적 요인들을 규명함으로써 납세자들로 하여금 과세기반을 정확하게 신고하도록 하는 제도적 디자인을 효과적으로 할 수 있는 것이다. 납세자들로 하여금 소비기반 정보를 거짓으로 신고하게 하는 제도적 유인책으로 소규모사업자를 위한 부가가치세제의 간이과세제도를 들 수 있다. 간이과세제도는 소규모사업자들의 행정적 편의를 주기 위해 연간 매출액 4,800만 원 미만인 사업자에 대해 업종별로 미리 정해진 부가가치율에 따라 부가가치세를 납부하는 제도이다. 이러한 제도가 소규모사업자들에게 행정적 편의를 제공하지만, 실제와는 너무 괴리를 가지는 업종별 부가가치율로 인해 탈세를 제도적으로 보장하는 유인책으로 작용하게 된다. 부가가치세는 소득세의 선행세제로 간이과세자로 선정될 경우, 소득세 부담을 대체로 면제받을 수 있는 장점이 있기 때문에 이중적인 제도적 유인책으로 작용하게 된다. 이러한 유인책으로 인해 납세자는 가능하면 간이과세자로 안주하려 하고, 정치권에서는 이러한 수요에 편승하는 정책입안을 추진하였다.

3) 투명한 과세기반 확보를 위한 정책과제

과세기반인 소비, 소득, 재산에 대한 납세자들의 정보를 정확하게 파악하는 것은 조세정책의 인프라이므로, 이를 정확하게 파악하기 위해 정부에서는 높은 행정비용을 지불하고 있다. 그러나 과세기반을 정부에서 정확하게 파악하는 데에는 한계가 있으며 가능하지도 않다. 즉 아무리 행정비용을 높인다 해도, 납세자들의 경제행위는 납세자별로 서로 다양하기 때문에 개별 납세자들의 과세기반을 모두 정확하게 파악한다는 것은 거의 불가능하다. 또한 경제규모가 증가하고, 다양해짐에 따라 경제 여건도 단기간에 매우 빠르게 변화하고 있다. 이렇게 빠르게 변화하는 환경에서 정부는 대체로 1년을 주기로 파악하므로, 변화하는 과세기반을 탄력적으로 파악하는 것은 거의 불가능하다. 정부에서 과세기반을 파악하는 기본방향은 과세기반인 소비, 소득, 재산이 시장에서 거래될 때, 이러한 시장가액을 정부에서 전부 파악할 수 있도록 제도적인 유인책을 강구하는 것이다.

즉 민간시장에서 일어나는 시장가액이 그대로 정부에 보고될 수 있는 메커니즘을 만들게 되면, 과세기반에 대한 정보를 파악하는 데 소요되는 행정비용을 대폭 절감할 수 있는 것이다. 소비의 경우 주류거래 전용카드제나, 소득의 경우 국세청에서 매년 생산하는 업종별 표준 소득률 표, 재산의 경우 공시지가, 기준시가, 건물분 재산세 과표 등의 업무를 모두 없앨 수 있는 것이다.

시장에서 거래되는 과세기반의 정보를 정부에서 모두 파악할 수 있는 메커니즘을 구축함으로써, 현재보다 훨씬 정확한 과세기반 정보를 얻을 수 있고, 행정비용도 대폭 절감할 수 있는 것이다. 납세자들의 소득정보를 정직하게 신고하게 하는 정책수단으로 납세의식 제고를 위한 홍보정책을 들 수 있다. 이러한 정책은 세무조사와 같은 처벌위주의 정책이 아니나, 매우 효과적인 수단으로 평가하고 있다. 홍보와 관련된 중요한 수단으로 조세 관련 정보를 납세자들에게 공개하는 것이다. 개별 납세자들의 조세 관련 정보는 절대로 공개되어서는 안 되지만, 소득계층별, 업종별, 직업별 세 부담에 대한 정보는 관련 계층의 자발적인 납세협력을 유도하는 데 유인책으로 작용할 수 있는 것이다. 조세 관련 정보는 납세자들에게 알 권리를 충족시킨다는 측면도 있지만, 납세자들 간에 서로 견제하는 심리를 유도할 수 있으므로, 행정비용이 거의 없으면서도 효과적인 정책수단으로 활용할 수 있겠다. 조세정책을 입안하는 원칙 중에서 가장 기본적인 원칙으로 조세법률주의를 들 수 있다. 그러나 과세기반이 투명하지 않을 경우 조세법률주의는 절대 실현될 수 없고, 오히려 조세행정주의에 따라 운영되고 만다. 본 연구는 우리나라 조세정책에서 가장 우선적으로 해결해야 할 과제로 소비, 소득, 재산의 과세기반에 대한 정확한 정보파악을 제시하였다. 과세기반에 대한 정보는 민간시장에서 이루어지나, 정부에서 시장가격을 파악할 수 없으므로 이들 과세기반에 대한 정보를 간접적으로 파악하기 위해 높은 행정비용을 지불하고 있다. 이렇게 구축한 과세기반자료는 시장가격을 정확히 반영할 수 없고, 때로는 취득 및 등록세의 예에서 볼 수 있듯이 납세자로 하여금 과세기반을 거짓으로 신고하도록 하는 유인책으로 작용한다. 과세기반을 정확히 파악하기 위한 기본방향은 시장에서 일어나는 거래가액이 모두 정부에 정확하게 신고되도록 제도적 유인책을 강구하는 것이다. 이러한 메커니즘을 구축함으로써 과세기반에 대한 정보를 파악하는 데 소요되는 막대한 행정비용을 절감할 수 있으며, 정확한 시장가격을 반영할 수 있어 이중적 제도개선효과를 얻을 수 있는 것이다. 이러한 메커니즘을 구축하기 위한 제도개선안은 다음과 같다. 소비기반의 경우, 부가가치세제의 간이과세제도를 폐지하고, 신용카드사용에 따른 수수료율을 대폭 인하하도록 한다. 소득기반의 경우, 세무조사에 대한 납세자들의 신뢰를 확보하고 세무조사 대상자 비율을 높이고, 조세 관련 정보를 공개하여 납세자들의 자발적 납세협력행위를 유도한다. 우리나라는 조세법률주의를 표방하고 있지만, 국회가 정상적인 역할을 하지 못하였다. 조세법률주의를 실현하기 위해서는 국회가 정상적인 역할을 해야 하며, 이는 국회에 조세정책에 대한 전문지식 및 정보가 축적되어야 함을 의미한다. 이를 위해 국회에 조세정책을 전문적으로 분석하고 평가하는 초정당적으로 운영되는 연구원 설립이 우선적으로 필요하다. 또한 조세 관련 정보를 행정부에서 의무적으로 연구원에 매년 제공하도록 국세기본법을 개정하여야 한다.

19. 지방재정 운영과 재무

우리나라의 지방자치는 1991년 지방의회를 구성한 이래 지난 95년 6·27선거에서 주민들에 의해 선출된 민선자치단체장의 출범을 시작으로 명실상부한 지방자치시대를 맞이하여 실행하고 있다. 이제 온 국민의 열망은 건전한 지방자치가 조속히 뿌리내리고 발전되기를 바라고 있다. 그러나 지방자치제가 실시되었다고는 하지만 아직까지 완전한 지방자치를 위한 제도나 재정문제, 주민의식, 공무원의 자세는 그대로 둔 채 임명제에서 직선제로 옷만 바꿔 입은 식의 변화만 있을 뿐이다. 따라서 외형적으로는 화려한 자치제로 포장되고 주민들의 기대감만 한껏 부풀게 한 나머지 내면적으로는 오히려 중앙정부에 더 의존하게 되어 종속되는 결과를 초래하여 실질적인 지방자치제가 제대로 이루어지지 못하고 있는 것이 지방자치의 현주소라 할 수 있다. 지방자치란 글자 그대로 지방의 정치와 행정을 그 지방의 주민 또는 주민 대표자를 통하여 자율적으로 처리해 나가는 제도를 뜻한다. 이때 지방의 주민은 관치의 객체가 되는 것이 아니라 민치의 주체가 된다. 즉 지방 주민들이 스스로 주인이 되어 자신들의 문제를 함께 논의하고 결정하며 또 그 결과에 대하여 책임지게 된다.

■ 지방재정 운영 실태와 문제점

□ 집행기관의 역할상 문제

1) 행정의 비전문가인 기관장의 역할상 문제

행정은 절차와 과정이며 과정마다 미래를 예측하고 이에 필요한 문제를 사전에 예측 대처하는 능력이 겸비되어야 조직이 통솔되고 조직이 관리되어 생산성이 향상될 수 있으나 이를 결한 경우 행정과 조직의 목표가 왜곡 변질되며 미래지향적, 목표 지향적 조직운영이 되지 못하고 임기응변적 수단과 목표의 전이현상이 각 분야에서 발생하고 문제의 해결에 있어서 사전에 예측하지 못함으로써 치유가 불가능하여 주민과의 마찰과 행정의 비능률을 초래할 뿐만 아니라 임기 중 차기선거를 의식 행정의 배분정책에 균형을 상실함으로써 지역 간, 계층 간의 갈등을 초래하는 등 비전문가적 행정의 역기능이 제기되는바, 이러한 문제를 해결하기 위한 행정 내부의 제도적 통제력을 법제화할 필요가 대두된다.

2) 중간관리층의 비시험 승진제도에 따른 행정의 전문화 문제

조직의 활력은 능력 있고 유능한 공직자가 선의의 경쟁에 의해서 발탁되고 승진되는 기회를 가질 수 있어야 조직구성원이 자기발전을 위한 노력을 통해 유능한 공직자가 능력을 발휘하여 행정의 효율성을 높일 수 있으나 대부분의 기초자치단체의 중간관리층(5급) 승진 시험제도의 폐지로 자기발전을 위한 노력보다는 임명권자의 눈치 보기에 연연하여 중간관리층이 행정의 전문화가 안 되고 조직의 활력이 상실되어 행정이 편협적이기 쉽고 따라서 하위직급의 공직자들도 열심히 일하기보다는 줄서기에 연연하는 풍토가 조성되기 쉽다.

3) 전문직 분야 공직자의 행정통제력 상실

조직의 통제력은 조직의 계층구조에 의한 통제력이 발동될 때만이 조직이 통제될 수 있으나 행정의 비전문가가 전문 분야의 관리자를 전문적 지식과 관리기법을 터득하지 못할 경우 정책결정자의 통제력이 상실되어 세무, 건축, 토목, 환경 등 전문 분야의 행정에서 누수현상이 심화되고 행정목표가 불확실해지기 쉬우며 목표보다는 과정이 강조되어 효율성이 떨어지고 불요불급한 사업이 책정되거나 추진과정에서의 비효율성이 나타나는 등 재문제가 야기되기 쉽다.

□ 의결기관의 역할상의 문제

1) 의결기관 구성원의(의원) 비전문화에 따른 정책결정 과정의 문제

지방행정도 도시화, 산업화, 전문화에 따라 행정의 각 분야가 전문적인 법령과 기술이 요구되는 분야가 점진적으로 확대되고 있으나 이러한 정책을 결정하고 이에 필요한 예산을 의결하는 의회의 의원

은 대부분이 비전문가이거나 상식에 의존함으로써 중요한 정책결정
과정에서 편견이나 독선에 의해 오판하는 결과를 가져오기가 쉽고
예산결정 과정에서 불필요한 예산이 결정되어 예산의 낭비와 비효율
적인 행정결과를 초래하기가 쉽다.

2) 의사결정에 주민의사통합 반영 미흡

현행의 의원정족수는 기초나 광역의원 모두가 행정의 하부조직인
읍·면·동 단위에서 선출됨으로써 시·도나 시·군·구의원이라는
전체적 관점보다는 읍·면·동의 대표성이 강조되어 의사결정이나
의정활동에 있어서 자치단위 전체의 이익과 목표에 관심을 갖기보다
는 자기지역구의 문제에 보다 깊은 관심을 가짐으로써 역기능을 초
래할 뿐만 아니라 의사결정 과정에서 주민의 의견을 통합할 수 있는
제도적 조직과 채널이 확보되지 못함으로써 일부의 의견이 전체의
견으로 또는 의원의 편견이 그대로 의사결정에 주민의 의견인 양 반
영되는 등 제 모순점이 노출되고 있다.

□ 주민참여 방법의 문제

1) 주민의 참여를 통한 주민자치의 관심미흡

지방자치는 주민자치와 다름없을진대 이만큼 지방자치에서 주민참
여는 지방자치를 성공적으로 이끌 수 있느냐의 관건 중의 관건이나

대부분의 주민들이 자기와 직접적인 이해관계가 문제되는 경우 관심과 참여가 이루어지나 전체의 문제에 대해서는 쉽게 참여되지 못한다. 물론 우리나라는 주민자치와 지방의회 민주주의의 역사가 일천하여 주민 스스로 주민참여에 의한 지방자치에 익숙해 있지 못한 이유도 있지만 제도적으로나 행정적으로 주민참여를 위한 노력이 미흡한 것도 또 하나의 이유가 될 수 있다.

2) 지방자치제도상의 주민참여 제도 미흡

지방자치가 선진화된 서구민주주의 국가에서는 중요 정책 사안에 대한 주민투표제라든가 주민소환제 등 주민이 참여할 수 있는 기회를 제도적으로 보장하고 있으나 우리나라의 경우 대부분의 사안이 여론조성 등의 간접방식에 의존하게 되어 있어 주민의 관심을 이끌어 낼 수 있는 제도상의 미흡을 들 수 있다.

3) 주민참여를 위한 행정정보의 제공 미흡

행정정보의 공개조례가 제정되어 대부분의 행정정보가 주민이 원하면 공개하도록 되어 있으나 생업에 바쁜 주민들이 일일이 지방자치단체에서 이루어지는 것을 찾아서 관여할 주민은 그리 많지 않을 것이다. 또한 지방자치단체마다 시·군정을 소개하는 책자나 팸플릿이 있다 하더라도 행정홍보에 치중하다 보니 정말 주민이 참여하여 의견을 제시하고 문제를 사전에 파악하여 계획을 확정하여야 할 주요 시책이나 사업의 경우 대부분이 사후에 결정사항의 통보식에 정보공개가 이루어져 주민들로 하여금 자발적 참여를 유도하기 위한 제도적, 시책적 노력이 요구된다.

□ 지방재정 확충을 위한 법제도의 문제

1) 지방재정조정제도의 문제

　지방자치의 성공 여부는 지방재정력의 확충에 달려 있다고 해도 과언이 아닐 만큼 지방자치에서의 재정력은 중요한 의미를 갖고 있다. 더구나 전면적인 지방자치 실시 이후 지방정부에 대한 주민의 욕구는 배증하고 있으나 이를 해결할 재원은 미미한 증가를 보임으로써 주민의 욕구를 해결하는 데 한계를 느끼고 있다. 또한 시·군 부의 자치단체일수록 자체 세원의 한계 때문에 자주세원의 확충은 더더욱 한계가 있고 일부 자치단체에서 시도하고 있는 경영수익사업 역시 성공적이라고 평가하기는 아직 이르다. 따라서 자주재원이 열악한 지방자치단체일수록 지방재정조정제도의 근본적인 제도개선과 확충이 선행되어야 할 것이다.

　① 지방교부세 제도의 문제
　시·군의 자치단체에서는 대부분의 재정자립도가 20% 안팎의 낮은 자립도를 보이고 있고 이들 자치단체의 대부분의 운영재원이 지방교부세 재원에 의존한다 해도 과언이 아닐 것이다. 그러나 우리나라의 교부세법에 의한 교부율은 내국세의 13.27%로, 근본적으로 일본의 28%, 대만의 32%에 비하면 절반도 안 되는 수준이다. 또한 교부세 산정 방식도 기준재정수요의 경우 주요 항목이 인구를 주산정 단위로 산정토록 되어 있어 넓은 면적을 갖고 있는 군자치단체의 경우는 많은 행정수요가 따르면서도 기준재정 수요산정에 미미한 의미를 부여하도록 되어 있다. 또한 재정자립도가 높은 자치단체나 낮은 자치단체나 가중치 등이 달리 부여되어 균형을 이루도록 하여야만 재정자립도가 낮은 자치단체의 재정조정제도로서의 교부세 제도가 의미가 있겠다.

② 국고보조금제도의 문제

현행 국고보조금 사업법에 의하면 원칙적으로 신청주의를 택하고 있고 보조율도 자치단체의 재정자립도를 고려하지 않고 사업별로 보조율도 천편일률적으로 적용되고 있다. 따라서 재정여건이 열악한 자치단체에서는 꼭 필요한 국고보조사업도 자치단체의 부담액 때문에 이를 신청조차 하지 못하는 경우가 많다. 또한 원칙적으로 신청주의를 택하고 있지만 중앙정부의 필요에 의해서 추진하는 광역상수도 하수종말처리장 등 대형 프로젝트의 경우 중앙정부의 계획에 의해서 일괄 추진되고 있는 것이 현실이다.

또한 불요불급한 산림정책의 보조사업 등은 과감하게 재원이전을 통해 자치단체의 자율성이 보장되어 지역특성에 맞는 사업을 추진할 수 있도록 중앙정부의 재정을 과감하게 지방정부에 이전해 주는 것이 바람직하다.

2) 지방세 확충의 문제

지방자치단체의 중요 세원인 지방세는 그 세원의 한계, 세율의 중앙통제(세법)에 의해 근본적으로의 확충에는 한계가 있다. 우리나라의 모든 세원의 구조는 재산과 소득에 중점을 두고 있으나 재산에 부과하는 세목의 세율이 대체적으로 낮고 소득에 부과하는 세율은 선진국에 비해 높게 책정되어 있다. 또한 세목별 세액이 높은 세목은 대부분이 중앙정부의 몫이거나 광역자치 단체의 몫으로 되어 있다. 따라서 상대적으로 기초자치단체의 세목은 다양하나 세액보다 징수비용이 과다하게 소요되는 주민세, 종토세, 초토세 등은 징수비용이 오히려 문제가 될 정도로 심각한 것이 현실이다. 따라서 지방세의 세원을 근본적으로 재배분하고 중앙정부의 일선기관(세무서)에서 취급하는 일정세목을 지방자치단체에 위탁 징수하는 방식도 검토되어 과표가 노출되는 월정소득자와 같이 고소득영업자의 소득도 주민의 감시 아래 '완징'될 수 있도록 제도적으로 보완하고 추징되는 세액의 일정액을 징수교부액으로 지방자치단체에 보진해 주는 방법도 검토되어야 할 것이다.

3) 세외수입의 확충문제

지방자치단체에서 지방세보다 더 중요한 위치를 차지하고 있는 세외수입의 확충은 자치단체마다 중요한 현실사안인 것이다. 나름대로 경영수익사업을 전개한다거나 노력을 기울이고 있지만 보다 근본적인 것은 세외수입의 수입률 문제이다. 중앙정부의 필요에 의하여 공공요금의 억제정책이 수십여 년을 누적해 오면서 원가에도 못 미치는 요율은 지방재정 악화의 주원인이 되고 있다. 행정 서비스를 제공받는 주민이 수익자 부담원칙에 의해 들어가는 비용은 당연히 수혜받는 주민의 부담이 되어야 함에도 현실적으로 자치단체의 사용료 수수료의 경우 원가에도 못 미치는 경우가 대부분이며 이로 인해 자치단체의 재정압박은 가중되고 있다. 보다 현실적인 세외수입의 요율과 세외수입원의 지방정부 이양과 (국공유재산의 임대수수료) 지방자치단체의 경영수익사업이 원활히 추진될 수 있도록 지방채 발행 승인권 등이 지방의회의 권한으로 이양되어 세외수입이 촉진될 수 있도록 하여야겠다.

■ 효율적인 지방자치 발전과제

□ 집행기관의 바람직한 역할 방안

자치시대 집행기관의 바람직한 역할 방안으로는 정책결정자적 측면, 중간관리자적 측면, 전문 분야 직종 종사자의 측면으로 대별하여 제시하고자 한다. 먼저 정책결정자인 기관의장의 경우 일정한 자격을 전제로 피선거권을 주는 방안도 검토될 수 있으며 필요한 경우 당선 후 취임 이전에 일정한 공백 기간을 이용한 직무교육을 제도화하는 방안도 검토될 수 있다. 또한 인사나 중요 정책에 대한 권한을 전권으로 행사할 수 없도록 제도적으로 보완하거나 일정 인원의 민간인이 참여하는 위원회 등에서 검토 의결할 수 있도록 하는 등의 제도보완책은 검토대상이다. 다음은 중간관리층의 자질 향상을 위해서 폐지된 특별승진제도를 부활하여 명실상부한 능력과 자격이 쌓인 인재를 양성하도록 제도적 보완과 함께 중간관리층의 인사를 인사위원회에서 객관적으로 평가하여 능력 있고 유능한 공직자가 소신껏 일할 수 있는 토양을 가꾸어 나가는 노력이 필요하다 하겠다. 전문분야 공직자의 통제력 문제를 해결하기 위해서 행정 내부적 통제에 의존하기보다는 행정 외부의 전문가(교수, 연구위원, 민간단체)들을 활용하여 주요 정책이나 사업의 계획단계에서부터 외부전문가의 의견을 들어 관리하는 방안도 모색되어야 할 것이다.

□ 의결기관의 역할개선 방안

지방자치시대에서 가장 큰 의미는 행정의 이념과 패턴이 주민자치에 있다 해도 잘못된 표현이라 할 수가 없을 정도로 주민자치가 시사하는 바가 크다 하겠다.

여기에서 주민자치의 주요 과정은 주민의 대표인 의회이며 자치단체의 의결기관의 역할이 무엇보다도 중요하다 하겠다. 따라서 행정의 복잡화, 다양화는 행정 외적 사회변동에 따라 불가피하나 이를 다루어야 할 의결기관의 구성원(의원)은 대부분이 비전문가인 것이 오늘의 현실이다. 이를 극복하기 위한 방안으로는 개개인의 노력도 중요하겠지만 제도적으로의 뒷받침이 선행되어야 할 것이다. 먼저 의회의 위원회(위원회가 구성되지 않을 경우 담당 분야 의원)별 의원의 직무교육이 제도적으로 이루어져야 하겠다. 그 방법으로는 당선 후 개원 전의 일정 기간을 활용하여 전문교육기관을 설립(중앙정부) 운영하는 방안도 있을 수 있으며 개원 이후에는 연 1회 이상의 직무교육을 제도화하는 방안도 검토 대상이 될 수 있다. 또한 주요한 시책이나 사업의 결정 시 사전에 주민의사를 통합한 의견을 정리할 수 있는 방안이 모색되어야 하겠다. 일부 의회에서는 의정모니터나 주민간담회 등 불특정 소수인원의 의견을 자문형식으로 받아 결정함으로써 주요 시책이나 사업이 편견이 있기 쉽고 객관성, 공정성이 결여되어 간혹 주민의 의사가 반영되지 못하고 집행기관의 주도에 끌려가는 경우가 있을 수 있다. 이러한 문제들을 해결하기 위해서 위원회별 또는 의회별 외부 전문가를 포함한 지역인사들로 하여금 제도적으로 위원회를 구성하여 사전에 충분한 심의와 검토 의견을 수렴하여 의사결정에 반영하는 방안도 검토되어야 할 대목이다.

□ 효율적인 주민참여방안

지방자치는 주민자치라 할진대 주민참여가 없는 지방자치는 한낱 허구에 지나지 않는다. 따라서 무엇보다도 지방자치와 지방행정에 주민의 관심을 유발시켜 참여의 폭을 넓히는 것이 진정한 주민자치 지방자치의 선결과제이다. 그러나 현실적으로 지방자치에 익숙하지 못한 한국의 행정여건상 그리 쉬운 일만은 아닌 것 또한 사실이다. 이를 위해선 먼저 지역의 여러 가지 현안문제에 대하여 주민에게 충분히 알리고 이를 통한 관심의 유도를 이끌어 내야 한다. 따라서 행정정보의 공개 개념이 원하는 주민이 요구할 때까지 기다리기 전에 행정과 의회가 주민의 관심사항에 대해서 미리미리 알려 주고 의견을 제시할 수 있는 여건과 토양을 갖추어 주는 노력이 필요하다. 그 방법으로는 주체가 집행기관이 되든 의결기관이 되든 정례적, 제도적 절차를 규정화하는 방안이 있을 수 있다. 또한 주요한 시책과 사업에 대해서는 주민 직접 참여제도인 주민투표제 등도 도입하여야 하며 주요한 행정책임 사항에 대해서는 주민소환제 등도 제도적으로 갖추어 나가야 할 것이다. 또한 주요 사안의 결정에 앞서 제도적으로 반드시 관계위원회를 구성 심의에 부처 의결을 받도록 하는 방안도 함께 검토되어야 할 것이다. 예를 들면 공공시설 편입용지 보상에 앞서 보상심의위원회를 구성 사전 심의 의결하도록 하는 방안과 같은 맥락에서 이해하면 될 것이다.

□ 지방재정 확충방안

지방자치의 성패는 자주재정의 확보에 달려 있듯이 지방재정의 확충문제는 지방자치의 장래를 위해 아주 중요한 과제임에 틀림없다. 이렇듯 중요한 지방재정 문제는 지방정부의 몫만은 아닐 것이다. 중앙정부가 국가의 존위와 국방, 외교의 역할이 중요하다면 지방정부는 주민의 복리증진과 삶의 질 향상 등 효율적인 상호 역할 분담을 통한 국가 전체의 발전을 합리적으로 이끌어 내기 위한 수단으로 지방자치가 시행됐다고 봐야 할 것이다. 따라서 지방자치 이전과 이후의 지방재정 확충을 위한 중앙정부의 제도적 노력을 살펴보면 담배소비세의 지방세화 이외에 제도적으로 별다른 노력이 없었다. 결국 지방재정은 세법과 세원에 의해서만이 가능하다고 전제할 때 그 법제도적 노력은 중앙정부의 의지와 노력 사고의 전환에서부터 출발되어야 한다. 그 첫 번째가 지방정부의 재정력에 크게 기여하고 있는 지방조정제도로서의 지방교부세율의 인상이며 최소한도 내국세액의 13.27%에서 25% 이상으로 재정자립도에 따라 차등화 가중치를 적용하여 명실상부한 지방재정 조정제도로서 교부세제도의 개선이 선결과제이다. 그 다음이 국고보조금 제도의 문제로서 지방자치 이전과 이후가 달라진 것이 있다면 신청주의 제도를 택한 것 외에 보조사업의 대상이나 보조율 등이 달라진 것이 없다. 먼저 보조대상의 과감한 조정이다. 꼭 필요한 보조대상 사업을 제외하고는 그 대상사업의 범위나 보조율의 현실화와 함께 과감한 사업과 재원의 지방이양을 위한 제도적 개선만이 지방재정이 국고보조사업에 따른 지방비부담의 재정압박에서 헤어날 수 있는 길이다. 다음은 자체세원으로 지방세의 세목과 세율, 징수제도 등의 과감한 조정과 지방이양이다. 한정된 세원과 세율로써 지방자치단체의 자주 재원인 지방세의 확충은 현실적으로 불가능하다. 징수비용이 징수액보다 과다하게 소요되는 주민세 등은 과감하게 폐지하거나 타 세목과 대체하고 국세징수를 위한 일선기관의 폐지와 자영업자의 탈루세원이 지역주민의 감시아래 합리적으로 징수될 수 있도록 국세와 지방세의 징수창구를 일원화하여 여기서 증수된 국세 재원의 지방이양도 중요한 검토대상이될 것이다. 또한 세외수입 중 수익자 부담원칙을 적용할 사용료, 수수료 등의 요율은 최소한도 행정비용 원가개념에서 현실화하여 더구나 악화된 지방재정의 압박을 해소시켜 나가야 한다.

지방자치는 돌이킬 수 없는 시대적 요구이자 세계 행정환경의 추세이다. 다가오는 미래의 시대는 정보화, 세계화 시대이며 이러한 경쟁의 시대에서 살아남기 위해서는 국가와 지방이 나름대로 경쟁력을 가질 때만이 가능하다. 세계화 시대의 국가경쟁력은 지방의 경쟁력과 함께 발전되어야만 가능한 시대인 것이다. 따라서 지방자치는 중앙이 지방을 관리하는 방법으로 전개되어서는 근본적으로 해결될 수 없는 과제이다.

따라서 현행 지방자치에 관한 법제도에서부터 지방의회제도, 지방재정제도, 행정의 계층구조, 조직 개편 등 전 분야에 걸쳐 중앙정부의 인식과 사고의 전환에서부터 지방자치의 실질적 발전을 유도할 수 있도록 새로운 검토와 대책이 시급히 강구되어야만 할 것이다. 또한 지방자치단체들도 집행기관과 의결기관이 새롭게 변화하는 행정환경과 행정의 객체인 주민들이 함께 참여하는 주민자치를 위한 제도적 기술적 노력을 함께할 때만이 진정한 지방자치가 하루속히 뿌리를 내릴 수 있을 것이며 살기 좋은 지역개발과 함께 진정한 주민복지 사회건설이 이루어질 것이다.

참고문헌

박홍윤(1997), 『행정학』, 걸암사.
이은호·박대운·박종호·강영기 공저(1994), 『행정학』, 박영사.
정세욱, 『지방행정학』, 법문사, 1995.
조남성(1984), 『지방재정의 현황과 향후정책과제』, 국가예산과 정책목표, 한국개발연구원.
김재윤(1982), 『지방재정자립도 제고방안에 관한 연구』, 서울대학교 행정대학원 석사학위논문.

20. 한국의 복지재무행정 조직

　복지재무행정이란 정부가 사용하는 재정자원을 관리하는 활동 중 복지관계의 재무를 활용하고 실행하는 것을 복지재무행정이라 한다. 복지재무행정은 정부의 수입 · 지출과 정책 · 사업을 연결 짓는 과정, 그리고 그에 연계된 여러 활동국면을 내포한다. 우리가 현재 연구대상으로 삼는 것은 '현대적인' 복지재무행정으로, 현대 민주국가의 복지재무행정인 것이다.

　복지재무행정에서 가장 중요한 분야는 국가 복지부문의 예산에 관한 것이다. 사회에 대한 국가의 개입이 보다 강조되는 복지국가의 경우 예산을 어떻게 책정하고 어떻게 사용할 것인가는 정당 간의 정치적 문제임과 동시에 정부의 정책과 사업을 제한하는 지레로 작용한다.

　한국에서 복지재무행정의 결정적 권한을 가지는 부처는 재정경제원과 보건복지부로서 정부 각 부처의 예산을 조정 · 배분 · 감독하며, 세입의 항목과 수준을 조정 · 관리한다. 국가 주도의 경제개발을 이루었던 한국의 경우 예산증대에 의한 정부사업을 통해 경제성장과 경기활성화를 도모하는 측면이 강했고 이 과정에서 복지재무행정을 담당하는 재정경제원과 보건복지부의 영향력은 더욱 커졌다.

　예산에 대한 정의도 시대에 따라 변하고 있다. 정부의 역할이 소극적인 수준에 머물러 있던 시대에는 예산의 지출 측면과 통제 측면을 강조하였다. 즉 예산은 정부의 재정활동에 대한 책임을 명확히 하기 위한 사전적 지출 예정서 또는 정부활동을 뒷받침하는 재정활동을 계량적으로 표현한 '지출계획서' 등으로 간주되었다.

정부의 역할이 확대되면서 예산에 대한 개념도 확대되고 있다. 이제 예산은 정부의 정책목표를 달성하기 위한 일정 기간 동안의 지출활동과 이를 가능케 하는 재원조달에 관한 사전적, 회계적 계획으로서 정치과정에 따른 국민적 동의를 거쳐 일정 형태의 구속력을 지니게 되는 세입세출 명세서로 정의된다. 또한 예산은 사회 목적을 달성하기 위하여 목적과 수단을 연결시키기 위한 계획, 관리 및 통제에 관한 결정을 내리는 정치적 과정으로 인식되고 있다. 이러한 정의에 포함되어 있는 예산의 개념적 구성 요소와 성격을 정리해 보면 다음과 같다.

첫째, 예산은 정부의 역할 수행에 필요한 재원을 제공한다. 정부가 사업을 합리적으로 수행하기 위해서는 수입과 지출을 미리 계산해 보아야 한다. 예산은 바로 이런 목적을 위해 수행되는 수입과 지출에 관한 하나의 예정적 계산인 것이다. 또한 예산은 일을 잘하기 위해 미리 세운 계획이다. 계획을 세워야 인적, 물적, 시간적 자원을 집중적으로 투입할 수 있고, 그만큼 자원의 낭비를 줄일 수 있다.

둘째, 예산은 정부의 역할 또는 사회가 직면하고 있는 여러 문제에 제한된 공공재원을 배분하는 과정이다. 정부의 가용 재원은 제한되어 있으나 정부가 충족시켜야 할 국민들의 공적 욕구 또는 국민들의 정부에 대한 기대는 매우 다양하고 방대하므로 한정된 재원을 여러 가지 용도에 배분하여야 한다. 이런 점에서 예산의 본질은 희소한 공공자원의 배분기구라고 할 수 있다. 이와 관련하여 예산을 통한 사회적 편익창출을 극대화하고자 하는 경제적 접근방법과 예산상의 편익을 누가 얼마만큼 향유하게 되는가에 주안을 두는 정치적 접근방법이 나타나게 된다.

셋째, 재원을 동원하고 배분하는 과정에서는 이익과 혜택을 받는 사람과 계층도 있고, 불이익이나 손해를 당하는 사람과 계층이 있게 마련이다. 그리하여 예산과정에서는 정치적 투쟁과 협상이 이루어지기도 한다. 따라서 예산은 "정치과정을 통하여 다양한 인간 목적에 기여하기 위해 이루어지는 재정자원의 배분 노력"이라고 간주되기도 하는 것이다. 여기에 예산의 정치적 경제적 기능이 있는 것이다.

넷째, 정부 예산은 세입 예산과 세출 예산으로 구성되어 있으며, 세입과 세출을 연결시키는 과정이다. 즉 조세(투입)→예산기구(전환)→세출(산출)로 연결되는 일련의 활동이 수행된다.

다섯째, 정부의 재원 동원과 지출 활동은 일정 기간을 단위로 하여 이루어진다. 정부 예산 운영에 있어서의 이러한 기간을 회계연도라고 부른다. 대부분의 국가에서 이 기간은 1년이다. 따라서 예산은 1회계연도에 있어서의 세입과 세출에 관한 예정적 계산이라고 할 수 있다.

■ 한국 예산의 원칙과 분류

1) 예산의 원칙

한국예산의 원칙에는 예산의 편성, 예산의 심의 및 의결, 예산의 집행, 결산 및 회계검사 등의 예산과정에서 지켜져야 할 규범과 준칙을 말한다. 예산의 원칙에는 전통적인 것과 현대적인 것이 공존하는바, 전통적 원칙들은 시민혁명 초기 국민의 대표로 구성된 의회가

국왕이나 행정부에 대해 엄격한 재정적 통제를 가하기 위해 고안된
것이며, 현대적인 예산의 원칙은 예산의 효율적 운용을 위해 고안된
행정국가시대의 예산 원칙을 말한다. 전통적 예산의 원칙에는 예산
운영의 모든 상태가 국민에게 공개되어야 한다는 예산공개의 원칙과
예산을 집행하기 전에 입법부의 승인을 받아야 한다는 예산 사전의
결의 원칙, 예산의 각 항목은 상호 명확한 한계를 지녀야 한다는 예
산한정성의 원칙, 한 회계연도의 세입세출을 모두 예산에 편입해야
한다는 예산완전성의 원칙, 정부의 재정활동을 하나로 묶어야 한다
는 예산단일성의 원칙, 그리고 모든 수입은 국고에 편입되어 여기서
부터 지출이 이루어져야 한다는 예산통일의 원칙 등이 있다.

예산의 원칙은 다음과 같다.
① 예산은 공개되어야 하며, 국회를 통하여 국민의 비판과 승인을
   얻어야 된다(공개의 원칙).
② 그렇게 하기 위해서는 일정한 체계 아래 수지가 명료하게 나타
   나 있을 것이 요구된다(명료의 원칙).
③ 더욱이 예산은 여러 개로 나누어지는 것보다 단일한 것이 바람
   직하다(단일의 원칙).
④ 수입과 지출은 각각 그것에 대응하는 국가활동을 투영한 것이
   므로 그 차인잔액만을 나타낼 것이 아니고 반드시 총액을 나
   타내야 한다(완전의 원칙, 총액예산의 원칙).
⑤ 특정한 수입과 특정한 지출과의 관계를 각각 독립적으로 표시
   할 것이 아니고 총수입과 총지출을 통일적으로 표시하여야 한
   다(통일의 원칙).

⑥ 수입이나 지출에 있어서 그 속에 포함되어 있는 각 항목은 시간과 사항별로 명확한 한계를 갖고 있어야 한다(한정성의 원칙). 한정성에는 질적 한정(유용금지의 원칙), 양적 한정(예산초과지출 및 예산외지출을 금지하는 원칙), 시간적 한정(회계연도 독립의 원칙) 등이 있다.

⑦ 예산은 그 성질상 신년도가 시작되기 전에 결정되지 않으면 안 된다(예산사전결정의 원칙).

⑧ 그러나 예산과 결산 간에 너무나 큰 차이가 있어서는 안 되며, 결산액에 가까운 예산을 편성하지 않으면 안 된다(엄밀의 원칙).

이러한 예산원칙은 자유주의 단계에서 확립된 예산제도에 자본주의의 요구와 민주주의의 이념을 수용한 것에 지나지 않는다. 그래서 이러한 원칙도 시대의 변천에 따라 유명무실하게 된 것도 많다.

2) 예산의 분류

한국 예산의 분류에는 세입과 세출의 내용을 일정한 기준에 따라 체계적으로 배열하는 것을 말한다. 예산의 분류 방법은 나라와 시대에 따라 다르며, 세입예산과 세출예산의 분류 방법이 또한 각기 다르다.

예산을 분류하는 목적은

① 사업계획의 수립과 예산 심의의 능률화

② 예산집행의 효율화

③ 회계 책임의 명확화

④ 경제분석의 촉진이라고 할 수 있다.

이러한 분류 목적을 달성하기 위한 분류 방법으로는

① 경제성질별 분류

② 기능별 분류

③ 사업계획별 분류

④ 활동별 분류

⑤ 조직별 분류

⑥ 품목별 분류 등이 있다.

이러한 예산 분류는 예산 과목과 불가분의 관계에 있다.

우리나라 국가재정법은 세입예산의 경우 조직별로 분류한 다음 성질별로 관·항으로 구분하고, 세출예산은 조직별로 분류한 다음 기능별, 성질별 또는 기관별로 장·관·항으로 구분한다고 규정하고 있다.

복지재무행정조직은 일반행정조직과 마찬가지로 모든 행정사무의 수행과 기능적으로 불가분의 관계에 있으면서도 기획 통제 관리 등을 위하여 전문화된 조직이다. 이러한 조직은 정부 전체로서의 조정과 통제를 위해 필요한 기관이라 할 수 있다. 따라서 복지재무행정조직은 예산편성업무를 담당하는 중앙예산기관, 수입·지출총괄기관, 구매기관, 감사기관, 국고예치기관(중앙은행) 등을 포함하는 광범위한 개념으로 사용된다는 것을 알 수 있다.

3) 예산의 종류

(1) 세입, 세출의 성질에 따른 종류

① 일반회계

우리나라의 예산회계법에는 "국가의 회계는 일반회계와 특별회계로 구분한다."라고 규정하고 있다. 이때의 '일반회계'라 함은 '정부예산의 기본자금 또는 기본계정'을 말한다. 정부는 원칙적으로 하나의 회계만을 가지고 모든 세출이 이 회계에서 나가도록 하는 것이 바람직하다는 것이 바로 '일반회계의 원칙'에서 주장하는 것이다. 그러나 정부사업의 운영이나 행정관리상의 필요 때문에 특별회계와 같은 별도의 계정을 두어 신축성을 높이기도 한다.

우리나라의 재정통계에서는 일반회계의 '세출'을 "국가재정의 근간으로 중앙행정기관과 그 산하기관을 포함하며 공공행정과 민간경제활동의 지원행정 등 주요 국가기능과 관련된 지출"로 규정하고, 일반회계의 '세입'은 "주로 국가재정권의 발동에 의한 조세수입을 대종으로 하는 것"으로 개념화하고 있다. 그렇기에 일반회계는 국가의 기본적인 기능을 수행하기 위한 세입과 세출에 관한 예산이다. 그것을 통일적으로 관리하는 것을 원칙으로 하는 것은 국민과 국회에 의해 감독을 받기에 편리하기 때문이다.

② 특별회계

'특별회계'는 정부예산의 기본계정인 일반회계와 별도로 계리하는 세입·세출예산을 말한다. 그렇기에 특별회계는 "국가의 모든 세입·세출은 통일적으로 처리되어야 한다."는 예산통일의 원칙(nonaffection의 원칙)에 예외가 된다. 특별회계에 대해 개념적으로 정의할 수는 있지만 실질적으로 정부의 어떤 사업을 특별회계로 분리 운영할 것이냐를 규정하기는 쉽지 않다. 일반적으로 입법부인 국회를 통한 국민감시를 감안하면 특별회계는 적을수록 좋겠지만 정부재량을 늘리고 행정능률을 향상시키기 위해서 특별회계는 불가피하다.

특별회계의 성립요건은 예산회계법에서 ㉠ 국가가 특정한 사업을 보유 운용할 때, ㉡ 특정한 자금을 부유하여 운용할 때, ㉢ 기타 특정한 세입으로 특정한 세출을 충담함으로써 일반회계와는 구분하여 계리할 필요가 있을 때로 명시하고 있다.

일반적으로 가난하고 세입이나 재정의 불확실성이 높은 국가일수록 특별회계의 수가 늘어난다고 하며, 우리나라도 50년대 29개까지 특별회계가 늘어나다가 1974년도 경제기획원이 일반회계 전입에 크게 의존하는 특별회계와 유사 특별회계 통합 등 예산제도 개선작업이 다소 결실을 맺어 수가 줄어들었으나 90년도 들어 다시 증가하여 1993년도 기업특별회계 4개, 기타 특별회계 18개로 총 22개가 되었다.[37]

③ 기금

'기금'은 국가가 특정한 목적을 위하여 특정한 자금을 운용할 필요가 있을 때에 한해 법률로써 정한 바에 따라 자금을 조성하는 것을 말한다. 기금도 특별회계와 마찬가지로 정부활동에서 일정한 사업의 자율성과 신축성을 높여 준다고 하는 점에서 그 의의가 있지만 정부의 재정 전반의 규모와 구성을 복잡하게 만들고 국회의 감독을 어렵게 만드는 폐단이 있다. 기금과 예산은 정부사업의 수행을 위한

---

37) 강신택(2001), 『재무행정론』, pp.152∼153.

재정활동이기에 국가의 예산과 유사하지만 다음과 같은 차이점이 있다. ㉠ 기금은 국가의 일반자금으로부터 분리시켜 설치·운용하며 기금을 두는 목적을 분명히 하여 용도가 명시된 자금을 통해 사업의 안정성과 확실성을 높이고 책임성을 분명히 함. ㉡ 예산과는 달리 조세수입을 주 수입원으로 하지 않음. ㉢ 예산과는 달리 그 운용계획의 수립·심의·집행상 많은 자율성을 보장받음 등을 차이라 볼 수 있다. 기금을 종류에 따라 분류하면 정부형 기금, 사업형 기금, 수탁형 기금으로 나눌 수 있다. 세 가지 분류를 더욱 세분화하면 정부형 기금은 일반기금, 특별수입기금, 자본사업기금, 부채관리기금 등으로 분류하고, 사업형 기금은 기업기금, 내부서비스기금으로 분류한다. 마지막으로 수탁형 기금은 소모성기금, 비소모성기금, 연금기금, 대리기금으로 분류할 수 있다.

④ 통합예산

'통합예산'은 공공부문의 일반회계, 특별회계, 기금, 비금융공기업의 회계와 기금을 통합한 예산을 말한다. 우리나라는 실제 통합예산을 작성함에 있어 지방정부의 예산과 몇 개의 기금을 제외시키고 있다. 통합예산의 경우 각 계정 간에 전출입으로 인해 그 총계에는 중복 계산되는 부분이 있어 통합예산은 여러 가지 방식으로 그 규모를 파악하고 있다. ㉠ 총계규모: 일반회계, 특별회계, 기금의 운용규모의 단순합산, ㉡ 순계규모: 총계규모에서 내부거래 및 영업지출을 제외한 것, ㉢ 세출 및 순융자규모: 순계규모에는 채무상환 등이 포함되므로 이를 제외시킨 것 등으로 구분한다.

아래 도표는 위 내용을 도표38)로 나타낸 것이다.

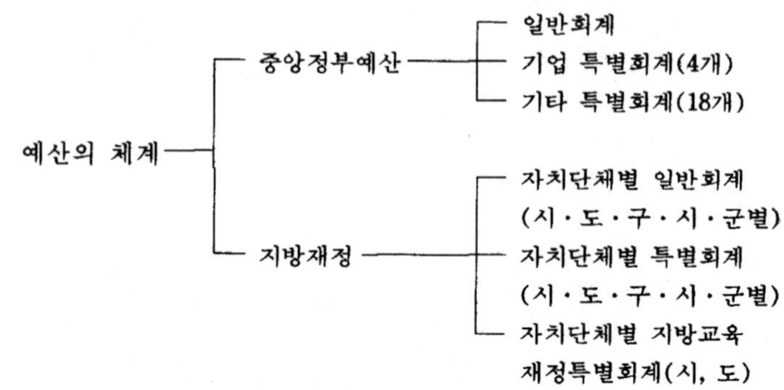

〈출처〉 기획예산위원회·예산청, 『한국의 재정』(서울: 매일경제신문사, 1999),
　　　31면.
　〈주〉 (1) 「통합재정」에는 기금이 포함된다.
　　　(2) 본서에서 다루는 예산은 주로 중앙정부의 예산이다.

(2) 예산 성립 시기에 따른 종류

① 본예산

'본예산'은 정기국회에서 다음 회계연도 예산에 대해 의결·확정한 예산을 말한다. 이를 당초예산이라고도 부른다. 매년 1월부터 시행되는 예산은 전년도 개시 후 곧 다시 예산편성에 착수되어 각 중앙관서의 책임자는 매년 전년도 5월 31일까지 예산요구서를 작성하여 경제기획원장관에게 제출하게 되어 있으며, 헌법규정에 의하여 정부는 늦어도 회계연도 개시 90일 전까지 예산안을 국회에 제출하기로 되어 있다. 그러나 국내외 정치·경제적 상황변화에 따라 수정해야 할 필요가 있다. 이에 따라 수정예산제도가 발생하는데 수정예산과 추가경정예산은 예산안의 편성이 끝난 다음에 이를 변경하기

---

38) 강신택(2001), 『재무행정론』, p.146 재인용.

위한 제도라는 점에서 동일하나, '추가경정예산'은 예산이 국회를 통과하여 성립한 다음에 변경하는 데 비해 '수정예산'은 예산이 국회를 통과하기 전에 수정하는 제도이다.

② 추가경정예산

'추가경정예산'은 본예산을 집행하는 과정에서 예산 변경사유가 발생했을 때 편성한다는 점과 반드시 국회의 심의·의결을 받아야 하는 특징을 갖고 있으며, 일단 성립되면 본예산과 추가경정예산이 하나로 통합되어 운용된다. 추가경정예산은 예산 단일성 원칙의 예외로서 빈번하게 편성될 경우 국회의 행정부에 대한 통제가 약화되고, 국민의 예산에 대한 이해를 곤란하게 하며, 예산팽창의 원인이 되기도 한다. 추가경정예산은 예산 성립 후에 생긴 사유로 인해 발생되기도 하지만 예산 성립 이전부터 존재하던 사유에 의한 것도 많으며 본예산 사정과정(경제기획원)이나 심의과정(국회)에서 삭감된 경비를 반영하기 위해 추가경정예산이 사용되기도 해서 문제시되고 있다.

③ 수정예산

'수정예산'은 예산안 제출 후에 있어서 사회·경제사정의 변화 등에 의하여 이것을 변경하지 않으면 안 되는 경우가 생기는데 의회에 예산안을 제출한 후 아직 예산이 의결되기 전에 단체장이 제출한 예산안을 수정할 수 있도록 마련한 것이 수정예산제도이다. 수정예산과 추가경정예산은 예산안의 편성이 끝난 다음에 이를 변경하기 위한 제도라는 점에서는 동일하나, 추가경정예산은 예산이 의회를 통과하여 성립한 다음에 변경하는 것인 데 대하여, 수정예산은 예산이 의회를 통과하기 전에 수정하는 제도이다.

4) 예산 불성립의 종류

(1) 준예산

‘준예산’은 예산이 법정 기간 내에 성립하지 못하는 경우에 지방의회에서 예산이 의결될 때까지 지방자치단체의 장이 일정한 범위 안에서 전년도 예산에 준하여 집행하는 예산제도를 말한다. 지방자치단체 예산의 경우 시, 도는 회계연도 개시 40일 전까지 시, 군 및 자치구는 회계연도 개시 10일 전까지 시, 군 및 자치구 의회에서는 회계연도 개시 5일 전까지 의결하여야 한다. 서독의 기본법에서 모방한 이 준예산제도는 1960년의 제3차 개헌 시 우리나라 헌법에 도입되었다. 헌법 제54조 제3항은 ㉠ 헌법이나 법률에 의하여 설치된 기관 또는 시설의 유지·운영, ㉡ 법률상 지출 의무의 이행, ㉢ 이미 예산으로 승인된 사업의 계속을 위한 경비를 전년도 예산에 준하여 지출할 수 있도록 제도화하고 있다.

(2) 가예산

‘가예산’은 프랑스의 잠정 $\frac{1}{12}$ 예산제도[39]에서 유래한 것이다. 과거 우리나라에서는 영국, 캐나다의 잠정예산이나 일본의 잠정예산과 유사한 가예산제도를 채택한 일이 있는데 이러한 가예산제도는 1960년의 제3차 개헌 시에 준예산제도가 도입되기까지 실시되었던 제도이다. 당시 헌법에는 부득이한 사유로 인하여 예산이 의결되지 못한

---

39) 윤영진(1998). 『새재무행정』. p.70.

때 국회는 1개월 이내의 가예산을 의결하고 그 기간 내에 예산을 의결하여야 한다고 규정하고 있다. 가예산제도를 다른 국가의 유사한 제도와 비교하면 '1개월 이내'라는 제한이 있다는 특징이 있다.

(3) 잠정예산

'잠정예산'은 본예산이 성립하지 않을 때 잠정적으로 예산을 편성하여 의회에 제출하고 의회의 사전의결을 얻어 사용하는 제도이다. 잠정예산 운용 기간 중에 본예산이 성립되면 그 유효기간이 지나 지출잔액에 불구하고 그때부터 잠정예산은 효력을 상실하고 본예산에 흡수된다. 우리나라의 경우에는 현재 이 제도를 채택하지 않고 헌법 제54조 제3항에 의거하여 준예산제도를 채택하고 있다. 주로 내각제 국가에서 많이 이용되고 있는 편이며 나라마다 운영형태가 약간씩 다르다. ① 미국·영국·캐나다·일본 등 대부분의 국가에서는 의회가 의결해야만 잠정예산을 쓸 수 있다. ② 서독과 한국은 회계연도 개시일이 되면 의회의 의결 없이 자동적으로 잠정예산을 쓸 수 있다. ③ 대부분의 국가의 잠정예산은 전년도 예산에 준한다. ④ 사용의 연례화를 보면 영국과 북한이 매년 3~4개월간 잠정예산을 연례적으로 사용한다.

미국의 경우 세출예산법에 따라 회계연도 개시 전까지 예산이 성립하지 않는 경우가 많아서 잠정예산을 자주 편성하는데, 만약 잠정예산마저 성립되지 않는 경우 미국정부는 예산이 없어 행정부는 일을 할 수 없게 된다.[40]

---

40) 권운욱(1993). 『신재무행정』. p.84.

▣ 예산의 분류

1) 조직별 분류

예산의 '조직별 분류'란 예산내용을 그 편성과 집행책임을 담당하고 있는 조직단위별로 분류한 것이다. 우리나라의 경우 조직이란 말 대신 소관이라는 단어를 사용한다. 이러한 조직별 분류는 국회의 예산심의를 위하여 가장 유요한 분류방법이다.

'조직별 분류의 장점'은 ① 공금의 엄격한 관리와 경비사용의 적정화를 예산통제의 주목적으로 삼았던 근대예산제도의 기본요구와 일치, ② 정부조직구조이므로 예산의 순환과정을 명백히 한다. ③ 지출의 주체가 명백하므로 책임소재를 명확히 한다. ④ 입법부의 예산통제를 위한 편리를 제공한다.

'조직별 분류의 단점'은 ① 정부활동의 전체적인 상황을 알 수 없으며, 조직부서별로 세분류하고 있어 예산의 신축성을 저해할 우려가 있으며, 새로운 사업은 하지 않으면서 예산액만 계속 점증시킬 우려가 있다. ② 정부거래가 국민경제에 미치는 영향을 계량화할 수 없다. ③ 입법부의 예산통제에 일정 정도 공헌하지만 지나친 미시적 관점은 대국적 정책목표 선택에 혼란을 준다.

2) 지출대상별 분류 또는 품목별 분류

‘지출대상별 분류’란 정부 예산으로 구입하고자 하는 재화와 용역의 종류를 기준으로 예산내용을 분류한 것을 말한다. 다시 말해 예산으로 구입할 품목들의 목록인 것이다. 그래서 지출대상별 분류를 ‘품목별 분류’라고도 부른다. 그리고 지출대상별 분류에 의한 예산액을 표시하는 방법으로 각 지출항목을 한 줄씩 써놓았으므로 이것을 ‘line - item budget’이라고 부른다.41) 우리나라에서 사용하는 세출예산의 품목별 분류는 ‘성질별 분류’라고도 부른다. 우리나라 일반회계 세입ㆍ세출예산의 주요한 항목 중에서 코드번호(code number) 100단위는 인건비, 200은 물건비, 300은 경상이전, 400은 자본지출, 500은 융자금과 출자금, 600은 보전지출, 700은 정부내부지출, 800은 기타, 900은 예비비이다.

품목별 분류의 주요 목적은 행정부서의 지출을 통제하고 입법부의 행정부에 대한 민주통제를 실현하여 국회의 지위를 강화하고, 공무원의 자유재량을 엄격히 제한 통제하기 위해서이다.

‘품목별 분류의 장점’은 ① 경비표시의 방법이 사업 중심이 아닌, 대상품목 중심이기 때문에 재무행정의 책임성이 명백해지며, ② 어떠한 자금도 세분류된 품목에 적합하지 않은 성질의 것은 지출할 수 없다. ③ 인사관리를 위하여 유효한 정보를 제공한다. ④ 예산편성과 심의단계에서 ‘계산’을 간편하게 해 준다.

‘품목별 분류의 단점’은 ① 정부활동이 품목별 예산만 보아서는 무엇을 하고 있는지 정부사업의 큰 윤곽을 파악하기 어렵다. ② 지

---

41) 강신택(2001). 『재무행정론』. p.163.

나치게 세밀하여 관료적 서식주의(red tape)를 조장[42]할 수 있다. ③
회계책임을 명확히 하는 명세성 예산은 예산집행의 신축성을 저해할
수도 있다.

3) 기능별 분류

국가활동을 구체적으로 분류하기 위하여 정부지출은 그것 자체가
정부의 기능과 밀접한 관계에 있다. '기능별 분류'란 정부가 수행하
는 기능별로 예산을 분류하는 방식이다. 따라서 기능별 분류는 정부
의 활동영역별 예산배분 현황을 보여 주는 예산정보이다. 다시 말해
정부의 광범위한 목표에 대한 비용을 계산한 것이므로 정책의 우선
순위를 보여 주는 정보라고 할 수 있다. 기능별 분류는 정부활동의
개괄적 · 종합적인 대국민보고를 위해서 대(大)기능별로 영역에 따라
예산을 나타내므로 일반국민들이 이를 보고 정부활동과 정책의 우선
순위를 파악하는 데 유용하므로 '시민을 위한 분류'라고도 부른다. 이
러한 대기능별 분류는 다시 세부기능으로 재분류되고 이러한 세부기
능으로의 분류는 사업계획(program/project)별 분류와 활동(activity)
별 분류의 정보를 얻게 된다.

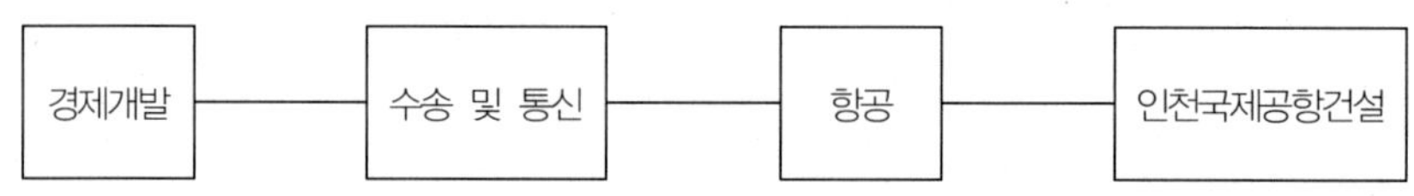

---

42) 권운옥(1993). 『신재무행정』. p.72.

이 분류체계에서는 '인천국제공항건설'은 사업계획(project)별 분류에 해당하며, 부지매입, 부지조성, 공단관리 등 활동(actvity)별 분류로 나눌 수 있다. 따라서 사업계획별 분류는 기능별 분류에 포함되며, 활동별 분류는 사업계획별 분류의 세분류라고 할 수 있다.43)

기능별 분류의 주요 목적은 ① 정부 사업계획의 총괄적인 정보를 제공하고, ② 행정부와 입법부의 국가경비에 의한 계획의 수립을 용이하게 하며, ③ 국가 간 예산의 비교에 적합하다.

4) 경제성질별 분류

'경제성질별 분류'란 그 자체가 경제정책이 될 수는 없으나 예산이 국민경제에 미치는 영향을 분석·평가하여 정책결정상 필요한 자료를 얻기 위한 분류이다. 앞에서 살펴본 조직별 분류는 어느 부서에서 얼마를 쓰는가에 대한 분류의 목적이고, 품목별 분류는 예산으로 무엇을 구입하는 데 얼마를 쓸 것인가가 분류의 목적이며, 기능별 분류는 정부가 무슨 일을 하는 데 얼마를 쓰느냐를 알아보는 게 분류의 목적이라면 경제성질별 분류는 예산운영이 국민경제에 미치는 총체적인 효과를 파악하고 정책결정의 자료를 얻는 게 주요 목적이다. 이는 정부지출이 경제정책을 수행하는 주요한 수단임을 보여주는 것이다.

그러나 경제성질별 분류에서는 경제정책을 위한 자료라는 면에서 볼 때 다음과 같은 몇 가지 제한된 특징을 가지고 있다. ① 경제성

---

43) 윤영진(1998). 『새재무행정』, p.75.

질별 분류는 국민경제활동수준에 관한 전반적인 정부의 영향을 측정하려는 것도 아니고 측정할 수 없다. 국민소득, 자본형성, 인플레 등에 예산이 미치는 효과라고 하는 부분적인 영향만 개략적으로 측정할 수 있다. ② 정부의 세입·세출의 구성과 규모의 변화에 의하여 나타나는 측정 가능한 정부의 영향만을 파악할 수 있을 뿐, 정부의 물가통제, 관세, 각종 규제 등 여러 가지 다른 요인들이 국민경제에 미치는 영향을 파악할 수는 없다. ③ 경제성질별 분류 그 자체만으로 국민경제 전체의 경제부문 간 배분이나 소득배분에 관한 정부의 영향을 파악할 수 없다. ④ 경제성질별 분류는 일선 실무담당자보다 고위정책 결정자들에게 더 필요한 분류방법이며, 다른 자료들과 함께 이용되어야 행정수반에 의한 예산의 사정과 검토, 입법부의 예산심의에 도움을 줄 수 있다.

경상적 수입·지출과 자본적 수입·지출 간에는 국민경제에 미치는 파급력이 다르기에 가장 전형적인 경제성질별 분류는 예산을 경상계정과 자본계정으로 분류하는 것이며, 또 다른 방식으로는 예산을 국민소득계정과 연계하여 분류하는 방식이다. 즉 국민소득(Y)을 소비(C), 투자(I), 저축(S)으로 구분하여 예산을 분류하는 방식이다. 이것은 국민경제의 총체적 순환과정에서 재정의 역할을 분석하고자 하는 예산정보이다.

케인즈 경제학파의 경우 예산을 조작하여 총수요를 증가시킴으로써 고용, 임금, 물가안정을 이룰 수 있다고 주장하였다. 단순모형에서 설명하면[44]

---

44) 윤성채(2001). 『정부와 예산』. pp.132∼133.

▲ Y(국민소득) = C(민간소비) + I(민간투자) + G(정부지출: 예산) + (X − M)(해외부문)

민간 소비 수준은 가처분소득에 의해서 다음과 같이 이루어진다고 보았다.

$$C = a + bY \qquad\qquad (b: \text{한계소비성향})$$

$$\therefore \quad \Delta Y = \left(\frac{1}{1-b}\right)\Delta G$$

ΔG만큼의 정부지출을 늘리면 $\frac{1}{1-b}$ 만큼의 승수효과를 가져오므로 국민소득이 증가하게 된다. 이것은 정부예산이 국민소득과 연관이 크다는 사실을 보여 준다.

재정정책에 활용하기 위해 만드는 예산정보 중에 '완전고용 예산제도[45]'가 있다. 경제가 완전고용상태에 도달할 경우 세수가 얼마나 되고 따라서 예산적자가 얼마나 될 것인가를 보여 주는 예산이다. 이는 경기변동과 무관한 세입과 세출의 규모를 추정하기 위한 정보이다.

불경기로 세수가 줄어 정부의 재정적자가 늘어나면 정부는 재정적자를 줄이기 위해 조세수입을 늘리게 되는데, 이 경우 유효수요를 더욱 감소시켜 소득수준이 더 악화되고 정부의 재정적자는 더욱 확대될지도 모른다. 예산적자가 발생할 때 오히려 정부의 재정지출을 늘리고 조세를 감면하면 단기적으로 예산적자가 더 늘어나겠지만 장기적으로는 유효수요가 증대되어 고용과 소득이 증가되고 따라서 조세가 자동적으로 증가하여 예산적자가 해소된다는 것이 '완전고용 예산잉여 개념'의 도입으로 밝혀진다. 완전고용 예산잉여의 개념은 브라운에 의해 1956년 처음 도입되었다.

---

45) 윤영진(1998). 『새재무행정』, pp.86~88.

예산잉여(BS)란 정부수입(R)과 정부지출(E)과의 차액(BS = R - E)을 말한다. 정부수입(R)은 국민소득(Y)에 비례한 조세(t)이므로 R = Yt이다. 따라서 BS = Yt - E로 나타낼 수 있다. 완전고용 예산잉여(BS *)란 완전고용 수준에 도달했을 때의 예산잉여로 도입배경은 단기적인 적자예산의 타당성을 국민들과 정책입안자에게 설득하기 위해 도입한 것이다.

예산운영은 예산문서를 만들고 그에 따라 집행하는 것이다. 이러한 문서는 기본적으로 정부의 세입과 세출의 내용을 표시한 것으로서 그 형식은 법령의 규정과 행정상의 관례에 따라 다양하다. 대개의 경우 세입에 관해서는 간단히 약표로 나타내고 있으나, 세출에 관해서는 다양한 내용을 예산문서에 담고 있다. 우리가 앞에서 검토한 예산의 기능 및 분석적 내용을 무엇이라고 생각하느냐에 따라서 예산문서의 세출부분에 수록된 구체적인 내용이 달라질 것이다. 그러나 일반적인 수준에서 볼 때 하나의 예산문서는 묘사, 설명 또는 인과관계의 주장, 그리고 선호나 가치의 언명을 담고 있는 것으로 이해할 수 있다.

예산은 그것이 하나의 기관이나 부처 또는 정부 전체 등 어느 조직단체가 되었든 간에, 하나의 조직 상태에 관한 묘사라고 할 수 있다. 예산문서는 그 조직이 무엇을 구입하여 어떤 일을 하며, 무엇을 달성하고자 하는지를 기술하고 있는 것이다. 그러므로 묘사로서의 예산은 하나의 조직이 소비하는 자원과 수행하고 있는 업무와 외부에 미치는 효과 등에 관하여 일정시점에 있어서의 모습을 보여 주는 것이다. 다시 표현한다면 그 조직의 미래 사업에 대한 계획을 국민에게 알리고 그럼으로써 그 사업을 추진하고 이루어내고야 말겠다는 일종의 국민과의 약속이라고 할 수 있다.

예산은 또한 인과관계를 근거로 하여 사업의 정당성을 주장하게 하고 예산을 사정하는 중앙예산기관이나 행정수반 그리고 나아가 입법부의 심의에 있어서도 인과관계의 타당성을 따져 가면서 예산을 승인하는 것이라고 할 수 있다.

복잡하고 다양한 사회에서 그만큼 다양한 부처의 필요성으로 인해 행정부가 거대해질 수밖에 없고 따라서 국민은 그 다양한 조직에 대한 충분한 정보를 가질 수 없다. 각 조직은 자신들이 생각하고 있는 사업에 대한 타당성을 부여하고 그 사업추진과 관련한 예산을 얻어 내기 위해 사업의 내용과 성격을 예산문서에 기록하게 되고 정부나 국민들은 그 예산문서를 통해 조직의 성격과 기능에 대한 정보를 입수할 수 있게 된다. 예산은 그 결정에 참여하는 사람들의 선호 또는 가치에 대한 언명을 담고 있다는 것은 그것이 의도된 것이든 아니든 간에 각 기관, 활동 및 상이한 성과 사이에 이루어지는 자원배분은 이와 같은 배분에 관한 결정을 내리는 사람들의 선호를 반영하고 있다. 이것은 어떤 일정 수의 결정자들의 개별적 선호일 수도 있고 복잡한 협상과 타협을 거쳐 이루어진 여러 결정자들의 집단적 선호일 수도 있고, 협상과 타협을 거쳐 이루어진 여러 결정자들이 집단적 선호일 수도 있다. 이와 같은 관점에서 예산문서의 내용을 이해하면 예산과정이 하나의 정치과정이라는 것을 쉽게 짐작할 수 있다. 예산에는 각각의 계획을 갖고 있는 참여자나 그 결과에 영향받는 사람들의 기대치가 반영되는 것이다. 예측적 평가를 지니고 있는 예산을 국가생활에 있어서 정부가 수행하는 기능이나 역할을 표현하는 것이라고 할 수 있고 공공분야에 있어서의 국가적 우선순위를 가장 구체적으로 표현하는 것이라고 할 수 있다.

현대정부의 예산은 현재와 미래에 국가의 발전방향과 그 내용을 포괄하고 있다. 한 정부의 예산규모는 국내총생산의 많은 부분을 차지하고 있어 예산의 결정과정과 그 집행의 결과가 국가경제와 사회에 미치는 효과가 매우 크다. 따라서 예산은 국가경제의 성장과 안정을 추구할 뿐만 아니라 국가자원의 효율적인 배분과 형평성을 실현해야 하는 방향으로 결정되고 집행되어야 하는 과제를 지니고 있다. 예산은 국가정책의 실체인 동시에 의지를 나타내는 것이다. 오늘날과 같이 급변하는 사회에서 정부가 국민을 위해서 해야 할 일은 복잡하고 다양하다. 또한 국민이 정부에 바라는 내용도 복잡하고 다양하다. 이러한 다양한 욕망과 가치가 엇갈려 예산은 앞에서 우리가 살펴본 것과 같이 그 내용과 종류가 복잡해지고 있으며, 그렇기 때문에 다양한 방법으로 분류되고 있다.

부연하자면 예산은 한정된 자원을 국민들의 다양한 욕구를 충족시키기 위해 정치과정을 통하여 배분하는 제도와 과정이다. 따라서 사회의 다양한 발전과 더불어 예산의 종류도 더욱 다양해지는 것은 당연한 결과이다.

21세기를 맞는 지금에 와서 '작은 정부'를 천명하는 등 행정의 비대화를 막기 위한 흐름이 있다. 작지만 효율적인 정부, 그것은 가장 이상적인 정부일 것이다. 예산이 행정에서 차지하는 비중이 큰 만큼 앞으로 예산에 있어서도 이러한 흐름에 맞추어 간결하면서도 효율적인 예산운영을 위한 다양한 방법의 모색이 필요하다.

참고문헌

강신택(2001), 『재무행정론』, 박영사.
권운옥(1993), 『신재무행정』, 학문사.
윤성채(2001), 『정부와 예산』, 대영문화사.
윤영진(1998), 『새재무행정』, 대영문화사.
국회도서관 http://www.nanet.go.kr/

▣ 예산의 편성 심의 집행

예산이란 돈이 필요한 곳에 정부가 돈을 배분하는 수단을 말하며, 따라서 예산과정이란 이런 예산을 편성·심의·진행·결산 및 회계 검사의 4가지 과정 목은 단계를 통하여 돈이 필요한 곳에 돈을 배분하여 보내는 과정을 말한다. 즉 예산과정을 통하여 재원에 관한 결정이 이루어진다.

예산과정은 정부 또는 행정기관의 목적을 선정하고 그 목적을 달성하기 위한 과정이며, 재원의 바람직한 배분 방식을 선정하는 기획과정이며, 예산은 목적과 수단을 선정하는 과정일 뿐만 아니라 기대했던 결과를 산출하도록 조직을 조정하는 과정이다.

예산과정의 특징에는 ① 예산과정은 일정한 기간을 단위로 이루어지고 ② 예산과정에는 다양한 참여자가 결정에 참여하고 ③ 예산과정은 상호의존적이고 ④ 예산과정은 주기적·반복적이고 ⑤ 예산과정은 분할 처리되고 ⑥ 예산과정은 환경에 민감하는 특징이 있다.

1) 예산의 편성

(1) 예산편성의 의의

예산편성은 정부가 다음 회계연도의 세입과 세출을 예정적으로 계산하는 과정이다. 그러나 좀 더 구체적으로 본다면 정부가 수행하고자 하는 계획과 사업을 구체화하는 과정이다. 정부의 사업과 계획에 사용될 재원을 추계하고 각종 사업을 지원할 지출 규모를 확정한다. 즉 정부는 예산과정을 통해 재정정책의 수립 및 계획과 사업의 분석, 세입세출 규모의 확정을 도모하는 것이다.

(2) 예산편성 절차

① 중기사업계획서의 제출과 국가재정운용계획 수립

국가재정 운용계획은 5개년 연동계획(rolling plan)으로 수립되며, 매년 예산편성 시에 이를 반영한다. 개시 전년도 12월 말까지 기획재정부에 의해 국가재정 운용계획 작성지침이 통보되며, 이를 근거로 각 부처별로 중기사업계획서에 반영하여 기획재정부에 제출한다. 기획재정부는 재정 운용 방향과 목표, 재원배분계획 등을 수립하고, 분야별 작업반을 구성·운영하며, 공청회 또는 토론회를 거쳐 국가재정 운용계획을 작성한다. 2005년부터는 국가재정 운용계획을 프로그램 예산 체계 방식으로 수립하고 있다. 국가재정 운용계획은 국무회의 심의를 거쳐 정부예산안과 함께 국회에 제출된다.

② 예산편성지침과 기금운용계획 작성지침의 통보

예산편성지침은 국민 경제와 예산을 결부시키고 재정 운용의 방향을 제시하는 데 주안점을 두고 있다. 재정 여건으로서의 국민 경제에 대한 전망과 이를 토대로 한 재정 운용의 방향 및 예산편성의 중점 사항이 제시되어 있다. 경제성장률, 물가상승률, 환율 등의 거시적 예측지표가 제시되어야 세수 추계 및 예산 규모의 판단이 가능해지며, 정부의 정책 방향이 제시되어야 지출 수요의 판단이 가능하기 때문이다.

기획재정부가 각 중앙관서에 시달하는 예산안편성지침에는 대체로 다음과 같은 내용이 포함되어 있다. 즉 ① 재정 운용의 여건, ② 재정 운용의 방향, ③ 예산편성의 지침(일반지침, 예산 절감 지침, 성과관리 지침, 임대형 민자사업과 성인지 예산 작성 지침) ④ 예산편성 기준(예산 요구 양식, 예산과목 구분, 기준 단가) 등이다. 따라서 대통령의 승인을 이미 받은 예산편성지침은 부처의 예산 요구와 기획재정부의 부처별 예산사정의 중요한 기준이 된다. 기금운용계획안 작성 지침의 경우에도 내용은 예산의 형식과 유사하다.

③ 예산요구서의 작성 및 제출

각 중앙관서는 예산편성지침과 지출 한도액을 통보받으면, 예산편성지침에 따라 그 소관에 속하는 다음 연도의 세입세출예산, 계속비, 명시이월비 및 국고채무부담행위 요구서를 작성해 6월 30일까지 기획재정부장관에게 제출해야 한다. 이때 예산요구서에는 예산의 편성 및 예산 관리 기법의 적용에 필요한 서류를 첨부해야 한다.

각 중앙관서에서의 예산요구서 작성 과정을 보면 각 부서에서 소관 사업 계획과 소요 예산을 작성해 수차례에 걸친 담당자 회의를 통해 조정한 다음 최종 예산요구서안을 만들어 예산총괄 부서로 송부한다. 예산총괄 부서에서는 각 부서의 요구액을 총괄해 조정한 다음 세입세출예산요구서안을 만든다. 그 후 장관 또는 차관 주재하에 회의를 거친 후 최종적인 당해 중앙관서의 예산요구서를 확정하게 된다. 확정된 예산요구서는 장관의 결재를 받아 기획재정부에 제출한다.

그런데 예산은 앞에서 고찰한 대로 단순히 수치만을 나열한 것이 아니라 그 속에 정책 및 사업이 포함되어 있다. 따라서 각 중앙관서는 예산을 요구하는 과정에서 당해 부처에서 추진해야 할 사업을 개발 및 평가하는 작업을 한다. 계속사업에 대해서는 추진 실적을 점검하고 추가 재정소요액을 판단하며, 신규 사업은 경제적 타당성 등을 검토해 예산요구서에 반영한다.

④ 기획재정부의 예산사정

각 중앙관서의 예산요구서가 기획재정부에 송부되면 예산사정(豫算査定) 작업이 시작된다. 기획재정부의 예산사정 작업은 7월부터 9월까지 계속된다. 예산사정(budget review)이란 여러 가지 분석과 정보를 사용해 예산요구서를 검토하는 것을 말한다. 이 과정에서 사업의 타당성과 우선순위가 검토된다. 또한 대통령의 정책 의지가 반영되고 예산 관련 여러 이해관계가 조정된다.

각 부처의 예산요구액은 과다한 경우가 대부분이므로 전체 예산규모는 정부가 생각하고 있는 적정 규모를 항상 초과한 상태이다. 따라서 기획재정부의 예산사정 작업이란 각 부처가 요구한 예산액을 삭감하고 조정하는 작업이라고 할 수 있는데, 주로 삭감하는 데 주력한다.

예산총액배분 자율편성제도가 도입된 이후에는 예산 요구의 정도가 감소하고 있어 사업의 타당성을 중심으로 좀 더 신중하게 심사하는 경향이 있다. 또한 재정사업 자율평가제도를 시행하면서 평가 결과를 다음 연도 예산편성에 반영하는 환류 기능이 강화되고 있다.

⑤ 정부예산안의 확정과 국회 제출

예산에 관한 중요 사항에 관해서 장관의 자문에 응하고 필요한 사항을 건의하게 하기 위해 재정정책자문회의를 둘 수 있다. 재정정책

자문회의는 국가재정 운용계획 수립, 예산편성 및 기금운용계획 작성 등에 대해 자문을 하게 되어 있으나 형식적으로 운영되는 경향이 있다.

위와 같은 절차를 거친 후 국무회의의 심의를 거쳐 대통령의 재가를 받는다. 이로써 정부예산안이 최종적으로 확정된다. 그런데 국회, 대법원, 헌법재판소, 감사원, 중앙선거관리위원회의 세출예산 요구액을 감액할 때에는 국무회의에서 당해 독립기관 장의 의견을 구해야 하며, 감액에 대한 독립기관 장의 의견을 국회에 제출해야 한다(국가재정법 제40조).

확정된 정부예산안은 회계연도 개시 90일 전까지 국회에 제출하도록 되어 있다(헌법 제54조 제2항: 국가재정법 제33조).

2) 예산의 심의

(1) 예산심의의 의의와 기능

① 예산심의의 의의

예산심의는 행정부가 작성한 예산안을 입법부가 심사하는 정치 과정이다. 예산결정에 정치 논리를 적용하기 위해 제도적으로 마련한 예산과정이라고 볼 수 있다. 그러나 입법부의 예산심의는 역사적으로 형성된 제도이다. 즉 왕권을 통제하기 위한 재정통제의 일환으로 등장한 제도이다. 이 점에서 입법부의 예산심의 기능은 재정 민주주의를 실현하는 중요한 제도적 장치의 하나로 볼 수 있다. 따라서 입법부의 예산심의는 국민의 대표기관인 입법부가 행정부의 재정활동에 참여하고 통제하는 것을 의미한다.

입법부의 예산심의 형태는 대통령 중심제와 내각책임제 국가에 따라 차이가 있다. 대통령 중심제 국가는 삼권분립이 엄격하게 지켜지기 때문에 입법부의 행정부에 대한 견제가 매우 강력하다. 따라서 의회의 예산심의 권한은 막강하며, 예산심의도 비교적 엄격하게 이루어진다.

입법부의 예산심의 형태는 정부 형태 외에도 입법부의 구조적 특성, 입법부와 행정부의 관계, 예산의 성격 등에 따라 차이가 있다. 즉 단원제와 양원제, 예산심의위원회의 구조, 입법부의 우위 혹은 행정부의 우위, 예산의 법률적 성격 등에 따라 예산심의 형태는 달라진다.

② 예산심의의 기능

일반적으로 입법부의 예산심의의 기능은 정책형성과 행정감독의 두 가지를 들고 있다(강신택, 1993: 235 – 242; Burkhead, 1956: 308 – 316). 정책형성과 행정통제라는 기능은 행정부의 제안과 입법부의 반응이라는 상호 과정 속에서 이루어진다. 바꿔 말하면, 정치적 역할과 행정적 역할 간의 상호 작용을 통해 정책이 형성되고 예산이 통제되는 것이다.

예산심의 기능으로서의 정책형성은 두 가지로 나누어 볼 수 있다. 즉 사업 및 사업 수준에 대한 결정과, 예산 총액에 대한 결정이다.

사업 및 사업 수준에 대한 결정은 미시적 차원에서의 예산결정이다. 여기서 사업에 대한 결정이란 정책목표 또는 사업목표를 달성하기 위한 대안을 선택하는 것이다. 이것은 예산이 정책 또는 사업을 재정 용어로 바꾸어 놓은 것이라는 사실을 반영한 것이다. 사업 수준에 대한 결정은 곧 금액에 대한 결정을 의미한다. 이것은 선택된 정책대안 또는 사업대안에 소요되는 비용을 계산해 화폐적 수치를 부여하는 것이다. 그런데 사업에 대한 결정과 사업 수준으로서의 금액에 대한 결정은 전혀 별개로 이루어지는 것이 아니고 상호 밀접한 관계 속에서 동시적 차원에서 이루어진다.

예산 총액의 결정은 거시적 차원에서의 예산결정이다. 거시적 차원의 예산결정은 단순한 예산 규모의 결정뿐만 아니라 흑자예산 또는 적자예산과 관련된 세입과 세출의 관계에 대한 결정까지 포함한다. 예산 총액은 각 분야별 예산 규모의 합계와 동일하지만 그 결정을 할 때의 주안점은 다르다(강신택, 2000: 258). 예산 총액에 관한 결정은 정부 전체로서의 기능 범위와 수준을 고려한 재정정책적 결정이다. 그리고 세입과 세출의 관계에 대한 결정도 거시경제적 제반 지표를 고려한 재정정책적 결정이다.

따라서 예산심의를 정책형성 기능을 수행하는 것으로 본다는 것은 국민의 부담이 되는 세입 및 세출 규모를 결정하고, 각 분야별로 재원을 배분해 사업과 사업별 수준을 결정하는 것을 의미한다.

행정의 감독 기능은 국민의 대표기관인 입법부가 입법부의 의도를 구현하고 행정부에 의한 재량권의 남용 여부를 감독하는 일종의 행정통제 기능이다. 입법부의 예산심의 과정은 정책 및 사업계획을 검토해 사업을 폐지, 축소 또는 확장하거나, 금액을 면밀하게 검토해 비효율적이고 낭비적인 예산 지출을 방지함으로써 행정을 감독하게 된다. 즉 입법부는 공공자원의 희소성을 감안해 정부활동의 효율성과 효과성에 관심을 기울인다.

(2) 예산심의의 기준

국회의 예산심의는 앞에서 논의한 정책형성과 행정의 감독 기능을 수행하는 방식으로 이루어져야 한다. 강신택(2000: 259 - 264)은 국회의 예산심의란 행정부의 제안에 대한 입법부의 반응으로서 정치적 역할과 행정적 역할 간의 상호 작용 속에서 예산심의가 이루어진다고 본다. 행정적 역할과 대비되는 정치적 역할이란 ① 정치적 분위기의 설정, ② 이익 집성 과정에서의 중재, ③ 지지자를 위한 정치적 차별, ④ 정치적 통제이다.

정책형성 기능 면에서는 사업의 우선순위와 타당성, 선거구민의 의견 반영 등 행정감독 기능 면에서는 재정구조의 결함 여부, 예산 낭비 여부, 행정부의 부정과 월권 여부 등을 들 수 있다.

예결 위원들의 예산심사 활동을 평가하기 위해 1996년도에『시사 저널』에서 마련한 '잘한 예결 위원'의 선정 기준은 이러한 심의 기준으로서 참고할 만하다. 학자들과 국회의 전문가들에게 자문받아 마련한 예산심사 활동평가 기준은 다음과 같다.

① 사업의 우선순위를 가리고 그 타당성을 제시하라고 요구했는가?

② 소속 상임위의 의견과 출신 지역의 입장을 잘 반영했는가?

③ 세입예산(세금)이 세출예산을 잘 뒷받침하고 있는지 따졌는가?

④ 재정구조의 왜곡과 결함을 얼마나 잘 집어내고 분명하게 시정을 요구했는가?

⑤ 예산이 낭비된 부분을 찾아내고 낭비의 여지가 있는 부분을 골라내 추궁했는가?

⑥ 행정부의 비리 · 부정 · 월권을 제대로 감독했는가?

김현기(2000)의 설문조사에 의하면 주요 예산심의 기준으로서 주요 국가사업, 공약사업을 들고 있다. 그러나 응답자별로 기준의 중요도가 다름을 알 수 있다.

국회의원은 ① 주요 국가사업, ② 국민의 여론, 국회의원 보좌 직원은 ① 공약사업, ② 주요 국가사업, 국회 사무처 직원은 ① 공약사업, ② 소속 정당의 정책을 들고 있다. 국회의원 당사자가 아닌 보좌 직원 및 사무처 직원들은 공약사업을 일순위로 지적함으로써 선심성 예산정치(pork barrel politics)의 여지를 입증해 주고 있다.

(3) 예산심의에 영향을 미치는 요인

의회는 예산심의 과정에서 많은 제약을 받으면서 활동하게 된다. 학자들이 제시한 예산심의에 영향을 미치는 요인은 매우 다양하다.

심정근(1985)은 예산심의 과정에 영향을 미치는 요인으로서 ① 예산에 관한 행정부의 권한, ② 입법부의 내부조직, ③ 의원의 이해관계를 들고 있다.

이영조·문인수(2002: 281 - 283)는 예산심의의 영향 요인으로서 ① 행정부의 권한, ② 의원의 전문성과 정보, ③ 의원의 이해관계, ④ 의원의 퍼스낼리티, ⑤ 입법부의 내부조직, ⑥ 제도적 요인을 들고 있다.

황윤원(1993: 442 - 454)은 예산심의의 결정 변수로 ① 당파성 변수, ② 정치 체제 변수, ③ 제도·시간적 변수, ④ 정보 및 지식 변수, ⑤ 의원의 전문성 및 안정성 변수, ⑥ 행정부의 국회에 대한 통제 의도 변수, ⑦ 구조적 변수, ⑧ 예산심의 담당자들의 행태 변수를 들고 있다.

강신택(2000: 282－287)은 예산심의의 실태와 관련해 ① 국회의 예산심의에 대한 기대, ② 순기능적 예산심의의 조건, ③ 예산심의의 현실적 맥락으로 구분해 설명하고 있다.

김현기(2000)는 예산심의에 영향을 미치는 주요 변수로 ① 정치환경적 요인: 행정부와 입법부의 관계, 정당 내 권력구조의 집권화 수준, 의원의 안정성 변수, ② 제도·절차적 요인: 예산심의 절차와 과정, 법·제도적 제약성, ③ 기능적 요인: 예산심의 관련 기구, 의원의 전문성, 의원의 이해관계 및 퍼스널리티, 예산심의 보좌 기능을 제시한다.

리와 존슨(Lee & Johnson, 1998: 201－209)은 예산심의에 영향을 미치는 요인(parameters)으로서 ① 경제적 환경(economic environment), ② 과거 결정 사항(previous decisions), ③ 이익의 대변(representation of interests), ④ 의원 선거구(legislative apportionment), ⑤ 분산화(fragmentation), ⑥ 정당 리더십(political party leadership), ⑦ 의회 위원회(legislative committees), ⑧ 시간의 활용 가능성(availability of time), ⑨ 보상과 보좌진(compensation and staff)을 들고 있다.

(4) 예산심의의 절차

① 국정감사

국정감사는 예산심의와 직접적으로 관련되는 것은 아니지만 이를 통해서 예산에 반영할 정책자료를 획득하고 행정의 위법·부당한 사항을 미리 파악함으로써 예산심의 활동에 도움을 받을 수 있다. 행정부와 국회 간에 예산과 관련된 정보의 비대칭성을 감안할 때 국정 감사는 예산심의 활동의 한 과정이라고 볼 수 있다.

국정감사 제도는 우리나라의 특유한 제도라고 볼 수 있다. 국정감 사 제도는 행정부의 감시·견제 기능을 감안할 때 그 존재 의의가 충분히 있지만 운영상의 폐해가 지적되고 있다. 문제 해결 지향적이 기보다 폭로 지향적이고 과다한 자료 요구와 행정 공백을 초래하는 점 등이 국정감사의 부정적 측면으로 지적된다.

② 시정연설

시정연설은 예산안 및 기금운용계획안 제출에 즈음한 대통령의 시 정연설 형태로 하게 된다. 시정연설은 정치·경제·사회 등 국정 전 반에 관한 대통령의 시각과 정책 의지가 담겨 있으며, 예산안 및 기 금운용계획 안에 대한 간단한 설명이 포함되어 있다. 시정연설의 내 용은 추상적으로 표현되어 있고 구속력은 갖지 않으나 예산심의 과 정에서 정부의 국정 운영 방향에 대한 참고 자료로 활용된다.

③ 상임위원회의 예비심사

국회에서의 실질적인 예산심의는 상임위원회의 예비심사로부터 시 작된다. 예비심사는 소관 상임위원회별로 수행된다. 상임위원회는 본 래 예산심의를 위한 기구가 아니지만 우리나라는 특이하게 소관 부 처의 예산에 대해 예비심사를 하고 있는 점이 특징이다.

상임위원회에서의 예비심사는 대체로 다음과 같은 순서로 진행된다.

가. 예산안 제안 설명, 나. 전문위원의 예산안 검토 보고, 다. 정책 질의, 라. 부별 심의와 계수 조정, 마. 예비심사의 결과 보고

④ 예산결산특별위원회의 종합심사

국회의장이 상임위원회의 예비심사보고서를 첨부한 예산안을 예산결산특별위원회에 회부해 오면 종합심사에 들어간다. 예산결산특별위원회의 종합심사는 상임위원회의 예비심사가 모두 완료된 다음에 시작하는 것이 원칙이겠으나 실제로는 상임위에서 약 3분의 2 이상의 심사가 완료되면 예결위의 심사가 개시된다. 그 이유는 상임위원회의 예비심사가 지연되는 수가 있기 때문에 정기국회 회기 내의 일정에 따르기 위해서이다(강신택, 2000: 281).

예산결산특별위원회에서의 종합심사도 상임위의 예비심사 과정과 유사하게 진행된다.

그 진행 순서를 보면 다음과 같다.

가. 예산안 제안설명, 나. 전문위원의 예산안 검토 보고, 다. 종합정책질의, 라. 부별 심의와 계수 조정, 마. 전체 회의의 의결

⑤ 본회의 의결

예산결산특별위원회에서 종합심사가 종결되면 예산안은 본회의에 상정된다. 본회의에서는 예결위 위원장의 심사 보고에 이어 의원들의 질의 및 토론을 거쳐 예산안을 최종적으로 의결·확정한다. 예산은 법률과 달리 대통령에 의한 공포를 효력 요건으로 하지 않으며, 정부에 의한 거부 제도도 인정되지 않고 오직 국회의 심의·의결에 의해 확정된다.

(5) 예산심의의 특징

① 예산 수정의 권한

우리나라의 국회는 정부의 동의 없이 정부가 제출한 지출예산 각 항의 금액을 증가하거나 새 비목을 설치할 수 없다(헌법 제57조). 따라서 국회가 정부의 동의 없이 예산을 수정할 수 있는 범위는 세입예산의 경우 아무런 제한이 없으나 세출예산은 정부가 제출한 입법과목의 폐지 및 예산액의 삭감, 입법과목 내에서의 세출예산 조정과 예산 목적의 변경에 한한다. 그 밖에 예산총칙이나 계속비, 명시이월비 및 국고채무부담행위는 정부의 동의 없이 수정할 수 있으나, 계속비를 수정할 경우나 당해 연도 연부액을 증액 수정할 경우 이를 세출예산에서도 증액 수정해야 하므로 그 한도 내에서는 수정권이 제약된다.

② 예비심사와 종합심사의 관계

상임위원회의 예비심사와 예산결산특별위원회의 종합심사라는 2단계 심사 과정은 양 기관의 결정이 상충될 수 있는 여지를 남기고 있다.

종래 "예산결산특별위원회는 소관 상임위원회의 예비심사 내용을 존중한다."라는 추상적 표현에 의해 두 기관의 관계가 규정되어 있었다. 그런데 2003년 국회법이 개정됨으로써 예결위는 상임위 예비심사 내용을 존중해야 하며, 소관 상임위원회에서 삭감한 세출예산 각항의 금액을 증가하거나 새 비목을 설치할 경우에는 소관 상임위원회의 동의를 얻도록 규정했다.

③ 예산과 법률의 관계

예산과 법률의 관계에서 적용되는 몇 가지 규율이 있다.

첫째, 세입의 변동이 예측되는 법류의 제정 또는 개정이 확정되지 않은 상태에서는 세입예산안을 심사할 수 없다.

둘째, 정기국회 기간 중에서는 원칙적으로 예산 부수 법안만 처리할 수 있다(국회법 제93조의 2).

셋째, 재정이 소요되는 법령안을 제·개정할 때에는 재정 소요를 추계하는 제도가 도입되었다.

④ 예산에 대한 거부권의 행사

예산이 법률 형식으로 통과되는 경우 의회가 의결한 예산을 대통령이 거부권을 행사할 수 있다. 의회가 의결한 예산에 불만이 있는 경우 대통령은 거부권을 행사해 예산안을 다시 의회로 돌려보낼 수 있다. 그러나 의회가 2/3 이상의 찬성으로 재의결한 경우에는 거부권을 행사할 수 없으며 예산이 확정된다. 예산이 법률이 아닌 예산 형식으로 통과되는 경우에는 거부권을 행사할 수 없다.

⑤ 예산심의 자료

국회에서 예산을 심의하기 위해서는 정부에서 제출한 자료와 자체적으로 수집 또는 준비한 자료들이 필요하다. 국회의 예산심의에 필요한 자료는 가. 의결 대상으로서의 정부예산안, 나. 예산안의 보조 자료로서의 첨부 서류이다.

(6) 예산심의의 예외

　민주 국가에서는 국민의 대표기관인 국회에 자유로운 예산심의 활동을 보장해 행정부의 견제 기능을 수행하게 하고 있다. 그런데 국가 안보와 관련된 활동의 예산에 대해서는 예산심의 활동에 제한을 가하는 경우가 있다.

　예산심의 과정을 보면, 국회 정보위원회는 국정원 소관 예산안, 정보 및 보안 업무의 기획·조정 대상 부처 소관의 정보예산안에 대한 심사를 하고 그 결과를 해당 부처별 총액으로 하여 의장에게 보고한다. 의장은 정보위원회에서 심사한 예산안에 대해 총액으로 예산결산특별위원회에 통보한다. 이 경우 정보위원회의 심사는 예산결산특별위원회의 심사로 본다(국회법 제84조 제4항). 따라서 국정원 소관 예산안은 예결위에서는 심사가 이루어지지 않는다. 그러나 국정원 예산은 예결위와 본회의에는 총액으로 보고되지만 정보위원회는 모든 예산에 관해 실질심사에 필요한 세부 자료가 제출된다. 국회 정보위원회는 국정원의 예산심의를 비공개로 하며, 국회 정보위원회의 위원은 국정원의 예산 내역을 공개하거나 누설할 수 없다.

　현재 국정원의 예산은 더욱 투명성을 높여야 한다. 기획재정부 소관 예비비에 속한 예산은 본예산에 편입되어야 하며, 심사의 투명성도 더욱 높여야 한다.

3) 예산의 집행

(1) 예산집행의 의의와 목표

예산의 집행이란 국가의 수입 · 지출을 실행 · 관리하는 모든 행위를 말한다. 즉 예산집행은 확정된 예산에 따라 수입을 조달하고 공공경비를 지출하는 모든 재정활동을 의미한다. 한편 예산을 정책 및 사업을 포함한 개념으로 본다면 예산집행이란 예산이 정하는 바에 따라 정해진 활동이나 사업의 목표를 달성하는 일련의 과정을 말한다. 이것은 곧 정책(사업)집행 과정에 해당한다.

예산집행의 목표는 이와 같이 일반적으로 두 가지를 들고 있다. 첫째, 예산통제를 통해 입법부의 의도 구현과 재정 한계를 엄수하는 것이고, 둘째, 예산 성립 후의 여건 변화에 적응하기 위해 신축성을 유지하는 것이다(유훈, 2003: 254 - 257; Burkhead, 1956: 342 - 348). 이 두 가지의 목적은 상호 모순되는 측면이 있으나 입법부의 의도 구현과 재정적 한계의 엄수가 예산집행의 주된 목표이고, 신축성의 유지는 보완적인 목표라고 볼 수 있다.

(2) 예산집행의 절차

예산집행 절차를 보면 회계연도 개시 전에 예산배정 및 자금배정 계획을 수립한다. 세출예산은 회계연도가 시작되면 분기별 · 월별 예산배정과 자금 배정을 한 후 지출원인행위, 지출의 단계를 거친다. 예산배정과 자금배정은 기획재정부가 한다. 예산배정은 그 금액 범위 내에서 지출원인행위를 할 수 있음을 의미하며, 지출행위는 자금

배정의 범위 내에서만 가능하다. 각 중앙관서는 지출원인행위와 지출을 하며, 이때 자금 수령 및 배분과 자금 집행이 이루어진다. 그리고 기획재정부는 예산집행의 효율성을 높이기 위하여 예산집행지침을 매년 1월 말까지 각 중앙관서에 내려보낸다.

지금까지 예산이라고 하는 것은 어떠한 성격을 가지며 또 어떠한 구조로 되어 있는가 하는, 말하자면 정적인 관점에서 분석·관찰해 왔었다. 그러나 예산이 일정한 형식을 갖추고 실제로 집행되기까지는 그 과정이 다분히 동태적이며, 예산편성 과정에 나타나는 여러 가지 활동은 예산이 국가운영에 있어서 없어서는 안 될 수단이기 때문에 단순히 행정적인 면에서의 동기뿐만 아니라 극히 정치적인 측면을 가지고 있는 것이다. 예산이 지니고 있는 자원배분기능은 많은 집단의 이익과 밀접한 관계를 가진다. 따라서 각기 이익집단은 공식적 또는 비공식적으로 그들의 이익을 위하여 예산과정에 관여하게 된다. 이것은 민주주의 정치체제국가에서 당연한 현상으로 보고 있으며, 때로는 그들의 활동이 예산과정에 결정적인 영향력을 미치는 경우도 없지 않다. 이와 같은 활동은 무작정 부정적이라고 볼 것은 아니다. 오히려 '예산공개의 원칙'에서 보더라도 어느 정도 필요한 것이라 생각된다. 왜냐하면 국민들이 어떠한 필요(needs)를 원하느냐는 이와 같은 이익집단의 활동으로 반영된다고 할 수 있기 때문이다. 그러나 문제가 되는 것은 이익집단들의 그 힘이나 노력에 있어서 차이가 있게 마련이며, 예산이라는 '떡고물'을 조금이라도 더 얻어내려는 그들 간의 경쟁이나 압력은 이와 같은 힘에 의하여 판가름 나는 경우가 많다는 것이다.

부 록

사회복지법인 재무·회계 규칙

[시행 2010. 3. 19] [보건복지부령 제1호, 2010. 3. 19, 타 법 개정]
보건복지부(민간복지과), 02 – 2023 – 8288

제1장 총칙

제1조(목적) 이 규칙은 「사회복지사업법」 제23조 제4항 및 제45조 제2
항의 규정에 의하여 사회복지법인의 재무·회계 및 후원금관리에 관한 사
항을 규정하여 재무회계 및 후원금관리의 명확성·공정성·투명성을 기함
으로써 사회복지법인의 합리적인 운영에 기여함을 목적으로 한다.
[전문개정 2005. 7. 15]

제2조(재무·회계운영의 기본원칙) 사회복지법인(이하 '법인'이라 한다)의
재무·회계는 그 설립목적에 따라 건전하게 운영되어야 한다.

제3조(회계연도) 법인의 회계연도는 정부의 회계연도에 의한다.

제4조(회계연도 소속구분) 법인의 수입 및 지출의 발생과 자산 및 부채의
증감·변동에 관하여는 그 원인이 되는 사실이 발생한 날을 기준으로 하여
연도소속을 구분한다. 다만, 그 사실이 발생한 날을 정할 수 없는 경우에는
그 사실을 확인한 날을 기준으로 하여 연도소속을 구분한다.

제5조(출납기한) 1회계연도에 속하는 법인의 세입·세출의 출납에 관한 사무
는 다음 연도 2월 말일까지 완결하여야 한다. <개정 1998. 1. 7>

제6조(회계의 구분) 법인의 회계는 당해법인의 업무전반에 관한 회계(이하 '법인회계'라 한다), 당해법인이 설치·운영하는 사회복지시설(이하 '시설'이라 한다)에 관한 회계(이하 '시설회계'라 한다)와 법인이 수행하는 수익사업에 관한 회계(이하 '수익사업회계'라 한다)로 구분한다.

제6조의 2(정보통신매체에 의한 재무·회계처리) ① 법인의 재무·회계는 컴퓨터 회계프로그램으로 처리할 수 있다.

② 제1항의 규정에 의한 컴퓨터 회계프로그램에 의하여 전자장부를 사용하는 경우에는 그 출력물을 보관하는 것으로 각종 장부 등의 비치를 갈음할 수 있다.

[본 조 신설 2005. 7. 15]

제2장 예산과 결산

제1절 예산

제7조(세입·세출의 정의) 1회계연도의 모든 수입을 세입으로 하고, 모든 지출을 세출로 한다.

제8조(예산총계주의 원칙) 세입과 세출은 모두 예산에 계상하여야 한다.
[전문개정 1998. 1. 7]

제9조(예산편성요령) ① 법인의 대표이사는 제2조의 취지에 따라 매 회계연도 개시 1월 전까지 그 법인과 시설의 예산편성 요령을 정하여야 한다. <개정 1998. 1. 7>

② 법인 또는 시설의 소재지를 관할하는 시장·군수·구청장(자치구의 구청장을 말한다. 이하 같다)은 특히 필요하다고 인정되는 사항에 관하여는 예산편성요령을 정하여 매 회계연도 개시 2월 전까지 법인에 통보할 수 있다. <개정 1998. 1. 7>

제10조(예산의 편성 및 결정절차) ① 법인의 대표이사는 제6조에 따른 회계별 예산을 편성하여 이사회의 의결을 거쳐 확정하고, 이를 매 회계연도 개시 5일 전까지 관할 시장·군수·구청장에게 제출하여야 한다. <개정 2009. 2. 5>

② 제1항에 따라 예산을 편성할 경우 법인회계와 시설회계의 예산은 별표 1부터 별표 4까지에 따른 세입·세출예산과목 구분에 따라 편성하여야 한다. 다만, 다음 각 호의 시설은 별표 5 및 별표 6에 따른 세입·세출예산 과목 구분에 따라 편성한다. <개정 2009. 2. 5, 2010. 3. 19>

　　1.「사회복지사업법」제2조 제3호의 2에 따른 사회복지관

　　2.「노인복지법」제36조 제1항 제1호에 따른 노인복지관

　　3.「장애인복지법」제58조 제1항 제2호에 따른 장애인복지관

　　4. 그 밖에 보건복지부장관이 정하여 고시하는 시설

③ 시장·군수·구청장은 제1항에 따라 예산을 제출받은 때에는 20일 이내에 법인과 시설의 회계별 세입·세출 예산개요를 시·군·구(자치구를 말한다. 이하 같다)의 게시판과 인터넷 홈페이지에 20일 이상 공고하고, 법인의 대표이사로 하여금 해당 법인 및 시설의 게시판과 인터넷 홈페이지에 20일 이상 공고하도록 하여야 한다. <개정 2009. 2. 5>

④ 제3항에 따른 공고는「신문 등의 자유와 기능보장에 관한 법률」제2조 제1호에 따른 신문 또는「잡지 등 정기간행물의 진흥에 관한 법률」제2조 제1호에 따른 정기간행물에 게재하는 것으로 갈음할 수 있다. <개정 2009. 2. 5>

[전문개정 1998. 1. 7]

제11조(예산에 첨부하여야 할 서류) ① 예산에는 다음 각 호의 서류가 첨부되어야 한다. 다만, 단식부기로 회계를 처리하는 경우에는 제1호·제2호·제5호 및 제6호의 서류만을 첨부할 수 있다. <개정 1993. 12. 27>

1. 예산총칙

2. 세입·세출명세서

3. 추정대차대조표

4. 추정수지계산서

5. 임·직원 보수일람표

6. 당해예산을 의결한 이사회 회의록 사본

② 제1항 제2호 내지 제5호 서류의 서식은 별지 제1호 서식 내지 별지 제4호 서식에 의한다.

제12조(준예산) 회계연도 개시 전까지 법인의 예산이 성립되지 아니한 때에는 대표이사가 시장·군수·구청장에게 그 사유를 보고하고 예산이 성립될 때까지 다음의 경비를 전년도 예산에 준하여 집행할 수 있다.

1. 임·직원의 보수

2. 법인 및 시설운영에 직접 사용되는 필수적인 경비

3. 법령상 지급의무가 있는 경비

제13조(추가경정예산) ① 법인의 대표이사는 예산 성립 후에 생긴 사유로 인하여 이미 성립된 예산에 변경을 가할 필요가 있을 때에는 제10조 및 제11조의 규정에 의한 절차에 준하여 추가경정예산을 편성·확정할 수 있다.

② 대표이사는 추가경정예산이 확정된 날로부터 7일 이내에 이를 시장·군수·구청장에게 제출하여야 한다.

제14조(예비비) 법인의 대표이사는 예측할 수 없는 예산 외의 지출 또는 예산의 초과지출에 충당하기 위하여 예비비를 세출예산에 계상할 수 있다.

[전문개정 1999. 3. 11]

제15조(예산의 목적 외 사용금지) 법인회계 및 시설회계의 예산은 세출예산이 정한 목적 외에 이를 사용하지 못한다.

제16조(예산의 전용) ① 법인의 대표이사는 관·항·목 간의 예산을 전용할 수 있다. 다만, 관간의 전용은 이사회의 의결을 거쳐 관할 시장·군수·구청장의 승인을 얻어야 하고, 동일관 내의 항 간의 전용은 이사회의 의결을 거쳐야 하며, 예산총칙에서 전용을 제한하고 있거나 예산 성립 과정에서 이사회에서 삭감한 관·항·목으로는 전용하지 못한다. <개정 1998. 1. 7>

② 대표이사는 제1항의 규정에 의하여 예산을 전용한 때에는 관할 시장·군수·구청장에게 즉시 보고하여야 한다. <개정 1998. 1. 7>

제17조(세출예산의 이월) 법인회계와 시설회계의 세출예산 중 경비의 성질상 당해 회계연도 안에 지출을 마치지 못할 것으로 예측되는 경비와 연도 내에 지출원인행위를 하고 불가피한 사유로 인하여 연도 내에 지출하지 못한 경비는 이사회의 의결을 거쳐 다음 연도에 이월하여 사용할 수 있다. <개정 1998. 1. 7>

제18조(특정목적사업 예산) 완성에 수년을 요하는 공사나 제조 그 밖의 특수한 사업을 위하여 2회계연도 이상에 걸쳐서 그 재원을 조달할 필요가 있는 때에는 회계연도마다 일정액을 예산에 계상하여 특정목적사업을 위한 적립금으로 적립할 수 있다.

제2절 결산

제19조(결산서의 작성 제출) ① 법인의 대표이사는 법인회계와 시설회계의 세입·세출 결산보고서를 작성하여 이사회의 의결을 거친 후 다음 연도 3월 31일까지 시장·군수·구청장에게 제출하여야 한다.

② 시장·군수·구청장은 제1항에 따라 결산보고서를 제출받은 때에는 20일 이내에 다음 각 호의 사항을 시·군·구의 게시판과 인터넷 홈페이지에 20일 이상 공고하고, 법인의 대표이사로 하여금 해당 법인 및 시설의 게시판과 인터넷 홈페이지에 20일 이상 공고하도록 하여야 한다. <신설 1998.

1. 7, 2009. 2. 5>

　　1. 법인과 시설의 세입·세출 결산개요

　　2. 후원금품의 수입 및 사용내역 개요

　③ 제2항에 따른 공고는 「신문 등의 자유와 기능보장에 관한 법률」 제2조 제1호에 따른 신문 또는 「잡지 등 정기간행물의 진흥에 관한 법률」 제2조 제1호에 따른 정기간행물에 게재하는 것으로 갈음할 수 있다. <개정 2009. 2. 5>

　제20조(결산보고서에 첨부하여야 할 서류) ① 결산보고서에는 다음 각 호의 서류가 첨부되어야 한다. 다만, 단식부기로 회계를 처리하는 경우에는 제1호 내지 제3호, 제14호 내지 제22호의 서류만을 첨부할 수 있다. <개정 1993. 12. 27, 1998. 1. 7>

　　1. 세입·세출결산서

　　2. 과목 전용조서

　　3. 예비비 사용조서

　　4. 대차대조표

　　5. 수지계산서

　　6. 현금 및 예금명세서

　　7. 유가증권명세서

　　8. 미수금명세서

　　9. 재고자산명세서

　　10. 기타 유동자산명세서(제6호 내지 제9호의 유동자산 외의 유동자산을 말한다)

　　11. 고정자산(토지·건물·차량운반구·비품·전화가입권)명세서

　　12. 부채명세서(차입금·미지급금을 포함한다)

　　13. 제충당금명세서

　　14. 기본재산수입명세서

15. 사업수입명세서

16. 정부보조금명세서

17. 후원금수입명세 및 사용결과보고서

18. 인건비명세서

19. 사업비명세서

20. 기타 비용명세서(인건비 및 사업비를 제외한 비용을 말한다)

21. 감사보고서

22. 법인세 신고서(수익사업이 있는 경우에 한한다)

② 제1항 제1호 내지 제3호의 서류는 별지 제5호 서식·별지 제5호의 2 서식 내지 별지 제5호의 4서식·별지 제6호 서식 및 별지 제7호 서식에 의하고, 제1항 제4호 및 제5호의 서류는 별지 제2호 서식 및 별지 제3호 서식에 의하며, 제6호 내지 제21호의 서류는 별지 제8호 서식 내지 별지 제23호 서식에 의한다. <개정 2005. 7. 15>

제3장 회계

제1절 총칙

제21조(수입 및 지출사무의 관리) ① 법인의 대표이사와 시설의 장은 법인과 시설의 수입 및 지출에 관한 사무를 관리한다.

② 법인의 대표이사와 시설의 장은 수입 및 지출원인행위에 관한 사무를 각각 소속직원에게 위임할 수 있다.

제22조(수입과 지출의 집행기관) ① 법인과 시설에는 수입과 지출의 현금출납업무를 담당하게 하기 위하여 각각 수입원과 지출원을 둔다. 다만, 법인 또는 시설의 규모가 소규모인 경우에는 수입원과 지출원을 동일인으로 할 수 있다.

② 제1항의 수입원과 지출원은 각각 그 법인의 대표이사와 시설의 장이 임면한다.

제23조(회계의 방법) 회계는 단식부기에 의한다. 다만, 법인회계와 수익사업회계에 있어서 복식부기의 필요가 있는 경우에는 복식부기에 의한다.
[전문개정 1993. 12. 27]

제24조(장부의 종류) ① 법인 및 시설에는 다음의 회계장부를 둔다. <개정 1998. 1. 7>

1. 현금출납부
2. 총계정원장
3. 총계정원장 보조부
4. 재산대장
5. 비품관리대장
6. 삭제<2009. 2. 5>
7. 삭제<1998. 1. 7>
8. 삭제<1998. 1. 7>
9. 삭제<1998. 1. 7>
10. 삭제<1998. 1. 7>
11. 삭제<1998. 1. 7>
12. 삭제<1998. 1. 7>

② 제1항 제1호부터 제5호까지의 규정에 따른 회계장부는 별지 제24호 서식, 별지 제24호의 2서식, 별지 제25호 서식, 별지 제25호의 2서식 및 별지 제26호 서식부터 별지 제28호 서식까지에 따른다. <개정 2009. 2. 5>

제2절 수입

제25조(수입금의 수납) ① 모든 수입금의 수납은 이를 금융기관에 취급

시키는 경우를 제외하고는 수입원이 아니면 수납하지 못한다.

② 수입원이 수납한 수입금은 그 다음 날까지 금융기관에 예입하여야 한다. <개정 1998. 1. 7>

③ 제1항 및 제2항의 규정에 의한 수입금에 대한 금융기관의 거래통장은 제6조의 규정에 의한 회계별로 구분될 수 있도록 보관·관리하여야 한다. <신설 1998. 1. 7>

제26조(과년도 수입과 반납금 여입) ① 출납이 완결한 연도에 속하는 수입 기타 예산 외의 수입은 모두 현 연도의 세입에 편입하여야 한다.

② 지출된 세출의 반납금은 각각 지출한 세출의 당해과목에 여입할 수 있다.

제27조(과오납의 반환) 과오납된 수입금은 수입한 세입에서 직접 반환한다.

제3절 지출

제28조(지출의 원칙) ① 지출은 제21조의 규정에 의한 지출사무를 관리하는 자 및 그 위임을 받아 지출명령이 있는 것에 한하여 지출원이 행한다.

② 제1항의 지출명령은 예산의 범위 안에서 하여야 한다.

제29조(지출의 방법) ① 지출은 상용의 경비 또는 소액의 경비지출을 제외하고는 예금통장에 의하거나 「전자거래기본법」 제2조 제5호에 따른 전자거래로 행하여야 한다. <개정 2009. 2. 5>

② 지출원은 상용의 경비 또는 소액의 경비지출을 위하여 100만 원 이하의 현금을 보관할 수 있다. <개정 2009. 2. 5>

제30조(지출의 특례) ① 지출에 있어서 선금급을 할 수 있는 경비의 범위는 다음과 같다. <개정 2009. 2. 5>

1. 외국에서 직접 구입하는 기계, 도서, 표본 또는 실험용재료의 대가

  2. 정기간행물의 대가

  3. 토지 또는 가옥의 임대료와 용선료

  4. 운임

  5. 소속직원 중 특별한 사정이 있는 자에 대하여 지급하는 급여의 일
     부

  6. 관공서(「공공기관의 운영에 관한 법률」에 따른 공공기관 및 특별법
     에 의하여 설립된 특수법인을 포함한다)에 대하여 지급하는 경비

  7. 외국에서 연구 또는 조사에 종사하는 자에 대하여 지급하는 경비

  8. 보조금

  9. 사례금

  10. 계약금액이 1천만 원 이상인 공사나 제조 또는 물건의 매입을 하는 경
      우에 계약금액의 100분의 50을 초과하지 아니하는 금액

  ② 지출에 있어서 개산급을 할 수 있는 경비의 범위는 다음과 같다. <개
정 2009. 2. 5>

  1. 여비 및 판공비

  2. 관공서(「공공기관의 운영에 관한 법률」에 따른 공공기관 및 특별법
     에 의하여 설립된 특수법인을 포함한다)에 대하여 지급하는 경비

  3. 보조금

  4. 소송비용

제4절 계약

  제30조의 2(계약의 원칙) 계약에 관한 사항은 「지방자치단체를 당사자로
하는 계약에 관한 법률」, 같은 법 시행령 및 같은 법 시행규칙을 준용한다.
[전문개정 2009. 2. 5]

  제31조(계약담당자) ① 계약에 관한 사무는 각각 그 법인의 대표이사와
시설의 장이 처리한다.

② 법인의 대표이사와 시설의 장은 계약체결에 관한 사무를 소속직원에게 위임할 수 있다.

제32조 삭제<2009. 2. 5>

제33조 삭제<2009. 2. 5>

제34조 삭제<2009. 2. 5>

제35조 삭제<2009. 2. 5>

제36조 삭제<2009. 2. 5>

제37조 삭제<2009. 2. 5>

제37조의 2 삭제<2009. 2. 5>

제4장 물품

제38조(물품의 관리자와 출납원) ① 법인의 대표이사와 시설의 장은 그 소관에 속하는 물품(현금 및 유가증권을 제외한 동산을 말한다. 이하 같다)을 관리한다. <개정 1998. 1. 7>

② 법인의 대표이사와 시설의 장은 그 소관에 속하는 물품관리에 관한 사무를 소속직원에게 위임할 수 있다.

③ 법인의 대표이사와 시설의 장(제2항의 규정에 의하여 위임을 받은 자를 포함한다. 이하 '물품관리자'라 한다)은 물품의 출납보관을 위하여 소속직원 중에서 물품출납원을 지정하여야 한다.

제39조(물품의 관리의무) 물품관리자 및 물품출납원은 선량한 관리자의 주의로써 사무에 종사하여야 한다.

제40조(물품의 관리) ① 물품관리자는 물품을 출납하게 하고자 할 때에는 물품출납원에게 출납하여야 할 물품의 분류를 명백히 하여 그 출납을 명령하여야 한다.

② 물품출납원은 제1항의 규정에 의한 명령이 없이는 물품을 출납할 수

없다.

제40조의 2(재물조사) 법인의 대표이사와 시설의 장은 연 1회 그 관리에 속하는 물품에 대하여 정기적으로 재물조사를 실시하여야 하며, 필요하다고 인정하는 때에는 정기재물조사 외에 수시로 재물조사를 할 수 있다.
[본 조 신설 1998. 1. 7]

제41조(불용품의 처리) ① 법인과 시설의 물품관리자는 물품 중 그 사용이 불가능하거나 수리하여 다시 사용할 수 없게 된 물품이 있을 때에는 그 물품에 대하여 불용의 결정을 하여야 한다.
② 제1항의 규정에 의한 불용품을 매각한 경우 그 대금은 당해 법인 또는 시설의 세입예산에 편입시켜야 한다.

제4장의 2 후원금의 관리<신설 1998. 1. 7>

제41조의 2(후원금의 범위 등) ① 법인의 대표이사와 시설의 장은 아무런 대가없이 무상으로 받은 금품 기타의 자산(이하 '후원금'이라 한다)의 수입·지출 내용과 관리에 명확성이 확보되도록 하여야 한다. 시설거주자가 받은 개인결연후원금을 당해인이 정신질환 기타 이에 준하는 사유로 관리능력이 없어 시설의 장이 이를 관리하게 되는 경우에도 또한 같다. <개정 1999. 3. 11>
② 삭제<1999. 3. 11>
[본 조 신설 1998. 1. 7]

제41조의 3 삭제<1999. 3. 11>

제41조의 4(후원금의 영수증 발급 등) ① 법인의 대표이사와 시설의 장은 후원금을 받은 때에는 「소득세법 시행규칙」 제101조 제20호의 2에 따른 기부금영수증 서식 또는 「법인세법 시행규칙」 제82조 제3항 제3호의 3

에 따른 기부금영수증 서식에 따라 후원금 영수증을 발급하여야 하며, 영수증 발급목록을 별도의 장부로 작성·비치하여야 한다. <개정 2009. 2. 5>

② 법인의 대표이사와 시설의 장은 금융기관 또는 체신관서의 계좌입금을 통하여 후원금을 받은 때에는 법인명의의 후원금전용계좌나 시설의 명칭이 부기된 시설장 명의의 계좌(이하 '후원금전용계좌 등'이라 한다)를 사용하여야 한다. 이 경우 후원자가 영수증 발급을 원하는 경우를 제외하고는 제1항에 따른 영수증의 발급을 생략할 수 있다. <개정 2009. 2. 5>

[전문개정 2005. 7. 15]

제41조의 5(후원금의 수입 및 사용내용통보) 법인의 대표이사와 시설의 장은 연 1회 이상 해당 후원금의 수입 및 사용내용을 후원금을 낸 법인·단체 또는 개인에게 통보하여야 한다. 이 경우 법인이 발행하는 정기간행물 또는 홍보지 등을 이용하여 일괄 통보할 수 있다.

[본 조 신설 1998. 1. 7]

제41조의 6(후원금의 수입·사용결과 보고 및 공개) ① 법인의 대표이사와 시설의 장은 회계연도 종료 후 15일 이내에 별지 제19호 서식에 의한 후원금 수입 및 사용결과보고서(전산파일을 포함한다)를 관할 시장·군수·구청장에게 제출하여야 한다. <개정 2005. 7. 15, 2009. 2. 5>

② 시장·군수·구청장은 제1항에 따라 제출받은 후원금의 수입 및 사용결과 보고의 내역과 후원금전용계좌 등의 후원금 입·출금 내역을 회계연도 종료 후 30일 이내에 인터넷 등을 통하여 공개하여야 하며, 공개일부터 3개월 동안 누구든지 이를 볼 수 있게 하여야 한다. 다만, 후원자의 성명(법인 등의 경우는 그 명칭)은 공개하지 아니한다. <신설 2005. 7. 15, 2009. 2. 5>

[본 조 신설 1998. 1. 7]

제41조의 7(후원금의 용도 외 사용금지) ① 법인의 대표이사와 시설의

장은 후원금을 후원자가 지정한 사용용도 외의 용도로 사용하지 못한다.

② 후원금의 수입 및 지출은 제10조의 규정에 의한 예산의 편성 및 확정 절차에 따라 세입·세출예산에 편성하여 사용하여야 한다.

[본 조 신설 1998. 1. 7]

제5장 감사

제42조(감사) ① 법인의 감사는 당해법인과 시설에 대하여 매년 1회 이상 감사를 실시하여야 한다.

② 법인의 대표이사는 시설의 장과 수입원 및 지출원이 사망하거나 경질된 때에는 그 관장에 속하는 수입, 지출, 재산, 물품 및 현금 등의 관리상황을 감사로 하여금 감사하게 하여야 한다.

③ 제2항의 규정에 의한 감사를 함에 있어서는 전임자가 입회하여야 하며, 전임자가 입회할 수 없는 경우에는 그 전임자가 지정하거나 법인의 대표이사가 관계직원 중에서 지정한 입회인을 입회하게 하여야 한다.

④ 감사는 제1항 내지 제3항의 규정에 의하여 감사를 한 때는 감사보고서를 작성하여 당해법인의 이사회에 보고하여야 하며, 재산상황 또는 업무집행에 관하여 부정 또는 불비한 점이 발견된 때에는 시장·군수·구청장에게 보고하여야 한다.

⑤ 제4항의 감사보고서에는 감사가 서명 또는 날인하여야 한다. <개정 1998. 1. 7>

제6장 보칙

제43조(사무의 인계·인수) ① 회계사무를 담당하는 직원이 경질된 때에는 당해사무의 인계·인수는 발령일로부터 5일 이내에 행하여져야 한다.

② 인계자는 인계할 장부와 증빙서류 등의 목록을 각각 3부씩 작성하여

인계·인수자가 각각 기명날인한 후 각각 1부씩 보관하고, 1부는 이를 예금 잔고증명과 함께 인계·인수보고서에 첨부하여 법인의 대표이사에게 제출하여야 한다. 이 경우 시설에 있어서는 시설의 장을 거쳐 제출하여야 한다.

제44조(시행세칙) 이 규칙의 시행을 위하여 필요한 세부사항은 보건복지부장관이 정한다. <개정 1998. 1. 7, 2008. 3. 3, 2010. 3. 19>

부칙<제813호, 1988. 2. 8>

① (시행일) 이 규칙은 1988년 6월 1일부터 시행한다.

② (정관변경에 관한 경과조치) 법인의 정관 중 재무 및 회계에 관한 규정은 이 규칙 시행일로부터 6월 이내에 이 규칙에 맞게 변경하여 정관변경허가를 받아야 한다.

부칙<제922호, 1993. 12. 27>

이 규칙은 1994년 1월 1일부터 시행한다.

부칙<제57호, 1998. 1. 7>

이 규칙은 공포한 날부터 시행한다.

부칙<제98호, 1999. 3. 11>

이 규칙은 공포한 날부터 시행한다.

부칙<제323호, 2005. 7. 15>

① (시행일) 이 규칙은 공포 후 2월이 경과한 날부터 시행한다. 다만, 제41조의 4의 개정규정은 2006년 1월 1일부터 시행한다.

② (후원금 수입 및 사용결과보고에 관한 적용례) 제41조의 6의 개정규정과 별지 제19호 서식은 2006년 상반기 보고분부터 적용한다.

③ (서식에 관한 경과조치) 이 규칙 시행 당시 종전의 규정에 의한 서식은 2005년 12월 31일까지 이 규칙에 의한 서식과 함께 사용할 수

있다.

부칙<제1호, 2008. 3. 3>(보건복지가족부와 그 소속기관 직제 시행규칙)

제1조(시행일) 이 규칙은 공포한 날부터 시행한다.

제2조 생략

제3조(다른 법령의 개정) ①부터 <40>까지 생략

<41> 사회복지법인 재무·회계 규칙 일부를 다음과 같이 개정한다.

제44조 중 '보건복지부장관'을 '보건복지가족부장관'으로 한다.

<42>부터 <94>까지 생략

부칙<제91호, 2009. 2. 5>

제1조(시행일) 이 규칙은 공포한 날부터 시행한다.

제2조(계약에 관한 적용례) 제30조의 2, 제32조부터 제37조까지 및 제37조 2의 개정규정은 이 규칙 시행 후 최초로 계약을 체결하는 경우부터 적용한다.

부칙<제1호, 2010. 3. 19>(보건복지부와 그 소속기관 직제 시행규칙)

제1조(시행일) 이 규칙은 공포한 날부터 시행한다. <단서 생략>

제2조 생략

제3조(다른 법령의 개정) ①부터 <33>까지 생략

<34> 사회복지법인 재무·회계 규칙 일부를 다음과 같이 개정한다.

제10조 제2항 제4호 및 제44조 중 '보건복지가족부장관'을 각각 '보건복지부장관'으로 한다.

▌약력

1994. U.S.A. Midwest University(M. Div)
2002. 고려대학교(교육정책학 석사 - 수석장학생)
2005. 성균관대학교 대학원 박사 Cand(교육행정학 전공)

1991. 한국세무신문사 전문취재부 기자
1995. 한국어린이선교원신학교 캠퍼스 분교장
2002. 고려교육정책학회 상임회장(학진 학회검색 가능)
2002. 몬테쏘리학회 상임회장(학진 학회검색 가능)
2002. 고구려대학교 설립추진위원회 법인이사
2003. 한주신학 학술원 설립 이사(신학원 교수)
2003. U.S.A. Glenford University 교육학과 교수 역임
2004. U.S.A. Cohen University 정책학과 외래교수
2004. 한국복지상담학술재단 이사 겸 홍보처장
2005. U.S.A. Holy People University Campus 유학담당 지도교수
2005. PHILIPPINE PRESBYTERIAN THEOLOGICAL COLLEGE 객원교수
2005. 대통령직속기관 사법개혁추진위원회 모의재판 배우 활동(광주법원, 서울 공연)
2005. 혜전대학 adjunct professor 역임
2006. 고위직 직무교육 콘텐츠 연기자 활동(기아 / 현대, 대우 자동차)
2006. 장애인복지시설, 행복한재단 이사 활동
2008. 혜전대학 초빙교수 역임
2008. 지방분권신문사 사장(대표이사) 역임
2009. Korea Entertainment institute 대표이사
2009. 한민대학교 전주학습관 사회복지행정론, 사회복지정책론 출강교수
2009. 고려신학대학원, 고려사이버신학 원격평생교육원 기획처장

▌주요 논저

논문
「우리나라의 복지행정제도에 관한 고찰 연구」(1988)
「Kal Barth의 신관 연구」(1988)
「한국 민중문화와 민중 신학 연구」(1992)
「Rein hold Niebuhr & Marx에 대한 상관관계 연구」(1993)
「A CHRONOLOGICAL HARMONY OF THE RESURRECTION
APPEARANCES OF JESUS THE MESSIAH」(1994)
「북한종교의 변화 전망 연구」(2002)
「교육위원회와 지방의회간의 갈등 현상에 관한 연구」(2001)
「조선조 과거시험 방식의 정책적 분석」(공동, 2005)
「조선의 과거제도에 대한 정책적 연구」(공동, 2005)
「조선왕조 과거제도 인사정책 연구」(공동, 2005)

「조선왕조 과거시험주기 정책적 주장 분석연구」(공동, 2005)
「조선왕조 과거제도가 현대 정책에 주는 의미」(공동, 2005)
「과거제도 시험주기의 정책 분석연구」(공동, 2005)
「북한 종교지형 변천 정책 분석연구」(공동, 2005)
「내포문화권 보부상관광벨트 가능성 연구」(공동, 2009)

저서
1. 『대학생활영어』(공저)
2. 『행정경제교육』
3. 『행정정책기획론』
4. 『의원학』
5. 『국회의원학』
6. 『교육정책학 · 상』
7. 『교육정책학 · 하』
8. 『산학협동교육학』
9. 『현대교육학실기론』
10. 『현대환경행정론』(공저)
11. 『행정사무관리론』(공저)
12. 『영재교육심리』
13. 『인사행정학』
14. 『행정복지론』
15. 『조직신학』(공저)
16. 『아다르마 성공비법』
17. 『동양환경행정』
18. 『교육학과 비서행정』
19. 『7만교인 교육론』
20. 『지방자치발전론』
21. 『CEO 지도자론』
22. 『NGO 행정론』(공저)
23. 『경영행정학』
24. 『직업과경제』
25. 『실기교육방법론』
26. 『전산실무』
27. 『사회복지행정론』(공저)
28. 『대박마케팅』(공저)
29. 『행정학』
30. 『멘토』
31. 『모세오경의 교육론』(공저)
32. 『사회복지정책론』(공저)
33. 『금융재테크 성공론』(공저)
34. 『사회복지법제』
35. 『리더십 성공론』
36. 『사회복지상담』
37. 『경찰행정법』(공저)
38. 『무역법과 상거래』(공저)
39. 『복지행정조사방법론』
40. 『행정조직관리론』
41. 『카타콤 제자훈련』
42. 『복지재무론』 외 다수

E-mail: doctor@skku.edu

FINANCIAL SOCIAL WELFARE

복지재무론

초판인쇄 | 2010년 6월 23일
초판발행 | 2010년 6월 23일

지은이 | 한만봉
펴낸이 | 채종준
펴낸곳 | 한국학술정보㈜
주   소 | 경기도 파주시 교하읍 문발리 파주출판문화정보산업단지 513-5
전   화 | 031) 908-3181(대표)
팩   스 | 031) 908-3189
홈페이지 | http://ebook.kstudy.com
E-mail | 출판사업부 publish@kstudy.com
등   록 | 제일산-115호(2000. 6. 19)

ISBN   978-89-268-1109-2 93320 (Paper Book)
        978-89-268-1110-8 98320 (e-Book)

내일을여는지식 은 시대와 시대의 지식을 이어 갑니다.